Applied Linguistics Today: Research and Perspectives
Angewandte Linguistik heute: Forschung und Perspektiven

Leonard Pon
Vladimir Karabalić
Sanja Cimer
(eds./Hrsg.)

Applied Linguistics Today: Research and Perspectives

Angewandte Linguistik heute: Forschung und Perspektiven

Proceedings from the CALS conference 2011
Beiträge von der KGAL-Konferenz 2011

PETER LANG
Frankfurt am Main · Berlin · Bern · Bruxelles · New York · Oxford · Wien

Bibliographic Information published by the Deutsche Nationalbibliothek
The Deutsche Nationalbibliothek lists this publication in the Deutsche Nationalbibliografie; detailed bibliographic data is available in the internet at http://dnb.d-nb.de.

Cover Design:
© Olaf Gloeckler, Atelier Platen, Friedberg

This book was published
with financial support of the
Croatian Applied Linguistics Society (CALS)

ISBN 978-3-631-63871-2

www.peterlang.de

Foreword

In May 2011, the 25th annual conference of the Croatian Applied Linguistics Society took place at the Faculty of Humanities and Social Sciences in Osijek. From 12th to 14th May, 144 linguists from Croatia and abroad presented 53 papers and 11 posters on different questions related to applied linguistics. The conference name was "Applied linguistics today: Research and perspectives". Since it was an anniversary conference, the organizers had not opted for a specific conference topic, but they had rather chosen a very broad topic so that all participants could inform on the results of their current studies. The proceedings of the conference are published in two different volumes. The first volume contains 37 papers written in Croatian and has already been published under the title "Aktualna istraživanja u primijenjenoj lingvistici. Zbornik radova s 25. međunarodnog skupa HDPL-a održanog 12.-14. svibnja 2011. u Osijeku" (2012), ed. by Leonard Pon, Vladimir Karabalić, and Sanja Cimer, Osijek: HDPL. The second volume, the present book of proceedings, contains 15 papers written in English and German. The authors of these papers come from seven different European countries. In this foreword, we will provide a brief presentation of the papers found in the present volume. The papers could roughly be grouped around four different topics:

- language competence and language teaching (Hans Jürgen Heringer, Melita Aleksa Varga, Hrisztalina Hrisztova Gotthardt, Vesna Bagarić Medve, Ivan Čelebić, Jelena Mihaljević Djigunović, Lucilla Lopriore, Višnja Pavičić Takač, Dunja Požega, Irena Vodopija-Krstanović, and Kristina Cergol Kovačević)
- specialized language and specialized communication (Jan Engberg, Katalin Fogarasi, and Borislav Marušić)
- language in different types of discourse and applied linguistics (Sanja Berberović, Nihada Delibegović Džanić, Annette Đurović, Branislav Ivanović, Zorica Mančić, and Leonard Pon)
- specific aspects of (applied) linguistics in relation to the Croatian language (Daniela Katunar, Krešimir Šojat, Željko Agić, Žarko Stojanović, and Alexander D. Hoyt)

One of the most difficult issues when trying to establish the language competence level of a foreign language learner is the question of scoring written assignments. **Hans Jürgen Heringer** (Germany) presents a model of automated scoring of texts written by foreign language learners. He lists external and internal textual parameters to be taken into consideration in such a procedure. Some of these parameters include text length, use of collocations, use of very frequent words on one hand, and use of extremely rare words on the other hand, mistakes, etc. For instance, using the same word(s) repeatedly in a text – and this value can easily be computed – means a smaller score. The same goes for the number of mistakes. Heringer also addresses some other theoretical and practical issues that are important when dealing with language testing. One of them refers to the fact that a correct use of a structure in a foreign language does not imply that this structure has already been integrated into the student's language competence. However, the concept presented in the paper is not without problems, as the author himself states. One of the aforementioned parameters refers to the number of mistakes. The problem with this is that it is hard to define what is to be regarded as a mistake, because we do not possess a widely accepted definition of mistake. This means that Heringer's model in a way presupposes a typology of mistakes.

Hrisztalina Hrisztova-Gotthardt (Hungary) and **Melita Aleksa Varga** (Croatia) focus on one aspect of the language competence: the lexical competence. They analyzed 20 essays in order to establish the level of the students' lexical competence. In the paper, they present the details concerning the writing task they used in their study. Hrisztova-Gotthardt and Aleksa Varga refer in their paper to the guidelines of the Common European Framework of Reference for Languages since it offers a thorough elaboration of language competence and some of its subcomponents. One of the things the authors tried to determine is how broad the students' vocabulary knowledge is and what collocations and idioms they use.

Vesna Bagarić Medve and **Ivan Čelebić** (both Croatia) pay attention to a subcomponent of foreign language competence: the discourse competence. They discuss the issue of assessing the discourse competence level in the compositions written by Croatian learners of German. The authors make a clear distinction between the holistic and analytic procedure in performing the assessment, and one of their goals is to establish the benefits of the latter procedure. The analytically oriented assessment of compositions – although it is time-consuming – offers more concrete information as to what the discourse competence level of a particular student looks like. The results and conclusions found in the paper by Bagarić Medve and Čelebić can be made use of in language testing practice as well as in foreign language teaching.

Jelena Mihaljević Djigunović (Croatia) and **Lucilla Lopriore** (Italy) study the problem of aural comprehension skills development in a foreign language. Their paper is based on a longitudinal study focusing on two groups of English language learners. The first group includes Croatian and the second group includes Italian young learners of English. As the results show, individual and contextual factors interact when it comes to the process of developing a foreign language aural comprehension. The authors discovered that the *adequate* out-of-school exposure to a foreign language plays a crucial role as far as aural comprehension is concerned. They suggest that both researchers and teachers should take this fact into consideration in their respective practices.

Višnja Pavičić Takač and **Dunja Požega** (both Croatia) deal with oral proficiency of learners of English. More precisely, they want to establish the link between the oral proficiency and some personality traits of learners. They ask themselves about the relationship between personality traits and willingness to communicate. In order to provide an answer, the authors conducted a study in which 324 secondary school learners of English aged 15 to 17 had to fill in two questionnaires (The Croatian version of the Big Five Inventory, and the Croatian translation of McCroskey and Richmond's *Willingness to Communicate Scale*). According to their results, willingness to communicate and personality traits are very important for learners' oral production. In other words, learners exhibiting certain personality traits are more likely to exert a higher level of willingness to communicate than those missing the personality traits in question. This leads to the conclusion that teaching methods, classroom management, as well as oral proficiency assessment need to take into account the learners' personality traits.

Irena Vodopija-Krstanović (Croatia) investigates how students of English understand the notion of English as an International Language (EIL). In recent years, the traditional monocultural and monolingual native English (speaker) ideal does not have the importance it used to posses and some linguists argue that EIL should be accepted as a new paradigm suitable for English language teaching. The author performed a qualitative study in which she found out that EIL plays an important role in theoretical considerations, but has no practical implications. Generally speaking, her informants perceive Standard English as the ideal that an English teacher should strive for.

Kristina Cergol-Kovačević (Croatia) discusses some questions related to Global English. There is namely a growing group of speakers who have learnt English at school and not in an English speaking environment and therefore cannot be considered native speakers of English. However, those speakers use English on a regular basis either for occupational or for educational purposes. The term designated for this English is Global English (GE). The author tries to unveil the ways in which speakers of GE process it. To gain the data necessary, Cergol-Kovačević performed an experiment, lexical decision task, the results of which are presented in the paper.

Jan Engberg's (Denmark) paper is about specialized language and communication. The author first presents the basic ideas of traditional approaches to specialized language and communication. After that, he looks into some recent developments in the field. He concentrates on the following lines of development: enlarging the scope, including criticism, awareness of cognitive aspects, and application of mixed methods. The paper offers relevant information regarding the authors and publications dealing with the matter (there are 53 items in the reference list accompanying the paper).

Katalin Fogarasi (Hungary) elaborates on a subject connected to a fairly broad field of specialized language. More specifically, she looks into Hungarian terminology for different kind of injuries used in a specific genre of diagnostic finding. In many cases in Hungary, forensic experts face problems in their work because the terms describing the circumstances of the injury seem to be inadequate. The author analyses 343 Hungarian and 56 German diagnostic findings and reaches the conclusion that the terminology standardization in the field of forensic medicine has to be performed in both languages in order to improve forensic work.

Borislav Marušić (Croatia) analyses functional verb constructions in German. In these constructions, which consist of a verb and a noun/prepositional phrase, verbs seem to be semantically empty and the meaning of the whole is located in the nominal part of the expression. In the paper, the author wants to find out whether these constructions exhibit the same value in specialized communication and in general language. Among other things, lists of verbs and nouns found in the investigated type of construction in specialized communication and in general language are compared with one another; this is one of the ways to point to the peculiarities of use of the expressions in question in different contexts.

Sanja Berberović and **Nihada Delibegović Džanić** (both Bosnia and Herzegovina) analyze how the global economic crisis is conceptualized in American public discourse. They show that combining and mixing metaphorical expressions as well as figurative creativity provided via blending are commonly used procedures when discussing the questions referring to economic crises. According to the authors, the metaphoric expressions are especially suitable for depicting negative aspects of economy issues. In addition to that, creative metaphorical blends can provide discourse coherence at intratextual level.

Annette Đurović, **Zorica Mančić** and **Branislav Ivanović** (all Serbia) analyse German and Swedish phraseological units containing the word *Kopf*/*huvud* ('head'). They stress the fact that not much contrastively oriented work concerning the phraseology of this language pair has been done within their scientific horizon yet. Although and because German and Swedish are genetically near, the authors think it is necessary to investigate similarities and differences that the mentioned group of German and Swedish phraseologisms exhibit. Applied linguistics and especially translation practice should benefit from results that this research provides.

In his paper on prepositional phrases functioning as attribute, **Leonard Pon** (Croatia) has two main objectives. On one hand, the author demonstrates the potential of the dependency grammar framework in an analysis of large corpus data. Not only strengths, but also some problems connected with this framework are discussed. On the other hand, the results of a corpus analysis are presented. Starting from the results, the author derives tasks for further theoretically oriented research and points out to the benefits that German language teaching should have from the studies similar to the one presented in the paper.

Daniela Katunar, **Krešimir Šojat**, **Željko Agić**, and **Žarko Stojanović** (all Croatia) report on a visualization tool for the Croatian WordNet. The field of information visualization has been concerned with the representation and graphic explorations of linguistic data lately. In accordance with this trend, the authors discuss two ways of representing the Croatian WordNet: the textual and tree structure view. Apart from underlining the advantages and disadvantages of these two views, they also offer a third way of representing WordNet: in terms of radial structures. Their work, as outlined in the paper, presents an unavoidable support for thorough research performed by computational linguists.

Alexander D. Hoyt (Croatia) reports on his project of building a historical corpus of Croatian correspondence. His corpus of personal correspondence contains traditional letters, postcards, calling cards, and telegrams written between 1875 and 1925. This is important since the analysis of letters written in that time span can reveal how Croatian was used in the period when it was becoming standardized. According to Hoyt, letters offer insight into everyday communication of that time. The author sees his project as a contribution to language change and language variation research. In addition to that, his findings might be valuable to historians, ethnologists as well as to some other groups of experts.

After this brief presentation of the papers found in this volume, we would also like to thank all those who have contributed to this volume: authors, reviewers, and proofreaders. All the papers were anonymously peer-reviewed by an international team of renowned linguists in their respective fields of study: Vesna Bagarić Medve, Mario Brdar, Rita Brdar-Szábo, Jan Engberg, Loretana Farkaš, Susanne Göpferich, Maja Häusler, Hans Jürgen Heringer, Franz Hundsnurscher, Ljiljana Kolenić, Lucilla Lopriore, Jelena Mihaljević Djigunović, Marianne Nikolov, Višnja Pavičić Takač, Mateusz-Milan Stanojević. In addition to that, the papers have been proofread by Joern Nuber and Blaženka Šoštarić.

We would also like to thank the staff members of our Faculty for their assistance before, during, and after the 2011 CALS conference in Osijek.

We hope that the present collection of papers will provide readers with valuable information regarding the current state of affairs in the field of applied linguistics.

Editors

Vorwort

Im Mai 2011 fand die 25. Jahreskonferenz der Kroatischen Gesellschaft für Angewandte Linguistik an der Philosophischen Fakultät in Osijek statt. Vom 12. bis zum 14. Mai versammelten sich 144 Sprachwissenschaftler aus verschiedenen europäischen Ländern und präsentierten dabei 53 Vorträge und 11 Poster zu verschiedenen Themenbereichen der Angewandten Linguistik. Anlässlich des 25. Jubiläums fand die Konferenz ohne Themeneinschränkung unter dem allgemeinen Titel „Angewandte Linguistik heute: Forschungsstand und Perspektiven“ statt.

Die Konferenzbeiträge verteilen sich in zwei Bände. Der erste Band mit 37 Beiträgen in kroatischer Sprache wurde unter dem Titel „Aktualna istraživanja u primijenjenoj lingvistici“ (2012) veröffentlicht, hrsg. von Leonard Pon, Vladimir Karabalić und Sanja Cimer, Osijek: HDPL. Der vorliegende zweite Band enthält 15 Beiträge in deutscher und englischer Sprache, verfasst von 24 Sprachwissenschaftlern aus sieben europäischen Ländern: Bosnien und Herzegowina, Dänemark, Deutschland, Italien, Kroatien, Serbien und Ungarn.

Dieser Band ist in vier Themenbereiche gegliedert:

- Sprachkompetenz und Sprachunterricht
- Fachsprachen und Fachkommunikation
- Aspekte verschiedener Diskursarten
- spezifische Themen bezogen auf die kroatische Sprache

Es folgt eine kurze Darstellung der einzelnen Beiträge.

Den Themenbereich Sprachkompetenz und Sprachunterricht öffnet der Beitrag von **Hans Jürgen Heringer** (Augsburg, Deutschland) über die automatische Textanalyse bei der Bewertung schriftlicher Lernerproduktionen. Vorgestellt wird ein ausschließlich auf textuellen Parametern beruhendes Konzept der automatischen Analyse, wobei einzelne (textinterne und externe) Parameter definitorisch vorgestellt werden. Anschließend wird eine praktische Anwendung des Konzepts auf die englische Sprache (Niveau B1) vorgeführt.

In ihrem Beitrag über die Analyse lexikalischer Kompetenz beziehen sich **Melita Aleksa Varga** (Philosophische Fakultät Osijek, Kroatien) und **Hrisztalina Hrisztova-Gotthardt** (Universität in Pécs, Ungarn) auf die im Gemeinsamen europäischen Referenzrahmen für Sprachen (GER) beschriebene lexikalische Kompetenz und versuchen anhand eines Korpus aus 20 Aufsätzen festzustellen, in welchem Maße Deutschlernende auf der Niveaustufe C1 die im GER beschriebenen sprachlichen Mittel beherrschen. Das Hauptinteresse bei der Untersuchung gilt dem Einsatz phraseologischer und lexikalischer Einheiten, Kollokationen und anderer Wendungen sowie der Frage, ob die lexikalischen Elemente von den Probanden richtig und sinnvoll verwendet werden.

Der darauf folgende Beitrag von **Vesna Bagarić Medve** und **Ivan Čelebić** (beide Philosophische Fakultät Osijek, Kroatien) thematisiert das mittlerweile 30 Jahre alte und dennoch bisher nicht klar definierte Konzept der Diskurskompetenz und ihre Beziehung zu anderen Teilkomponenten der Kommunikationskompetenz. Um den holistischen und analytischen Ansatz bei der Bewertung der Diskurskompetenz miteinander zu vergleichen, wurden 150 Aufsätze auf zwei Komponenten der Diskurskompetenz (Kohäsion und Kohärenz) und zwei Komponenten der grammatischen Kompetenz (Syntax und Morphologie) geprüft. Es hat sich dabei herausgestellt, dass der analytische Ansatz eine größere Verlässlichkeit bei der Bewertung der Diskurskompetenz bietet und dass lexikalische Kohäsionselemente seltener verwendet werden als grammatische.

Im Beitrag über Hörverstehen bei jungen Lernern präsentieren **Jelena Mihaljević Djigunović** (Philosophische Fakultät Zagreb, Kroatien) und **Lucilla Lopriore** (Universität Roma Tre, Italien) die Teilergebnisse einer Longitudinalstudie über den frühen Spracherwerb in sieben europäischen Ländern. Die Autorinnen konzentrieren sich auf das Hörverstehen, das sie für den Hauptinput beim Erlernen einer neuen Sprache halten. In der Studie wurden 92 Probanden 4 Jahre lang begleitet und auf ihr Hörverstehen geprüft, die gewonnenen Erkenntnisse wurden mit Informationen aus Fragebögen kombiniert. Die Resultate der Studie zeigen, dass auf diesem Gebiet individuelle Unterschiede vorhanden sind, die auf persönliche Einstellungen und Einflüsse außerhalb des Unterrichts zurückzuführen sind.

Auch der Beitrag von **Višnja Pavičić Takač** und **Dunja Požega** (Philosophische Fakultät Osijek, Kroatien) behandelt individuelle Unterschiede (*individual differences, ID*) bei Fremdsprachenlernern. Dabei interessieren sich die Autorinnen insbesondere für zwei ID-Dimensionen: Charaktereigenschaften (sgn. *Big Five PT factors*) und Kommunikationsbereitschaft, die anschließend zur mündlichen Kompetenz in Beziehung gesetzt werden. Die Resultate der Studie implizieren, dass die genannten individuellen Unterschiede eine Rolle in der Entwicklung der mündlichen Kompetenz spielen sowie dass verschiedene Faktoren aus dieser Gruppe miteinander verflochten sind und es dadurch unmöglich machen, den Einfluss jeder einzelnen Komponente isoliert zu analysieren.

Die folgenden zwei Beiträge thematisieren neue Entwicklungen auf dem Gebiet des EFL. Der Beitrag von **Irena Vodopija-Krstanović** (Philosophische Fakultät Rijeka, Kroatien) geht der Frage nach, welche Möglichkeiten beim Unterrichten des neuen *English as an International Language* (EIL) bestehen. Dieses neue Paradigma der englischen Sprache hat Diskussionen über den idealen monokulturellen/monolingualen Muttersprachler und den realen Sprecher der englischen Sprache entfacht, denn heutzutage wird Englisch hauptsächlich von

Nicht-Muttersprachlern sowohl gesprochen als auch unterrichtet. Die Untersuchung zeigt jedoch, dass zwischen dem theoretischen Konzept des EIL und seiner praktischen Anwendung im Unterricht ein langer Weg vorliegt und dass es zur Zeit noch nicht realistisch erscheint, diese Form im Unterrichtsalltag einzusetzen.

Kristina Cergol Kovačević (Fakultät für Lehrerbildung der Universität in Zagreb, Kroatien) versucht in ihrem Beitrag eine psycholinguistische Analyse der sprachlichen Prozessuierung des sgn. *Global English* durchzuführen. Dabei untersucht sie durch lexikalische Entscheidungsaufgaben den visuellen lexikalischen Zugang bei kroatischsprachigen Sprechern des Global English in drei verschiedenen Sprachmodalitäten. Die Resultate ihrer Untersuchung stellt sie in Form eines *global English language mode continuum* dar und vergleicht dieses mit dem entsprechenden Paradigma bei bilingualen Sprechern (*bilingual language mode continuum*).

In den Themenbereich Fachsprachen und Fachkommunikation führt **Jan Engberg** (Aarhus Universität, Dänemark) durch einen Überblick über die traditionellen und modernen Aspekte der Fachkommunikationsforschung ein. Moderne Ansätze haben gemeinsam, dass ihnen unterschiedliche Aspekte des Fach- und Sachwissens (Kultur, Sprachkompetenz usw.) als Ausgangspunkt dienen. Insbesondere geht der Autor auf die Beziehung zwischen Fachkommunikation und Wissensübertragung ein und präsentiert einige der Erkenntnisse der *Research Group on Knowledge Communication* an der Aarhus-Universität.

Es folgt ein Beitrag von **Katalin Fogarasi** (Medizinische Fakultät der Universität Pécs, Ungarn), in dem Probleme der gerichtsmedizinischen Terminologie in Ungarn thematisiert werden. Es handelt sich dabei um Protokolle des sgn. Schaubefundes, die eine sehr wichtige Rolle für Gerichtsmediziner spielen. Die Autorin vergleicht anhand eines Korpus den Termingebrauch in Ungarn mit jenem im deutschsprachigen Raum mit dem Ziel, sprachliche Besonderheiten und Abweichungen aufzudecken und die Basis für eine Standardisierung dieses Gebiets zu schaffen.

Borislav Marušić (Hochschule Lavoslav Ružička in Vukovar, Kroatien) versucht in seinem Beitrag Unterschiede in der Verwendung von Funktionsverbgefügen im Bereich des Wirtschaftsdeutsch und der Standard- und Verwaltungssprache aufzudecken. Das Korpus besteht aus Belegen, die unterschiedlichen Texten aus dem Sachgebiet Wirtschaftsdeutsch entnommen wurden, analysiert werden sowohl die Vorkommenshäufigkeit als auch die Struktur der FVG. Außerdem wird das Vorkommen der untersuchten Formen in unterschiedlichen Standard- und Fachwörterbüchern thematisiert.

Den nächsten Themenbereich öffnet der Beitrag von **Sanja Berberović** und **Nihada Delibegović Džanić** (Universität in Tuzla, Bosnien und Herzegowina) aus dem Bereich Wirtschaftssprache: untersucht wird die kreative figurative

Sprache, die im amerikanischen öffentlichen Diskurs eingesetzt wird, um über die Wirtschaftskrise zu sprechen. Von den Ansätzen der Theorie der konzeptuellen Integration ausgehend, werden innovative konzeptuelle Blends analysiert mit dem Ziel, Kreativität bei den Elaborationsprozessen von konventionellen Metaphern aufzudecken und auf die Rolle der kreativen figurativen Sprache als eines textuellen Kohäsionsmittels aufmerksam zu machen.

Der folgende Beitrag ist eine Korpusstudie von Somatismen im Deutschen und Schwedischen, die die Komponente *Kopf/huvud* beinhalten. Ausgehend von der Hypothese, dass solche Phraseologismen meist in Form von Verbalphrasen vorkommen und dass die zwei genannten Sprachen aufgrund ihrer Sprachverwandtschaft morphosyntaktische Ähnlichkeit aufweisen, versuchen **Annette Đurović**, **Branislav Ivanović** und **Zorica Mančić** (Philologische Fakultät der Universität Belgrad, Serbien) zu vergleichen, ob auch die semantischen Aspekte eine Parallelität aufweisen und ob beim Übersetzen der Ausdrücke die Bildhaftigkeit sowie die Expressivität und konnotative Bedeutung dieser Ausdrücke verloren gehen.

Im letzten Beitrag in dieser Gruppe thematisiert **Leonard Pon** (Philosophische Fakultät in Osijek, Kroatien) das Präpositionalattribut in der deutschen Gegenwartssprache. Die Analyse eines Korpus soll zeigen, wie hoch die Vorkommenshäufigkeit von Präpositionalattributen in der Nominalphrase ist und welche Struktur sie aufweisen. Die Ergebnisse leiten die Diskussion ein, welche Typen von Präpositionalphrasen in Grammatiken, Lehr- und Wörterbüchern eingehend behandelt werden sollten.

In der letzten Gruppe sind zwei kroatistische Beiträge. Der Beitrag von **Daniela Katunar**, **Krešimir Šojat**, **Željko Agić** und **Žarko Stojanović** (Philosophische Fakultät in Zagreb, Kroatien) stellt die Methode der visuellen Darstellung verschiedener Beziehungen zwischen Sets von Synonymen (sgn. Synsets) im kroatischen WordNet vor, es handelt sich dabei um Haupteinheiten eines konzeptuellen Computerlexikons der kroatischen Sprache. Die wichtigsten lexisch-semantischen Beziehungen wie Synonymie, Hyponymie oder Antonymie bilden ein Netzwerk und ermöglichen unterschiedliche Suchprinzipien, wobei die Komplexität der Beziehungen in der Regel eindimensional, d.h. sukzessiv dargestellt wird. Der Beitrag stellt einen multidimensionalen Ansatz vor, bei dem mit Hilfe der Programmiersprache Java und der freien Bibliothek Prefuse alle kodierten Beziehungen für ein bestimmtes Synset gezeigt werden können.

Der letzte Beitrag im vorliegenden Band betrachtet Sprachänderung und –variation im Kroatischen der Jahrhundertwende. Der Autor **Alexander D. Hoyt** (Philosophische Fakultät Zagreb, Kroatien) analysiert persönliche Schriftstücke des kroatischen Politikers Vjekoslav Spinčić aus der Zeit zwischen 1875 und 1925, die im Kroatischen Nationalarchiv aufbewahrt sind. Diese Analyse stellt eine erste Studie dar, in der ein kroatischsprachiges Korpus von historischen

Quellen erforscht wird, die auf natürlicher Sprachverwendung und nicht beispielsweise auf der Sprache der Literatur beruhen. Neben linguistischen Erkenntnissen bietet diese Studie durch den Inhalt der Briefe auch reichlich Material für beispielsweise historische oder ethnologische Studien.

Wir bedanken uns herzlichst bei allen Autoren, Gutachtern, Lektoren und anderen Mitarbeitern, die an diesem Band mitgearbeitet haben. Alle Beiträge wurden anonym von einem internationalen Linguistenteam begutachtet: Vesna Bagarić Medve, Mario Brdar, Rita Brdar-Szábo, Jan Engberg, Loretana Farkaš, Susanne Göpferich, Maja Häusler, Hans Jürgen Heringer, Franz Hundsnurscher, Ljiljana Kolenić, Lucilla Lopriore, Jelena Mihaljević Djigunović, Marianne Nikolov, Višnja Pavičić Takač, Mateusz-Milan Stanojević. Zusätzlich wurden die Beiträge von Joern Nuber und Blaženka Šoštarić lektoriert.

Wir bedanken uns auch bei den Kollegen und Angestellten der Philosophischen Fakultät in Osijek, die in organisatorischer Hinsicht zum Erfolg der Konferenz wesentlich beigetragen haben.

Wir hoffen, dass dieser Band dem Leser sowohl interessante als auch relevante Erkenntnisse zu den behandelten Themenbereichen geben wird.

Herausgeber

Contents / Inhaltsverzeichnis

Originaler Forschungsbeitrag

Automatische Bewertung von Lernertexten Ein Konzept und seine Anwendungen

Hans Jürgen Heringer

Zusammenfassung

Objektive Bewertungen schriftlicher Lernerproduktionen sind ein notorisches Problem von Sprachprüfungen. Menschliche Rater korrelieren hier allgemein nur mit 0.62.

Dennoch folgt die automatische Analyse im ersten Schritt der Idee: Nachbildung menschlicher Rater. So hat sie ein erstes Außenkriterium für die Eichung.

Das vorzustellende Konzept bezieht ausschließlich textuelle Parameter ein. Es unterscheidet:

- lokale oder textinterne Parameter und
- externe Parameter, die auf Datenbanken basieren, die aus großen Korpora gewonnen

sind.

Die einzelnen Parameter werden definitorisch vorgestellt.

Praktische Anwendungen existieren für verschiedene Deutschprüfungen (Zertifikat Deutsch, DSH, TestDaF).

Hier wird das Konzept für Englisch (Niveau B1) vorgeführt.

Am Ende bleibt die Frage: Wie weit kann es gelingen, die automatische Bewertung als Bewertung sui generis zu etablieren?

Schlüsselwörter: Automatische Bewertung; Lernertext; Bewertungskriterien; textuelle Parameter.

0.

In diesem Beitrag geht es um die Bewertung von Lernertexten im Bereich diverser Sprachprüfungen. Hierbei wird einer schriftlichen Produktion – in der Regel durch zwei Prüfer – ein Punktwert zugeordnet, der in die Punktwertung der übrigen drei Bereiche Leseverstehen, Hörverstehen und mündliche Kommunikation eingerechnet wird. Die Gewichtung der Teilbereiche mag dabei unterschiedlich sein. Diese Zuordnung eines Punktwerts wird auch mit Scoring bezeichnet und darf nicht verwechselt werden mit einer didaktischen Korrektur, die etwa an den Lernerautor adressiert ist und ihm Möglichkeiten zur Verbesserung seiner Kompetenz aufweist, oder Korrekturen, die dem Lehrer als Grundlage für didaktische Maßnahmen dienen.

1. Bewerten

Etwas zu bewerten ist eine Art Allerweltsakt, den wir täglich und häufig still vollziehen. Wir können unsere Wertungen auch in bewertenden Sprechakten öffentlich machen, so wenn wir etwa sagen „Dieses Omelett schmeckt mir". In unserem Zusammenhang und allgemein ist aber wichtig zu unterscheiden zwischen solchen gustatorischen Bewertungen, gegen die schwerlich etwas vorzubringen ist, und eher allgemeinen oder allgemein gültigen Bewertungen, die deskriptiv fundiert sein müssen. Um solcher Art Bewertungen wird es hier gehen. Der Akt des Bewertens hat einen inneren Aufbau, eine Binnengliederung, die wichtige Eigenschaften aufzeigt. Wenn wir von etwas sagen „Er ist schnell", so ist es wichtig, von welcher Art das Bewertete ist. Ein Auto muss schon schneller sein als ein Mensch oder eine Schnecke, damit die Wertung gerechtfertigt wäre. Eine Bewertung bezieht sich also auf einen Bereich, der in der nominalen Formulierung oft expliziert wird: Ein schnelles Auto ist anders zu fundieren als ein schneller Wurm. Dies teilen solche wertenden Adjektive mit anderen relativen Adjektiven wie *groß*. So ist eine große Schlange natürlich größer als ein großer Wurm. Es kommt eben auf den Bereich an. Wenn wir etwas bewerten, so tun wir das immer in Bezug auf einen bestimmten Aspekt oder bestimmte Aspekte. Ich bewerte zum Beispiel ein Auto in Bezug auf sparsamen Verbrauch, in Bezug auf Preis, in Bezug auf Höchstgeschwindigkeit usw. Wenn ich etwa sage „Dieses Auto ist schnell", bewerte ich es in Bezug auf Geschwindigkeit. Wenn ich sage „Dieses Auto ist geil", so bleibt der Bezug implizit und vage, kann aber in der Sprechsituation durchaus gegeben sein. Eine dritte Komponente des Bewertens ist der Standard. Um eine Wertung wie „Dieses Auto ist schnell" zu fundieren, muss man sozusagen wissen, über welchem Standard es liegen müsste. Der Standard kann natürlich relativ zum Bereich gesetzt sein. Er wird für einen Kleinwagen anders liegen als für einen Sportwagen, für Autos Baujahr 1910 anders als für solche 2010. Schematisch sähe die Aktstruktur so aus:

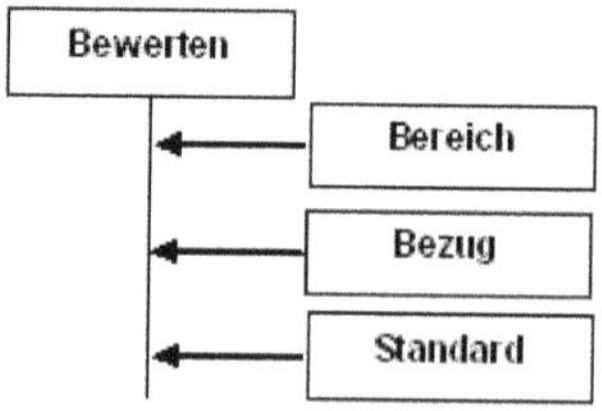

Grafik 1

Texte werden nun in Bezug auf vielerlei Aspekte bewertet. Gängige Bezüge zeigt die Grafik:

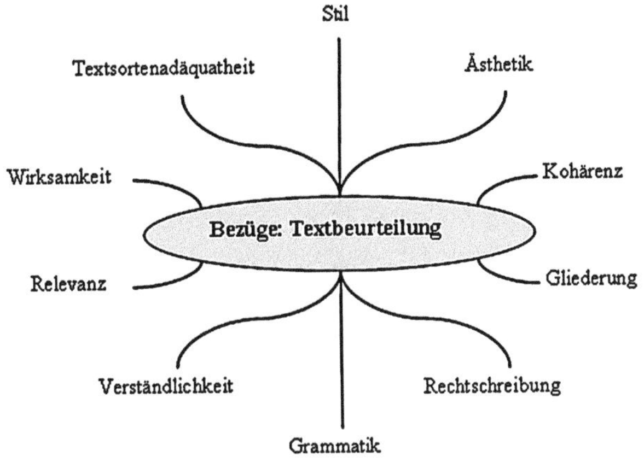

Grafik 2

Die Standards sind dabei in den wenigsten Fällen explizit oder explizierbar. Das macht Textbewertungen so heikel und das gilt auch für die Bewertung von Lernertexten, die allerdings unter anderen Aspekten beurteilt werden. Die Grafik zeigt einige gängige Bezüge für Lernertexte:

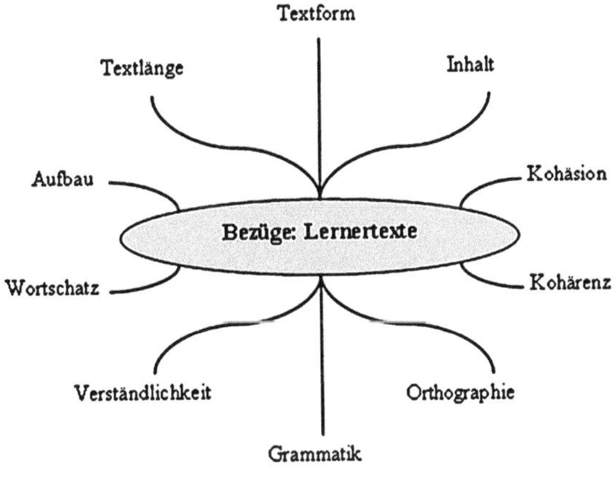

Grafik 3

Eine neuere Bewertungsideologie proklamiert, dass es hier weniger auf die Fehler ankommen sollte, die ein Lerner macht, als vielmehr auf das, was er schon kann. Dieser Ansatz ist wohl auch den Can-Do-Formulierungen des Common European Frameworks geschuldet, ist aber didaktisch bestenfalls motivationell zu begründen. Logisch ist der Ansatz verfehlt, weil aus einer korrekten Verwendung wissenschaftslogisch nie auf die Beherrschung einer Regel geschlossen werden kann. In dem kurzen Exkurs am Ende des Beitrags exemplifiziere ich das am Beispiel.

2. Sprachtests

Ein Sprachtest besteht wie jeder Test aus zwei Komponenten: einer Menge T von Testitems und einer Menge F von zu testenden Fähigkeiten:

$$T = \{t_1, t_2, \dots t_n\}$$

$$F = \{f_1, f_2, \dots f_m\}$$

Die einzelnen t_i müssen keine direkte Beziehung zu den f_i haben und in Intelligenztests kann man solcher Art Beziehung auch nicht erkennen. Für Sprachtests wäre das allerdings sehr unplausibel. Man wird ja kaum annehmen, dass man abtesten könne, ob jemand ein Idiom korrekt verwenden kann, indem man ihn geometrische Figuren zeichnen lässt. Und dennoch könnten bestimmte sprachliche Fähigkeiten (etwa orthographische) als Indikatoren für andere (etwa mündliche Kommunikation) taugen.[1]

Als Teil einer Prüfung muss das Scoring den Anforderungen an empirisch fundierte Tests allgemein genügen:

- Objektivität
- Reliabilität
- Validität

Objektiv ist ein Test, der nicht durch den Prüfer beeinflusst werden kann. Reliabel ist ein Test, der in der Wiederholung zu gleichen Ergebnissen führt. Valide ist ein Sprachtest, der genau die Fähigkeiten misst, die er zu messen beansprucht.

1 Für TestDaF wurde tatsächlich argumentiert, mündliche Kommunikationsfähigkeit sei abbildbar über C-Tests (Grotjahn 2007). Allerdings scheint mir die Korrelation von 0.64 doch eher bescheiden.

Mit allen drei Kriterien ist es nach meiner Meinung in bestehenden Sprachprüfungen nicht weit her. Am problematischsten ist unter linguistischen Gesichtspunkten die Validität, die aber für einen Test an erster Stelle zu stehen hätte. Die Standards der APA sind die weltweit anerkannten Standards für psychologisches und pädagogisches Testen. Sie fordern:

> When the validation rests in part on the appropriateness of test content, the procedures followed in specifying and generating test content should be described and justified in reference to the construct the test is intended to measure or the domain it is intended to represent. If the definition of the content sampled incorporates criteria such as importance, frequency, or criticality, these criteria should also be clearly explained and justified.
>
> Comment: For example, test developers might provide a logical structure that maps the items on the test to the content domain, illustrating the relevance of each item and the adequacy with which the set of items represents the content domain. Areas of the content domain that are not included among the test items could be indicated as well. (APA-Standard 1.6)

Eine hinreichend detaillierte Beschreibung sprachlicher Kompetenz gibt es nicht – vielleicht kann es sie ob der Komplexität und der fundamentalen Eigenschaften menschlicher Sprachen nicht geben. Von einer detaillierten Beschreibung der Fähigkeiten F, die in Textproduktionen abgetestet werden sollen, sind die gängigen Prüfungen weit entfernt. Wenn in einer Sprachprüfung getestet werden soll, ob ein Kandidat einen persönlichen Brief schreiben kann, dann ist eine derartige Beschreibung einer Fähigkeit linguistisch hoffnungslos unterbestimmt. Denn welche sprachlichen Fähigkeiten braucht der Kandidat hierfür? Welche grammatischen, semantisch-lexikalischen oder stilistischen Kenntnisse? Analoges gilt für die Abbildung der einzelnen t_i auf einzelne f_i.

Eine automatische Bewertung wird ohne Weiteres objektiv und reliabel sein. Einzig die Validität und das sog. Außenkriterium werden hier zum Problem. Dieses Problem wird im vorgestellten Konzept umgangen, weil es nur beansprucht, die gleichen Scores zu generieren wie menschliche Korrektoren. Das Ziel ist also eine Art Simulation menschlicher Korrektoren. Somit ist für das Konzept absolut irrelevant, wie Korrekturen zu ihren Scores kommen, und ebenso, wie dem automatischen Algorithmus dies gelingt. Testtheoretisch und linguistisch ist beides aber von höchstem Interesse.

3. Das Konzept

In dem hier vorgestellten Konzept werden ausschließlich textuelle Parameter verwendet. Dies ist kein Manko der automatischen Analyse. Es ist vielmehr wissenschaftliche Hygiene, auf alle nicht operationalisierbaren Kriterien wie Inhalt, Idiomatik usw. zu verzichten. Nicht nur, weil sie nicht operationalisierbar wären, sondern vor allem, weil wir einer unhaltbaren sprachtheoretischen Ideologie aufsitzen würden, nach der der Inhalt irgendwo anders sein sollte als im Text. Um einen Eindruck zu geben, stelle ich einige der ursprünglich 25 Parameter vor und kommentiere sie.[2] Lokale Parameter sind rein bezogen auf den Lernertext:

- Textlänge
  Anzahl aller Wortformenvorkommen des Textes
  Die Textlänge spielt in den meisten Tests eine Rolle, da auf dem jeweiligen Niveau ein unterschiedlich langer Text vom Probanden verlangt wird. Prinzipiell ist unbestreitbar, dass der Text eine gewisse Länge haben muss, damit aus ihm auf die Kompetenz geschlossen werden kann. Wie lang der Text allerdings sein müsste, darüber ist empirisch wenig bekannt. Bemerkenswert ist, dass menschliche Rater längere Texte höher bewerten (eigene Untersuchungen, auch Attali/Burstein 2006: 5). Die Angabe der Textlänge in Wortformenokkurrenzen ist üblich, denkbar wäre auch die Zeichenzahl. Es ist plausibel, dass eine maschinelle Auszählung der Textwörter nach Lösung kleinerer technischer Probleme verlässlicher ist als das Zählen menschlicher Rater.
- Wiederholrate
  Quotient aus Anzahl der Vorkommen aller Wortformen und Anzahl aller Wortformentypes (= token/type ratio)
  Dieses Kriterium wird intuitiv von menschlichen Ratern genutzt und scheint auch in Bewertungskatalogen anerkannt. Wer sozusagen die gleichen Wortformen öfter verwendet, zeigt natürlich weniger von seiner Kompetenz. Aber menschliche Rater werden den Parameter wohl kaum verlässlich auswerten können. Da ist die Maschine wesentlich verlässlicher.

Externe Parameter nehmen Bezug auf Datenbanken der Basissprache:

- Fehler
  Zahl inkorrekter Wortformen(vorkommen)
  Ein wichtiger Parameter ist die Ermittlung von Fehlern. Fehler sind für sich ein weites Feld. Schon die Definition, was ein Fehler ist, bleibt umstritten. Eine flexible und angemessene Fehlertypologie ist nach wie vor ein Desiderat.

---

2 Für die weiteren Parameter Frey/Heringer 2007.

- Morphologische Tiefe
  Durchschnittlicher Rang der 30 ranghöchsten korrekten Wortformen
  Der Parameter gleicht alle Wortformen des Textes ab mit einer Tabelle, in der Wortformen nach Frequenz geordnet und invers mit Rangwerten versehen sind. Es geht also darum, zu bewerten: Wie selten sind die Wortformen, die der Proband benützt (und also benützen kann)? Die Beschränkung auf die 30 seltensten ist willkürlich, könnte aber zur empirischen Anpassung variiert werden.
- K_rang
  Relative Häufigkeit von Kollokationspaaren (bi-gramme[3])
  Der Probandentext wird fortlaufend in Paare der Wortformenokkurrenzen zerlegt. Die Paare werden abgeglichen mit einer Tabelle solcher Pärchen, die mit Frequenzen aus einem großen Korpus (Textwörter $n = 10^8$) versehen sind. Der Parameter kann unterschiedlich ausgewertet werden: Kommt das Pärchen in der Tabelle überhaupt vor? Wie frequent ist es?
- TR_rang
  Relative Häufigkeit von Kollokationstripeln (tri-gramme)
  Der Probandentext wird fortlaufend in Tripel der Wortformenokkurrenzen zerlegt. Die Tripel werden abgeglichen mit einer Tabelle solcher Tripel, die mit Frequenzen versehen sind. Der Parameter kann unterschiedlich ausgewertet werden: Kommt das tri-gramm in der Tabelle überhaupt vor? Wie frequent ist es?

Gegenüber pauschalen Bewertungen des Vokabulars, wie es von menschlichen Ratern verlangt wird, kann das elektronische Programm wesentlich differenzierter erheben:

- Lexikalische Tiefe
  Durchschnittlicher Rang der 20 ranghöchsten Lemmas
  Der Parameter gleicht nach der Lemmatisierung alle Lemmas des Textes ab mit einer Tabelle, in der Wörter der Basissprache in der Grundform nach Frequenz geordnet und umgekehrt mit Rangwerten versehen sind. Es geht also darum, zu bewerten: Wie selten sind die Wörter, die der Proband benützt (und also benützen kann)? Die Beschränkung auf die 20 seltensten ist willkürlich, könnte aber zur empirischen Anpassung variiert werden.

---

3 n-gramme werden in verschiedenen Zusammenhängen verwendet. Eine frühe Anwendung von Cavnar/Trenkle: http://citeseer.ist.psu.edu/cache/papers/cs/810/ und http:zSzzSzwww.info.unicaen.frzSz~giguetzSzclassifzSzcavnar_trenkle_ngram.pdf/n-gram-based-text.pdf, 20.11.2006.

- Lexikalische Elaboriertheit
  Durchschnitt aller Lemma-Ränge
  Auch dieser Parameter gleicht nach der Lemmatisierung alle Lemmas des Textes ab mit einer Tabelle, in der Wörter in der Grundform nach Frequenz geordnet und umgekehrt mit Rangwerten versehen sind. Es geht also darum, zu bewerten: Wie selten sind die Wörter, die der Proband benützt (und also benützen kann)? Die Wahl des Durchschnitts präferiert ein bestimmtes Rechenverfahren. Hier zeigt sich, dass über die verschiedenen Parameter empirisch wenig bekannt ist.
- Lexikalische Varianz
  Quotient aus Anzahl Lemmas der Inhaltswörter und Anzahl Lemmas der Inhaltswörterokkurrenzen
  Mit diesem Parameter soll überprüft werden, wie oft der Proband das gleiche Wort in unterschiedlichen Formen verwendet, landläufig gesprochen wiederholt.
- Lexikalische Ladung
  Quotient aus Anzahl Lemmas der Inhaltswörterwortformenokkurrenzen (sorry!) und Anzahl der Funktionswörterokkurrenzen
  Hiermit soll ermittelt werden, in welchem Verhältnis sozusagen inhaltsarme und somit auch hochfrequente Funktionswörter im Vergleich zu eher dicken Inhaltswörtern stehen. Dem liegt eine sicherlich diskutable Kategorisierung zu Grunde.

Thesen der folgenden Art bilden den Ausgangspunkt:

- Je größer die Wiederholrate, umso schlechter der Text
- Je mehr Fehler, umso schlechter der Text
- Je größer Lexikalische Tiefe, umso elaborierter der Text
- Je größer K_rang, umso elaborierter der Text
- Je größer TR_rang, umso elaborierter der Text

Letztlich geht es aber nur darum, die beste Korrelation mit den Scores der menschlichen Rater zu finden.

Automatische Essay-Scorer werden in den USA schon seit Jahren entwickelt, allerdings auf ganz unterschiedlicher Basis.[4]

4 Eine ganz frühe Arbeit bildet Page 1966. Bekannt ist beispielsweise der E-Rater. Einen Überblick gibt Dikli (2006).

4. Menschliche Schwächen

Global werden menschliche Schwächen von Ratern deutlich, wenn wir die Scores von menschlichen Ratern für 160 Texte betrachten. Die Scores sind jeweils der Mittelwert von zwei Ratern, die bis zu 10 Punkte vergeben konnten.

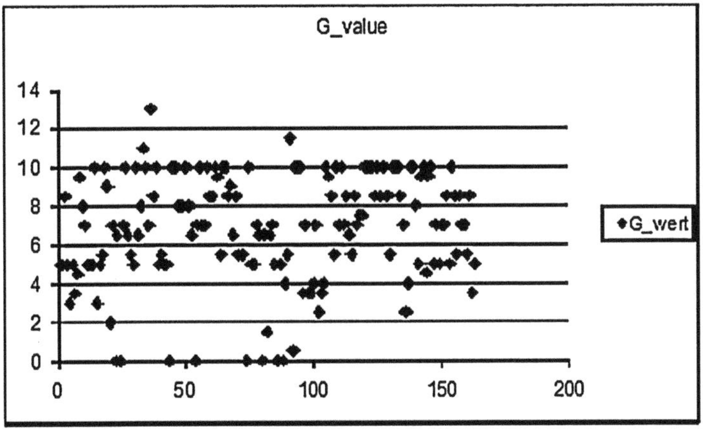

Grafik 4

Bemerkenswert ist hier mancherlei. Befremdlich, dass der Mittelwert von zwei Ratern dreimal über dem zulässigen Höchstwert liegt. Weiter fällt die Massierung bei bestimmten Punktwerten ins Auge. Einmal – gottseidank – beim Höchstwert, dann aber auch bei Null. 2 Punkte und drunter wird ansonsten kaum vergeben. Insgesamt liegen schätzungsweise 80% über 4. Testtheoretiker gehen hingegen – auch das scheint mir durchaus fraglich – meist von einer Gausschen Verteilung aus.

Bewertungsschwächen werden nicht erst in der Praxis deutlich. Auch die Anleitungen für die Rater wie die Can Dos des CEFRs zeigen große Schwächen. Nach dem empirischen Befund wollen wir uns kurz solchen Anleitungen widmen, die Korrektoren leiten sollen. Aus Diskussionserfahrung schicke ich voraus: Es geht hier nicht darum, was kluge Korrektoren in der Praxis tun – das bleibt gewiss subjektiv und ist mir nicht zugänglich. Zugänglich sind mir handfeste Formulierungen, die wir kritisch betrachten sollten.

Das erste Beispiel ist für Korrektoren des Zertifikat Deutsch.

1. Berücksichtigung der Leitpunkte

Bewertet werden die Berücksichtigung der Leitpunkte und der Umfang.
Zur Bewertung werden die Punkte wie folgt vergeben:

5 Punkte: Alle vier Leitpunkte werden inhaltlich und im Umfang angemessen bearbeitet.

4 Punkte: Alle vier Leitpunkte werden inhaltlich angemessen, aber im Umfang nur knapp bearbeitet. oder: Drei Leitpunkte werden inhaltlich und im Umfang angemessen bearbeitet.

3 Punkte: Drei Leitpunkte werden inhaltlich angemessen, aber im Umfang nur knapp bearbeitet.

2 Punkte: Zwei Leitpunkte werden inhaltlich und im Umfang angemessen bearbeitet.

1 Punkt: Nur ein Leitpunkt wird inhaltlich und im Umfang angemessen bearbeitet.
oder: Zwei Leitpunkte werden inhaltlich angemessen, aber im Umfang nur knapp bearbeitet.

0 Punkte: Keiner der Leitpunkte wird inhaltlich und/oder im Umfang angemessen bearbeitet. oder: Das Thema wird überhaupt verfehlt.
In diesem Fall wird der gesamte Testteil "Schriftlicher Ausdruck" mit 0 Punkten bewertet.

Bei dieser task-orientierten Aufgabe wird im Prinzip einfach gezählt, wie viele tasks erledigt wurden. Das ist in der Praxis deshalb schwierig, weil nicht klar ist, nach welchen Kriterien ein task überhaupt behandelt, bearbeitet oder gar erledigt wurde. Problematischer noch sind wertende Adjektive wie *angemessen* und erst recht die umgangssprachlichen Graduierungen wie *knapp*.

Das zweite Beispiel entnehme ich dem CEFR. Hier geht es um den Wortschatz des Testlings und die Zuordnung zu den Niveaustufen. Auch hier spielen schwammige Graduierungen wie *minor*, *some*, *generally*, *still*, *more*, *narrow* eine herausstechende Rolle. Korrektoren würden das jeweils nach Gutdünken auslegen müssen. Interessant ist in diesem Zusammenhang auch *complex*. Welcher Komplexitätsbegriff ist hier angesetzt und wie wäre er auszubuchstabieren? Alles bleibt umgangssprachlich und schwerlich nutzbar für einen allgemeinen und objektiven Standard. Gar nicht zu reden von der Idee, dass etwas die Kommunikation behindert. Wer soll das in simulierter Kommunikation feststellen und wie? Geht es nur darum, dass der Korrektor sagt: Das verstehe ich nicht? Oder noch kühner: Das werden andere nicht verstehen? Und ja, dass man mit A1 dann gar nichts anfangen kann, ist verständlich.

VOCABULARY CONTROL

C2
Consistently correct and appropriate use of vocabulary.

C1
Occasional minor slips, but no significant vocabulary errors.

B2
Lexical accuracy is generally high, though some confusion and incorrect word choice does occur without hindering communication.

B1
Shows good control of elementary vocabulary but major errors still occur when expressing more complex thoughts or handling unfamiliar topics and situations.

A2
Can control a narrow repertoire dealing with concrete everyday needs.

A1
No descriptor available

5. Anwendungen

Das Konzept wurde für mehrere gängige deutsche Sprachtests realisiert:

- DTZ: Deutschtest für Zuwanderer
- Goethe Zertifikat
- DSH: Deutschprüfung für den Hochschulzugang
- TestDaF

Linguistisch war zu vermuten, dass das Verfahren eher universal ist und bei entsprechender Datenbasierung auch für das Englische anwendbar. So wurde das Konzept auch für das Englische realisiert. Die externen Daten und Datenbanken dafür konnten aus dem British National Corpus gewonnen werden. Die Anwendung für das Englische nutzte Brieftexte deutscher Muttersprachler in englischer Sprache. Die Probanden waren Jugendliche auf einem Lernniveau von A2, in etwa. Die Briefe sollten nach Vorgaben bestimmte Tasks erfüllen, was auch als semikreatives Schreiben geführt wird. Es wurden Texte des Augsburger DESI-Projekts verwendet.[5] Die produzierten Texte sahen etwa so aus:

Dear XX,
How are you! I'm fine! Yesterday I went to my best friend Lisa in London. She live at Picadilly Circus, that's in the center of London. Unfortuantly Lisa had to work and so she gave me a city guide. So I cauld visit the city a bit. I went from Picadilly circus to the Tower bridge which is on the other side of the city.
At 7 qm I wanted to leave but i choose the wrong under graund-train and arrived at Gover street at the University of London. So I asked one of the students a very freindly guy who told me haw I could go back.
He gave me his phone nummber and I will meet him tonigut we'll go out for dinner! When I arrived back at Lisa's hause at 12 pm. I was so tired that I fall asleep very fast! Today I had to told Lisa the whole story aced she is very exciting of Chris the good looking student!
I hope you have a good weekend and on my next holidays I'll visit you ok?
Yours Manuela

Die Texte waren von geschulten Ratern in neun Bezügen bewertet nach einem differenzierten Verfahren.

Die wichtigen Bewertungskriterien für eine semikreative Schreibaufgabe

1. Globalurteil: Hier geben Sie Ihren Gesamteindruck wieder, der nicht den Durchschnitt der folgenden Kriterien darstellen muss.
2. Textlänge: Entspricht die Länge dem in der Aufgabenstellung geforderten Maß?
3. Inhalt: Werden die inhaltlichen Vorgaben aus der Aufgabenstellung umgesetzt?
4. Textsorte und Aufbau: Entspricht die Textsorte der Aufgabenstellung? Entsprechen Aufbau und Organisation der Inhaltselemente der generellen Erwartung an diese Textsorte?
5. Orthographie: Was kann schon korrekt geschrieben werden? Kommt es zu sinnentstellenden, kommunikationsbelastenden Fehlern?
6. Lexik und Lexikogrammatik: Welcher Wortschatz ist vorhanden und wie angemessen wird er eingesetzt? Hierunter fallen auch Kollokationen und complementations.
7. Grammatik: Welche grammatikalischen Strukturen sind vorhanden und wie korrekt werden sie eingesetzt?
8. Kohäsion: Welche linking language ist vorhanden und wie werden Kohäsionsmittel eingesetzt?

5 Hiermit danke ich herzlich Konrad Schröder, Claudia Harsch und dem Augsburger DESI-Team.

9. Kommunikative Wirkung: Ist der Text flüssig geschrieben und gut lesbar? Ist der Stil natürlich und idiomatisch? Kommt an, was die Schüler ausdrücken wollten (beim fiktiven Adressaten, in den Sie sich hineinversetzen sollen)?

(DESI-Kodierhandbuch 2004)

Die Scores wurden in fünf Bewertungsstufen vergeben.

0 = Ohne Aufgabenstellung nicht verständlich, Irrelevanz des Inhalts oder sprachliche Gründe oder Text zu kurz.

1 = Ideen ansatzweise relevant, aber nicht entwickelt; kurzer, einfachster Text; Mängel im Formalen; meist keine Makrostruktur erkennbar (assoziative Reihung), zeigt begrenzte sprachliche Mittel aus frequentem Basisbereich; Text kann bruchstückhaft und fehlerhaft sein (lexikalische, grammatische, syntaktische, orthographische Fehler; muttersprachliche Interferenzen).

2 = Knappe, elementare Beschreibung von Ereignissen, Strategien und persönlichen Erfahrungen aus dem alltäglichen Umfeld; einfacher, persönlicher Brief; formale Anforderungen oft nur teilweise erfüllt; Makrostruktur meist als einfache Reihung oder Aufzählung erkennbar, Darstellung in relativ einfacher, begrenzter Sprache, die teils fehlerhaft (z. B. Interferenzen) sein kann, doch Ansätze von Kohärenz zeigt, kommunikative Zielsetzung in groben Zügen erreicht.

3 = Unkomplizierter, zusammenhängender Brief über reale wie fiktive zwischenmenschliche Konstellationen und Probleme, Erfahrungen und Strategien aus der Lebensumwelt der Verfasser; einfache, doch begründete Ratschläge oder Lösungen angeboten; Interessenschwerpunkte können sichtbar werden, unkomplizierter Brief in üblichem Standardformat; teils noch nicht alle Formalia erfüllt; logische Makrostruktur erkennbar, sprachliche Mittel bis zu einem gewissen Grad angemessen, Fehler und Interferenzphänomene im Text vorhanden, in der Regel jedoch nicht kommunikationsbelastend, Botschaft wird grundsätzlich kommunikativ wirksam vermittelt, doch teils mit Einschränkungen.

4 = Klarer, detaillierter, zusammenhängender Text über vielseitige Erfahrungen, Erlebnisse und Strategien im Rahmen zwischenmenschlicher Problemstellungen, für das betreffende Genre (Brief) geltende Konventionen werden weitgehend beachtet; die Makrostruktur (roter Faden) ist logisch, Aufbau stringent, Umfang und Korrektheit der sprachlichen Mittel dem Task angemessen; Text ist insgesamt flüssig geschrieben, kommunikative Wirkung ohne große Einbußen erreicht.

5 = Klarer, detaillierter, gut strukturierter und ausführlicher Text zu komplexen zwischenmenschlichen Problemstellungen, entscheidende Punkte hervorgehoben, Standpunkte und Ansichten ausführlich dargestellt und durch Unterpunkte oder geeignete Beispiele oder Begründungen gestützt, Text durch an-

gemessenen Schluss abgerundet, Brief durchgängig entsprechend geltenden Konventionen, Aufbau logisch, stringent und konsistent, großer Umfang und sichere Beherrschung sprachlicher Mittel, Idiomatik und Korrektheit, kommunikative Wirkung umfassend erzielt.

Alle Texte wurden von zwei Ratern bewertet. Die Korrelation zwischen den Scores der beiden Rater war mit 0.82 recht hoch.

6. Resultate

Die empirische Untersuchung von mehreren hundert Texten (n = 450) diente in einer ersten Phase dazu, herauszubekommen,

- welche Parameter überhaupt auf die Scores der menschlichen Rater laden,
- welche Parameter untereinander hoch korrelieren.

Aus den Parametern, die mit mehr als 0.5 mit den menschlichen Scores korrelieren, wurden die am besten nutzbaren ausgewählt.

Ich gehe einige Parameter durch. Verhältnismäßig objektiv dürfte die Angabe der Textlänge in Wortformen-Okkurrenzen sein. Die beiden menschlichen Rater korrelieren hier mit 0.93. Allerdings mit dem Automaten nur mit 0.91. Da der Zählvorgang nicht rekonstruiert werden kann, ist eine Deutung hierfür nicht möglich. Vielleicht hatten die Rater einen anderen, aber gleichartigen Wortbegriff, etwa auf Grund des Trainings. In jedem Fall kann die maschinelle Zählung offengelegt, kritisiert und verbessert werden.

Bei der Orthographie liegt ein besonderes Problem vor. Die beiden Rater korrelieren untereinander mit 0.79, die Anleitung scheint aber nicht ganz konsistent. Einerseits ist sie der modischen, nicht realisierbaren Idee verpflichtet, man solle bewerten, was korrekt geschrieben ist, andererseits sollen aber verständnishemmende Fehler gewertet werden. Wie wäre das zu verrechnen? Mit den objektiv erhobenen Schreibfehlern korrelieren die Rater darum auch nur mit 0.41 und 0.42. Mit solchen Werten kann also die Raterkompetenz nicht nachgebildet werden.

Alle übrigen textuellen Parameter haben im Ratingsystem kein Pendant. Es ergeben sich somit auch keine hohen Korrelationen. Allerdings mit einer Ausnahme: Der Parameter K_rang, also die bi-gramm-Methode lädt auf einige Kriterien recht hoch: Inhalt 0.81, Aufbau 0.75, Lexik 0.71, Kohäsion 0.74, Grammatik 0.69, Kommunikative Wirkung 0.78.

Ähnliches gilt für die Korrelation der Einzelkriterien mit der Globalwertung. Bei beiden Ratern liegen die Korrelationen zwischen 0.65 und 0.80. Das ist erstaunlich, vor allem weil es eine übliche Strategie für die Testanlage ist, dass man redundante Kriterien ausschaltet. Dies gilt nicht nur für Tests, es sollte auch für die Fehlerbewertung generell gelten (keine Doppelsanktionierung!).

Die Rater untereinander korrelieren in den einzelnen Dimensionen hoch, wenn auch etwas unterschiedlich: Inhalt 0.80, Aufbau 0.80, Orthographie 0.78, Lexik 0.78, Kohäsion 0.75, Grammatik 0.76, Kommunikative Wirkung 0.83. Es keimt wieder der Verdacht, dass die Rater Globalwertung und Kommunikative Wirkung schwer unterscheiden können. Und es bleibt natürlich sowieso die Frage, wie sie die verschiedenen Kriterien zu einer Globalwertung verrechnen. Der Mittelwert aus allen Kriterien korreliert mit 0.96 mit der Globalwertung. Das ist praktisch Identität. Es zeigt sich, dass Raten in Dimensionen im Prinzip die gleichen Ergebnisse bringt wie spontanes oder globales Raten. Das erstaunt eigentlich nicht, weil komplexes Raten in vielen Dimensionen die mentalen Möglichkeiten von Menschen überschreitet, wenigstens dann, wenn es in einigermaßen vertretbarer Zeit vollzogen wird.

Für die linguistische Empirie ist die Erprobung aller Parameter von Interesse. Für die Scoring-Praxis muss das Bestreben sein, mit wenigen Parametern auszukommen. Dazu werden in einem ersten Schritt alle, die gleiche Ergebnisse liefern, auf einen reduziert – ökonomisch auf jenen der am leichtesten, am sichersten, am schnellsten zu berechnen ist. Die übrigen werden in einer Rechenformel erfasst, die eben den gewünschten Score ergibt. Mit dem statistischen Verfahren der Regressionsanalyse wird ihre optimale Gewichtung in der Rechenformel ermittelt. Ergebnis ist eine Formel der folgenden Art mit nur noch drei Parametern:

$SCORE = (0.599 * $KR + 5.64) + 9 * (1.253 * $TR + 17.16) + (0.804 * $QR + 50.95)

Kehren wir zurück zu K_rang. Dies ist der Superparameter des automatischen Scorings. Er korreliert nicht nur gut mit verschiedenen Kriterien, sondern auch mit der Globalwertung der Rater, nämlich mit 0.79 und 0.82.

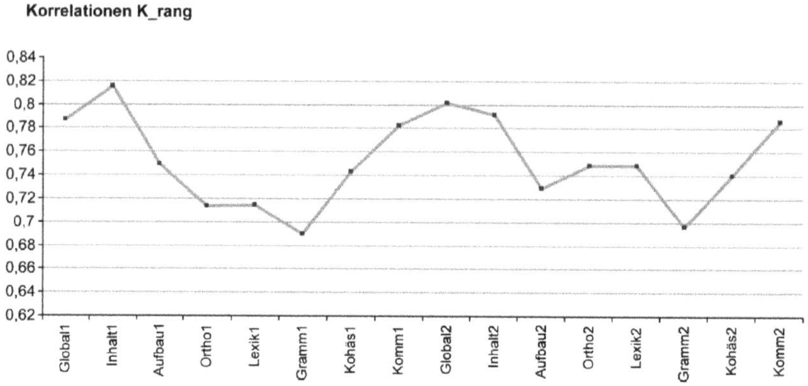

So erreicht das automatische Scoring mit einem Parameter das Gleiche wie die gut geschulten Rater untereinander. Warum das so ist, bleibt rätselhaft und wird rätselhaft bleiben, weil das statistische Verfahren danach nicht fragt. Es zählt einzig die Korrelation. Eine linguistische Vermutung könnte sein, dass das Englische weniger grammatik-orientiert als lexikalisch-orientiert ist, weshalb bigramme für das Deutsche auch anders reagieren. Aber zur Gewinnung eines robusten Verfahrens würde man auf jeden Fall mehrere Parameter einbeziehen wollen und so zum Schluss zu einem Aggregat und einer Rechenformel wie oben mit gewichteten Parameterwerten kommen.

7. Ausblick

Als Linguisten möchten wir sicherlich etwas mehr über die Wirkungsweise der textuellen Parameter wissen. Dazu wäre einiger empirischer Aufwand nötig. Wie die einzelnen Werte dann zu bewerten wären, bleibt aber eine offene Frage. Praktisch steht jedoch immer zur Debatte, wie gut unsere Bewertungskriterien sind, wie subjektiv. Können wir die Kriterien verbessern, valider und reliabler machen? Wir könnten die automatische Bewertung fundieren, indem wir

- Standards für bestimmte Lernerpopulationen entwickeln,
- Standards für bestimmte Textsorten entwickeln,
- die verschiedenen Populationen kalibrieren in einem concours.

So kämen wir zu einer verlässlichen Bewertung von Lernertexten – in the long run. Wäre das akzeptabel? Eine lange, lange Tradition wäre zu ändern.

Exkurs: Was Lerner können

Malio 14/ 5/ 2011

Sehr geehrte Paola,

Du bist glukisch! Ich kanne dir congratuliert, aber was kanne ich dir geschenk?

Ich möchte nach Berlin gehen für du und Stefan sehen.

Im welche Kirche ist der Hochzeit? Oder wo? Und wo ist die Hochzeitsreise? Ich denke Greichenland ist schöne, aber Ägypten ist schöner also. Wie alt is Stefan?

Viele Grusse,

Deine claudine

Wenn Sie diesen Brief zu bewerten hätten im Hinblick darauf, was die Schreiberin schon kann, was könnten Sie erkennen?

Die Orthographie scheint im Vergleich nicht schlecht, Groß- und Kleinschreibung ist im Wesentlichen korrekt. Den Anglizismus vergessen wir, was aber ist mit *geschenk*? Ist es das Nomen oder soll es eine falsche Verbform sein? Das wäre nur mit viel Argumentationsaufwand zu entscheiden.

Die Briefform scheint ganz gut eingehalten: Datum, Anrede, Verabschiedung. Aber die geduzte Freundin und *sehr geehrte*, wie wäre das zu werten? Und dann nicht einmal die simple Abschiedsformel korrekt und den eigenen Namen klein!

Grammatisch erstaunlich ist *Ich möchte nach Berlin gehen.* Beherrscht Claudine diese schwierige Konstruktion? Darauf kann man aus der einmaligen Verwendung keine Schlüsse ziehen. Es könnte sehr gut eine frozen formula sein. Dafür spricht auch das lexikalisch unpassende *gehen.* Was also kann sie? Würde sie Infinitivergänzungen beherrschen, dann könnte man im ersten Satz erwarten *was kann ich dir schenken.* Weiter kann sie nicht die korrekte 1. Person Sg. von *können*, zumindest hat sie es hier nicht gezeigt. Wird hier etwas sichtbar, was sie kann? Wir könnten sagen, ja: Sie hat eine Form gebildet wie bei regelmäßigen Verben, es könnte eine Übergeneralisierung sein und wir könnten annehmen, dass Sie diese Regel beherrscht. Aber leider ist die Form danach nicht korrekt gebildet. Sie würde lauten *könne.* Wer das spekulative Abenteuer liebt, könnte natürlich annehmen, dass sie weiß, dass *könne* die Konjunktivform ist, und dass sie diese deshalb vermieden habe. Da wird es dann ganz imponierend, was sie alles kann.

bist wurde korrekt gebildet und verwendet, aber *is*? Was kann Claudine hier? Und kann sie Kopulakonstruktionen mit Adjektiv? Na ja, *wie alt ist Stefan*, das wär ok. Aber *Greichenland ist schöne*, was machen wir dann damit? Erst recht mit dem Nachfolgenden. Soll da ein Komparativ vorkommen? Steht das also an der falschen Stelle und wäre es richtig gebraucht? Oder ist es vielleicht ein Anglizismus, steht richtig und ist korrekt verwendet? Kann Claudine Englisch?

Noch schwieriger würden solche Räsonnements, wenn wir zu semantischen Fragen kämen. Ist *möchte* korrekt verwendet?

Fazit: Aus vorliegenden korrekten deutschen Sätzen kann man nicht schließen, was jemand kann, sondern nur, dass er es hier korrekt gemacht hat. Sprachliches Wissen und Können ist regulär. Und da gilt logisch: Einmal ist keinmal!

Literatur

Attali, Yigal, Jill Burstein (2006). Automated Essay Scoring with e-Rater V2. *Journal of Technology, Learning, and Assessment* 4, 3-29.

Common European Framework of Reference for Languages: Learning, Teaching, Assessment (CEFR). <http://www.coe.int/t/dg4/linguistic/cadre_en.asp>.

Dikli, Semire (2006). An overview of automated scoring of essays. *The Journal of Technology, Learning, and Assessment* 5(1), 4-35. <http://escholarship.bc.edu/cgi/viewcontent.-cgi?article=1044&context=jtla>.

Frey, Evelyn, Hans Jürgen Heringer (2007). Automatische Bewertung schriftlicher Lernerproduktionen. *Linguistische Berichte* 211, 331-345.

Grotjahn, Rüdiger (2007). *Der C-Test. Aktuelle Entwicklungen.* <http://www.testdaf.de/institution/pdf/publikationen/Grotjahn_FaDaF_Essen.pdf>.

Keller, Rudi (2009). Bewerten. *SuL, Standards for Educational and Psychological Testing.* Washington (=APA Standards).

Analyse der lexikalischen Kompetenz von Deutschlernenden auf der Niveaustufe C1

Hrisztalina Hrisztova-Gotthardt, Melita Aleksa Varga

Zusammenfassung

Der vorliegende Beitrag beschäftigt sich mit der Frage der lexikalischen Kompetenz von Sprachlernenden. Der Gemeinsame europäische Referenzrahmen für Sprachen (GER) definiert die lexikalische Kompetenz als eine wichtige Komponente der so genannten kommunikativen Kompetenzen, über die Sprachlernende verfügen müssen, um in der Fremdsprache effektiv agieren zu können. Im Rahmen dieses Beitrags werden die Methoden und Ergebnisse einer an der Philosophischen Fakultät Osijek durchgeführten Studie präsentiert. Das Hauptziel dieser Studie war zu untersuchen, ob die Leistungen der Probanden den im GER formulierten Anforderungen an die Niveaustufe C1 genugtun, was den Reichtum und den angemessenen Gebrauch des Wortschatzes anbetrifft. Des Weiteren wurde der Frage nachgegangen, ob die Probanden in ihrem schriftlichen Ausdruck Kollokationen, feste Wendungen, phraseologische Einheiten usw. benutzen und wie effektiv sie diese einsetzen. Die Aufsätze aus unserem Korpus wurden zuerst nach den Bewertungskriterien der *ECL*-Sprachprüfung begutachtet, danach fand eine korpuslinguistische und computerunterstützte Analyse der Texte statt.

Schlüsselwörter: lexikalische Kompetenz; Kollokationen; Idiome; *ECL*-Sprachprüfung; GER; Niveaustufe C1.

1. Einleitung

Um eine kommunikative Aufgabe in der Fremdsprache bewältigen zu können, müssen Sprachlernende und -verwendende über eine Vielzahl an kommunikativen Kompetenzen verfügen. Der Gemeinsame europäische Referenzrahmen für Sprachen (GER) beschreibt diese Kompetenzen sehr umfassend. Er geht der Frage nach, was Lernende zu tun lernen müssen, um eine Sprache für kommunikative Zwecke effektiv zu benutzen, und welche Kenntnisse und Fertigkeiten sie entwickeln müssen, um in der Lage zu sein, kommunikativ erfolgreich zu handeln. Dabei liegt das Augenmerk in erster Linie auf den linguistischen Kompetenzen. Dazu zählt u. a. die so genannte lexikalische Kompetenz, die neben dem aktiven Beherrschen von Einzelwörtern auch die Kenntnis und den richtigen Gebrauch von Kollokationen, Idiomen usw. voraussetzt.

Die meisten Prüfungsanbieter planen die Inhalte ihrer Prüfungen und formulieren ihre Bewertungskriterien im Einklang mit den Empfehlungen des GER. Dabei legen sie großen Wert darauf, die kommunikativen Kompetenzen der Prüfungskandidaten so effektiv und zuverlässig wie möglich zu messen und zu beurteilen. So zum Beispiel testet die internationale standardisierte *ECL*-Sprachprüfung, ob der Kandidat im Stande ist, in verschiedenen Lebenssituationen über berufliche, gesellschaftliche und persönliche Themen in Wort und Schrift zu kommunizieren. Dabei spielt bei der Bewertung der Leistung die Frage nach dem Umfang des von den Kandidaten beherrschten Wortschatzes und seinem angemessenen und richtigen Gebrauch eine sehr wichtige Rolle. In diesem Zusammenhang haben wir uns zum Ziel gesetzt, die lexikalische Kompetenz von Deutschlernenden im Rahmen einer Pilotstudie näher zu untersuchen.

2. Untersuchung

Die Probanden waren 30 Studierende des 2. Jahres des 2-Fächer-Diplomstudiums für das Lehramt, die an der Untersuchung im Dezember 2010 freiwillig teilgenommen haben. Sie waren zu dieser Zeit im dritten Semester. Ihre Ausbildung im Masterstudiengang dauert 4 Semester, danach bekommen sie den Titel *Magister der Edukation*. Laut der persönlichen Einschätzung der Lehrkräfte, die im Masterstudiengang unterrichten, könnten die Sprachfähigkeiten der Studierenden dem Niveau C1 zugeordnet werden. Aus diesem Grund haben wir uns entschlossen, die Untersuchung auf Niveaustufe C1 durchzuführen. Die Ergebnisse des ersten Teils des Tests, in dem die rezeptiven Fertigkeiten (Leseverstehen und Hörverstehen) getestet wurden, haben gezeigt, dass die Leistung aller Studenten den Anforderungen der Niveaustufe C1 entspricht.

Folgende Fragen standen im Mittelpunkt der Untersuchung, deren Hauptziel darin bestand, die lexikalische Kompetenz der Probanden zu messen und zu beurteilen:

1. Wie varianten- und umfangreich ist der Wortschatz der Kandidaten?
2. Wie viele und welche Kollokationen[1] und Idiome[2] benutzen die Kandidaten in ihrem schriftlichen Ausdruck?

---

1 Im Rahmen unserer Untersuchung werden wir den Terminus „Kollokationen" in der Art und Weise benutzen, wie man ihn in der Korpuslinguistik verwendet. Die Korpuslinguisten verstehen unter Kollokationen Mehrworteinheiten, die mit einer großen Wahrscheinlichkeit zusammen vorkommen, allerdings keinen idiomatischen Charakter aufweisen. Dazu gehören u. a. Funktionsverbgefüge (*in Erfüllung gehen*, *zu Ende gehen* usw.), präpositionale Gefüge (*in Hinblick auf*, *in Bezug auf* etc.) und feste Wortverbindungen, die aus Wörtern bestehen, die signifikant häufig gemeinsam vorkommen (*Kriege führen*, *Fenster putzen*) (vgl. Lemnitzer/Zinsmeister 2010: 16, 30, 188).

2 Als **Idiome** bezeichnen die Phraseologen Mehrworteinheiten, die:

Zu diesem Zweck wurde mit den Probanden noch ein Test durchgeführt, in welchem sie zwei Aufsätze schreiben sollten. Die schriftlichen Arbeiten haben die Studierenden mit einem Alias versehen, damit die Auswertung möglichst objektiv ausfällt.

Das Korpus der Untersuchung bildeten 20 Aufsätze. Die Aufgaben stammten aus einem Prüfungssatz der internationalen standardisierten *ECL*-Sprachprüfung[3]. Im Rahmen unserer Untersuchung haben wir lediglich eine Aufgabe in Bezug auf die lexikalische Kompetenz unserer Probanden begutachtet, die weiter unten zu lesen ist.

> Aufgabe 1:
>
> *Die Welt im Jahre 2050*
>
> *Das Bildungsministerium hat einen Essay-Wettbewerb zum Thema „Die Welt im Jahre 2050" ausgeschrieben. Schreiben Sie einen Essay (etwa 300 Wörter), in dem Sie Ihre Meinung zum Thema äußern. Gehen Sie auf folgende Punkte ein:*
>
> • *mögliche technische Erfindungen*
> • *Veränderungen in den Lebensumständen der Menschen*
> • *demographische Veränderungen*
> • *zwischenmenschliche Beziehungen*

Die Analyse der schriftlichen Arbeiten wurde in zwei Schritten durchgeführt. Im ersten Schritt wurde eine computerlinguistische Analyse gemacht mit dem Ziel, den Wortschatz der Kandidaten quantitativ zu untersuchen. Die Texte wurden zuerst lemmatisiert und danach nach Kollokationen untersucht. Die Lemmatisierung und eine POS Analyse wurden mit dem Opensource Tool

---

- entweder völlig unmotiviert sind, d. h. ihre Bedeutung kann von den Bedeutungen ihrer Konstituenten nicht abgeleitet werden (*einen Floh im Ohr haben*);
- oder motiviert sind, d. h. sie verfügen über eine transparente bildliche Grundlage, die ihre aktuelle Bedeutung als Ergebnis der semantischen Derivation (Ableitung) erscheinen lässt (*auf dem Teppich bleiben*) (vgl. Burger/Dobrovol'skij/Kühn/Norrick 2007: 3).

3 Die *ECL*-Prüfungskandidaten, die den Anforderungen der Niveaustufe C1 genügen, „müssen die Fertigkeit nachweisen, sich zu einer Vielzahl von Themen, die Bezug auf alltägliche Bedürfnisse und ihr berufliches, persönliches und das öffentliche Leben nehmen, schriftlich äußern zu können" (vgl. Hrisztova-Gotthardt/Metz 2010: 127). Zu diesem Zweck bekommen sie im Rahmen des Prüfungsteils „Schriftliche Kommunikation" zwei Themen vorgegeben, zu denen sie je einen Aufsatz (ca. 300 Wörter pro Aufsatz) verfassen müssen. Zur Erfüllung der Aufgabe stehen ihnen 90 Minuten zur Verfügung. Jeder der zwei Teile beinhaltet eine kurze Situationsbeschreibung und 4 bis 6 Leitpunkte, zu denen die Kandidaten ihre Meinung äußern müssen.

TreeTagger für die deutsche Sprache gemacht[4]. Die Kollokations- und Konkordanzanalyse wurde mit dem Collocation Extract an den mithilfe von TreeTagger schon lemmatisierten Texten durchgeführt[5].

Der zweite Schritt bedeutete eine qualitative Analyse der Arbeiten, was in den folgenden Abschnitten ausführlich diskutiert wird.

3. Beschreibung und Bewertung der lexikalischen Kompetenz

3.1. Lexikalische Kompetenz aus Sicht der Fremdsprachendidaktik

Die lexikalische Kompetenz stellt einen wesentlichen Bestandteil des Fremdsprachenerwerbs dar (vgl. Weise 1990: 103). Allerdings haben Fremdsprachendidaktiker und angewandte Linguisten ihr bis jetzt kaum Aufmerksamkeit geschenkt. So zum Beispiel erwähnen Canale und Swain in ihrem bahnbrechenden Aufsatz zu den kommunikativen Kompetenzen zwar den Wortschatz als eine wichtige Komponente der sprachlichen Kompetenz, gehen aber nicht näher darauf ein (s. Canale/Swain 1980). Diejenigen, die sich detaillierter mit dieser Frage befassen, entwickeln wiederum ziemlich komplizierte Modelle, auf Grund deren die lexikalische Kompetenz beschrieben bzw. gemessen werden kann. In ihren Arbeiten nennen Richards (1976), Nation (1990), Laufer (1997) und Cook (2001) je sieben bis acht Teilbereiche der lexikalischen Kompetenz, die als Kriterien für die tatsächliche Kenntnis einer lexikalischen Einheit gelten können. Die unterschiedlichen Modelle weisen sowohl Ähnlichkeiten als auch Unterschiede auf, alle Autoren sind sich aber in einem Punkt einig, und zwar: um Aussagen über die lexikalische Kompetenz eines Fremdsprachenlerners machen zu können, muss man als Lehrer bzw. Prüfer vor allem Gewissheit über den Umfang und den angemessenen und richtigen Gebrauch des Wortschatzes gewinnen. Auf dieser These beruht auch unsere Untersuchung.

3.2. GER und Wortschatzbeherrschung

Der GER nennt das Niveau C1 das Niveau der kompetenten Sprachverwendung. Es ist kennzeichnend für dieses Niveau, dass hier ein breites Spektrum sprachlicher Mittel zur Verfügung steht, das die flüssige, spontane Kommunikation er-

---

4 TreeTagger wurde von Helmut Schmidt im Rahmen des TC-Projektes (Textcorpora und Erschließungswerkzeuge) des Instituts für Computerlinguistik der Universität Stuttgart entwickelt und für nicht kommerzielle Zwecke den Linguisten freigestellt. (http://www.-ims.uni-stuttgart.de/projekte/corplex/TreeTagger/, gesehen am 10. Mai 2011)

5 http://pioneer.chula.ac.th/~awirote/colloc/, gesehen am 10. Mai 2011

möglicht (Europarat 2001: 44). Der GER stellt Lernenden, Lehrenden, Lehrplan- und Lehrbuchautoren sowie Prüfungsanbietern Skalen zur Verfügung, die das Spektrum des angeeigneten Wortschatzes und die aktive Wortschatzbeherrschung beschreiben. In Hinblick auf das Wortschatzspektrum müsste man auf Niveau C1 „einen reichen Wortschatz beherrschen und bei Wortlücken problemlos Umschreibungen gebrauchen“. Außerdem wird auf der Niveaustufe „gute Beherrschung idiomatischer Ausdrücke und umgangssprachlicher Wendungen“ vorausgesetzt. Hinsichtlich der Wortschatzbeherrschung sind auf Niveaustufe C1 „gelegentliche kleinere Schnitzer, aber keine größeren Fehler im Wortgebrauch erlaubt“ (Europarat 2011: 112).

3.3. ECL und Wortschatzbeherrschung

Die schriftliche Produktion der *ECL*-Prüfungskandidaten wird nach 5 Kriterien begutachtet und bewertet. Diese Kriterien sind wie folgt:

- formale Korrektheit (Morphologie und Syntax)
- schriftliche Korrektheit (Textstrukturierung und Orthographie)
- Wortschatz (Umfang und aktive Beherrschung)
- Stil (pragmatische und soziolinguistische Aspekte)
- kommunikative Effektivität (Erfüllen der Aufgabe)

In unserer Untersuchung liegt das Hauptaugenmerk auf der Beurteilung der lexikalischen Kompetenz der Prüfungskandidaten. Bei der Bewertung dieser Kompetenz gehen die Prüfer folgenden Fragen nach:

- Beherrschen die Kandidaten einen reichen Wortschatz, der dem Niveau angemessen ist?
- Gebrauchen die Kandidaten idiomatische Wendungen?
- Ist die Wortwahl relevant für das vorgegebene Thema?
- Beeinträchtigen die lexikalischen Fehlgriffe das Verständnis?

4. Ergebnisse

4.1. Wie wurde der Wortschatz der Probanden bewertet?

Die 20 schriftlichen Arbeiten wurden von zwei unabhängigen Bewertenden nach den 5 oben genannten Kriterien begutachtet. Für jedes Kriterium haben sie eine Note zwischen 0 und 5 vergeben. Ein Computerprogramm hat den Durchschnittswert der zwei Einzelbewertungen errechnet und so sind wir zum Endergebnis gekommen. Es konnten maximal 25 Punkte erreicht werden, d. h. höchstens 5 Punkte pro Kriterium.

Der Wortschatz der Probanden wurde mit einer Durchschnittsnote von 3,71 bewertet. Das bedeutet, dass sie hinsichtlich dieses Kriteriums den Anforderungen des Niveaus genügen.

4.2. Wie viele Wörter benutzten die Probanden in ihren Aufsätzen?

Bei der Analyse der Aufsätze hat sich folgendes Bild ergeben: Die Probanden haben bei den Aufsätzen insgesamt 7204 Wörter benutzt (Durchschnittswert: 360 Wörter). Von diesen 7204 Wörtern sind 18,31% normale Nomina[6], 8,87% Adverbien und 8,40% Artikel. Der Prozentanteil der von den Probanden gebrauchten Verbformen, Adjektiven, substituierenden Indefinitpronomen und Konjunktionen liegt zwischen 6,55% und 2,46%. Es ist interessant zu erwähnen, dass in den Aufsätzen fast keine Postpositionen und sehr wenige Infinitivkonstruktionen mit „zu" benutzt wurden (Tabelle 1).

Tabelle 1: Anzahl der benutzten Wörter in Aufsätzen nach POS-Kategorien

POS	**Beschreibung**	**Anzahl**	**%**
NN	normales Nomen	1319	18,31
ADV	Adverb	639	8,87
ART	bestimmter oder unbestimmter Artikel	605	8,40
VAFIN	finites Verb, aux	472	6,55
PPER	irreflexives Personalpronomen	418	5,80
APPR	Präposition; Zirkumposition links	415	5,76
VVINF	Infinitiv, voll	366	5,08
VVFIN	finites Verb, voll	350	4,86
ADJA	attributives Adjektiv	318	4,41
KON	nebenordnende Konjunktion	313	4,34
ADJD	adverbiales oder prädikatives Adjektiv	239	3,32
KOUS	unterordnende Konjunktion mit Satz	181	2,51

6 Die Begriffe wurden den POS-Kategorien entnommen (s. dazu Fußnote 4). Zu den normalen Nomina gehören konkrete und abstrakte Substantive, Maßangaben, Titel oder Anreden, Produkte, Herkunftsbezeichnungen, substantivierte Adjektive, substantivierte Partizipien, Determinativkomposita, Monate, Wochentage und Sprachen (http://www.ims.-uni-stuttgart.de/ftp/pub/corpora/stts_guide.pdf, gesehen am 1. Dezember 2011).

PIS	substituierendes Indefinitpronomen	177	2,46
PIAT	attribuierendes Indefinitpronomen ohne Determiner	134	1,86
PRF	reflexives Personalpronomen	134	1,86
APPRART	Präposition mit Artikel	108	1,50
PPOSAT	attribuierendes Possessivpronomen	105	1,46
CARD	Kardinalzahl	103	1,43
VMFIN	finites Verb, modal	100	1,39
PTKNEG	Negationspartikel	96	1,33
VVPP	Partizip Perfekt, voll	89	1,24
PRELS	Relativpronomen substituierend	75	1,04
VAINF	Infinitiv, aux	72	1,00
NE	Eigennamen	69	0,96
PDS	substituierendes Demonstrativpronomen	42	0,58
PTKZU	„zu“ vor Infinitiv	38	0,53
KOKOM	Vergleichspartikel, ohne Satz	36	0,50
PAV	Pronominaladverb	36	0,50
PDAT	attribuierendes Demonstrativpronomen	33	0,46
PTKVZ	abgetrennter Verbzusatz	31	0,43
PWS	substituierendes Interrogativpronomen	22	0,31
VMINF	Infinitiv, modal	19	0,26
PWAV	adverbiales Interrogativ oder Relativpronomen	14	0,19
TRUNC	Kompositions-Erstglied	7	0,10
VVIZU	Infinitiv mit „zu“, voll	7	0,10
KOUI	unterordnende Konjunktion mit „zu“ und Infinitiv	6	0,08
PTKA	Partikel bei Adjektiv oder Adverb	5	0,07
FM	fremdsprachliches Material	3	0,04
VAPP	Partizip Perfekt, aux	3	0,04
APZR	Zirkumposition rechts	2	0,03
PTKANT	Antwortpartikel	2	0,03
APPO	Postposition	1	0,01

4.3. Wie reich ist der Wortschatz der Probanden?

Um die Frage beantworten zu können, mussten wir zuerst die Texte lemmatisieren und von diesen Lemmata nur diejenigen extrahieren und auflisten, die mindestens einmal vorkommen. Dadurch sind wir zu den Unique-Lemmata gekommen. Es kann daraus geschlossen werden, dass in den Aufsätzen von 7204 Wörtern 1193 unterschiedliche Wörter benutzt wurden (Tabelle 2). Davon sind 429 unterschiedliche Nomina. Um aber einschätzen zu können, wie reich der Wortschatz der Kandidaten ist, haben wir als Beispiel die Unique-Nomina weiter untersucht und die Ergebnisse in Tabelle 3 angeführt.

Tabelle 2: Auszug aus der Anzahl der Unique-Lemmata (Begriffe wurden von POS-Tagging übernommen)

NN	normales Nomen	429
VVFIN	finites Verb, voll	188
ADJD	adverbiales oder prädikatives Adjektiv	178
VVINF	Infinitiv, voll	101
ADV	Adverb	97
NE	Eigennamen	41
APPR	Präposition; Zirkumposition links	22
ADJA	attributives Adjektiv	18
CARD	Kardinalzahl	13
PAV	Pronominaladverb	12
PIAT	attribuierendes Indefinitpronomen ohne Determiner	9
APPRART	Präposition mit Artikel	8
KON	nebenordnende Konjunktion	8
KOUS	unterordnende Konjunktion mit Satz	7
PIS	substituierendes Indefinitpronomen	7
PWAV	adverbiales Interrogativ- oder Relativpronomen	7
TRUNC	Kompositions-Erstglied	7
PPER	irreflexives Personalpronomen	6
PTKVZ	abgetrennter Verbzusatz	6
VMFIN	finites Verb, modal	6
PPOSAT	attribuierendes Possessivpronomen	5
VVPP	Partizip Perfekt, voll	4
ART	bestimmter oder unbestimmter Artikel	2

FM	fremdsprachliches Material	2
KOKOM	Vergleichspartikel, ohne Satz	2
PDS	substituierendes Demonstrativpronomen	2

Da die Aufsätze, wie aus der oben angeführten Aufgabe 1 zu sehen ist, geleitet waren, sind die meistbenutzten Unique-Lemmata in den Texten *Mensch*, *Jahr*, *Welt*, *Leben*, *Kind*, *Zukunft*, *Erfindung* und *Zeit* (Tabelle 3). Weiterhin hat sich gezeigt, dass es insgesamt 344 Lemmata gibt, die nur ein- bis zweimal in den Texten vorkommen. Hier stellt sich die Frage, ob diese Tatsache auf den reichen Wortschatz der Kandidaten hinweist oder nicht. Es ist nämlich bekannt, dass die Kandidaten einen Aufsatz von 300 Wörtern produzieren mussten.

Tabelle 3: Auszug aus den Unique-Nomina

Lemma	**Wie viel Mal erwähnt?**	**Lemma**	**Wie viel Mal erwähnt?**
Mensch	104	Eltern	10
Jahr	80	Tag	9
Welt	53	Technologie	9
Leben	47	Paar	9
Kind	32	Geld	9
Zukunft	26	Technik	8
Erfindung	23	Internet	8
Zeit	22	Arbeit	7
Auto	20	Fortschritt	7
Beziehung	20	Leute	7
Roboter	14	Planet	7
Computer	14	Hand	6
Haus	12	Entwicklung	6
Erde	12	Sache	6
Veränderung	11	Haushalt	5
Familie	10	Möglichkeit	5
Krieg	10	Ort	5
Lebensumstand	10	Schule	5

4.4. Welche Kollokationen benutzten die Probanden?

Zur Beantwortung dieser Frage musste zuerst der passende statistische Test zur Kollokationsuntersuchung der Aufsätze ausgewählt werden. Da uns in diesem Zusammenhang nicht nur die Vorkommenshäufigkeit, sondern auch die Wahrscheinlichkeit der Kollokationen interessiert, haben wir uns für die Methode Mutual Information entschlossen. Ein Auszug aus den Ergebnissen des Verfahrens ist in Tabelle 4 zu lesen.

Tabelle 4: Mutual Information (Span 5 Wörter)

Word1	Freq1		Word2	Freq2	Freq12	mi
zwischenmenschlich	16		beziehung	20	15	8.5351539
fliegend	8		auto	20	7	8.4356182
wer	8		wissen	19	5	8.0241919
technisch	20		erfindung	23	13	7.805141
bis	16		zum	19	5	7.0241919
ich	74		hoffen	15	12	6.4188099
jahr	80		card	62	47	6.2286558
im	61		jahr	80	40	6.019454
immer	43		wenig	15	5	5.9389641
hoffen	15		dass	83	9	5.8381863
ich	74		glauben	14	7	5.740738
glauben	14		dass	83	7	5.5751519
nichts	17		mehr	53	5	5.4567361
viel	51		verändern	29	8	5.419785
wenn	32		man	72	12	5.3652288
ein	121		tag	9	5	5.1833312
er	122		es	227	104	4.8933452
immer	43		mehr	53	8	4.7960061
ein	121		groß	12	5	4.7682937
nicht	96		mehr	53	16	4.6373084
es	227		sie	182	104	4.3162879
mehr	53		geben	45	6	4.3153803
mit	54		unser	38	5	4.2693044

Es ist interessant zu bemerken, dass in den Aufsätzen der Kandidaten mit dem Lemma *Beziehung* fast immer *zwischenmenschlich* steht. *Autos* sind in Kollokation *fliegende Autos* am meisten zu lesen und bei dem Lemma *Erfindung* steht fast immer das Lemma *technisch.*

4.5. Welche Idiome benutzten die Probanden?

Da das von uns verwendete Programm nicht im Stande war, die Idiome automatisch zu erkennen, haben wir die Texte manuell nach Idiomen durchsucht. Dabei haben wir uns in erster Linie auf unsere persönliche phraseologische Kompetenz verlassen und phraseologische Sammlungen konsultiert. In den Aufsätzen kamen insgesamt 15 Idiome vor, die jedoch nicht immer richtig eingesetzt wurden:

ID	Gebrauchte Form	Lemma	sprachliche Korrektheit	pragmatische Effektivität
21	den Arzt sei dank	Dem Arzt sei Dank!	nein	ja
19	spielt eine große Rolle	[k]eine große/wichtige Rolle spielen	ja	ja
18	viele Ehen gehen in die Brüche	etw. geht in die Brüche	ja	ja
15	seinen Kopf es in den Sand zu setzen	den Kopf in den Sand stecken	nein	ja
14	zwischenmenschlicher Kontakt „in vier Augen“	unter vier Augen	nein	nein
12	es gibt kein zurück mehr	kein Zurück mehr	nein	ja
11	Welten liegen zwischen ihrer Kindheit und der Kindheit heutiger Kinder	zwischen etw. und etw. liegen Welten	ja	ja
11	bekommen alles auf Knopfdruck	etw. passiert auf Knopfdruck	ja	ja
9	ich sah die Welt durch rosen Brillen an	etw. durch rosarote Brillen sehen	nein	ja
6	seinen Höhenpunkt erreichen wird	etw. erreicht seinen Höhenpunkt/kommt zum Höhenpunkt	ja	ja
5	ist schon ein heißes Thema	ein heißes Thema sein	ja	ja
5	Wir sehen uns nicht mehr in die Augen…	sich nicht in die Augen sehen (können)	ja	ja

2	als „old school“ betrachtet	old school sein	ja	ja
1	sich in ihrer Haut nicht wohl fühlen	sich in seiner Haut nicht wohlfühlen	ja	ja

5. Fazit und Ausblick

Die computerlinguistische Analyse der Texte hat ergeben, dass die schriftlichen Kompetenzen der Studierenden den GER-Anforderungen für das Niveau C1 entsprechen, was auch durch die von den *ECL*-Bewertenden vergebenen Punkte bestätigt wurde. Betrachtet man die Studierenden wiederum als C1-Prüfungskandidaten, kann man feststellen, dass ihre lexikalische Kompetenz den *ECL*-Anforderungen der Niveaustufe C1 genugtut. Zwar haben die Probanden in ihren schriftlichen Arbeiten nicht sehr viele unterschiedliche Lemmata benutzt, das hat aber die kommunikative Effektivität keineswegs beeinträchtigt. Die relativ begrenzte Anzahl an Lemmata wird aller Wahrscheinlichkeit nach an folgenden zwei Beschränkungen gelegen haben: zum einen waren die Aufsätze geleitet und zum anderen war eine bestimmte Wortzahl vorgegeben, die um höchstens 10% überschritten werden durfte. Woran die Studierenden und ihre Dozenten allerdings noch arbeiten müssen, sind die bessere Kenntnis und der angemessene Gebrauch von idiomatischen Wendungen, die in den Aufsätzen nur gelegentlich vorkamen und nicht immer richtig eingesetzt wurden.

Eine weitere Phase dieser Untersuchung wäre die Analyse der mündlichen Kompetenz der Studierenden im Rahmen der *ECL*-Prüfung, wodurch genauere Aussagen bezüglich ihrer lexikalischen Kompetenz gemacht werden könnten.

Literatur

Burger, Harald, Dmitrij Dobrovolskij, Peter Kühn, Neal R. Norrick (2007). Phraseologie: Objektbereich, Terminologie und Forschungsschwerpunkte. Burger, Harald, Dmitrij Dobrovolskij, Peter Kühn, Neal R. Norrick, Hrsg. *Phraseologie: ein internationales Handbuch zeitgenössischer Forschung.* Berlin: Walter de Gruyter, 1-19.

Canale, Michael, Merrill Swain (1980). Theoretical bases of communicative approaches to second language teaching and testing. *Applied Linguistics* 11: 1-47.

Collocation Extract. <http://pioneer.chula.ac.th/~awirote/colloc/>, 10.5.2011.

Cook, Vivian (2001). *Second Language Learning and Language Teaching.* (3rd ed.) London: Arnold.

Europarat (2001). *Gemeinsamer europäischer Referenzrahmen für Sprachen: lernen, lehren, beurteilen.* Berlin/München: Langenscheidt KG.

Hrisztova-Gotthardt, Hrisztalina, Éva Metz (2010). *Übungsbuch zur ECL Prüfungsvorbereitung. Deutsch, Stufe C1.* Nyíregyháza: SZABÓ Nyelviskola és Fordítóiroda Kft.

Laufer, Batia (1997). What's in a Word That Makes It Hard or Easy: Some Intralexical Factors That Affect the Learning of Words. Schmitt, Norbert, Michael McCarthy, Hrsg. *Vocabulary. Description, Acquisition and Pedagogy.* Cambridge: Cambridge University Press, 140-155.

Lemnitzer, Lothar, Heike Zinsmeister (2010). *Korpuslinguistik: Eine Einführung.* 2. Auflage. Tübingen: Gunter Narr Verlag.

Nation, Paul (1990). *Teaching and Learning Vocabulary.* Boston: Heinle & Heinle.

Richard, Jack C. (1976). The Role of Vocabulary Teaching. *TESOL Quaterly* 10: 77-89.

Tree Tagger. <http://www.ims.uni-stuttgart.de/projekte/corplex/TreeTagger/>, 10.5.2011.

Weise, Grischa (1990). Was haben Merkmalserkennung und -nutzung mit dem Lernerfolg zu tun? Eine Untersuchung zu kognitiven Aspekten des Fremdsprachenerwerbs. *Deutsch als Fremdsprache* 2: 103-109.

Originaler Forschungsbeitrag

Bewertung der Diskurskompetenz: holistischer vs. analytischer Ansatz

Vesna Bagarić Medve, Ivan Čelebić

Zusammenfassung

In diesem Beitrag werden der holistische und der analytische Ansatz bei der Bewertung von Diskurskompetenz verglichen und es wird die Diskurskompetenz von kroatischen Deutsch-als-Fremdsprache-Lernenden analysiert. 155 Aufsätze, die in der schriftlichen Prüfung (höhere Stufe) im Staatsabitur geschrieben worden sind, wurden holistisch und analytisch in Hinsicht auf zwei Komponenten der Diskurskompetenz (Kohäsion und Kohärenz), aber auch auf zwei Komponenten der Grammatikkompetenz (Syntax und Morphologie) bewertet. Es sollte festgestellt werden, welches der erwähnten Verfahren eine höhere Bewertungszuverlässigkeit gewährleistet und das tiefere Verständnis der Diskurs- und Grammatikkompetenz ermöglicht. In der quantitativen Datenanalyse wurden die deskriptive Statistik und inferenzielle Statistikverfahren benutzt. In der qualitativen Analyse wurden der Gebrauch von Kohäsionsmitteln (lexikalische und grammatische Kohäsionsmittel) und die Textkohärenz analysiert, mit dem Ziel, eine Einsicht in die Diskurskompetenz der fortgeschrittenen Deutschlerner zu bekommen. Die Ergebnisse verweisen auf: a) eine höhere Zuverlässigkeit des analytischen Verfahrens bei der Bewertung von Diskurskompetenz, b) ein relativ niedriges Beherrschungsniveau der Diskurskompetenz, insbesondere jener Elemente, die auf die Textkohärenz Einfluss haben. Ausgehend von den gewonnenen Ergebnissen werden im Beitrag praktische Implikationen für das Sprachprüfen und den Deutsch-als-Fremdsprache-Unterricht gegeben.

Schlüsselwörter: Diskurskompetenz; Kohäsion; Kohärenz; Sprachprüfen.

1. Theoretische Ausgangspunkte

1.1. Diskurskompetenz

Der Begriff der Diskurskompetenz wird in der Literatur aus dem Bereich des Sprachprüfens und Zweitspracherwerbs meistens mit den theoretischen Beschreibungen und Darstellungen der komponenziellen Struktur der kommunikativen Kompetenz in Verbindung gebracht. In diesem Sinn hat Canale (1983) eine der ersten Definitionen dieses Begriffs gegeben. Ausgehend von Widdowsons theoretischer und empirischer Arbeit im Bereich der Diskursanalyse hat er die Diskurskompetenz als Fähigkeit des Verbindens von grammatischen Formen und Bedeutungen zum Erreichen eines sinnvollen Ganzen in gesprochenen oder geschriebenen Texten mit Hilfe von Kohäsion in Form und Kohärenz in Bedeutung bezeichnet (Canale 1983: 9). Van Ek (1986: 47) hat in seiner Definition der Diskurskompetenz die Fähigkeit des Gebrauchs von angebrachten Strategien in der Produktion und Interpretation von Texten betont. Dabei hat er die angebrachten Strategien als solche beschrieben, die mit der Arbeit an Texten, die durch das Verbinden von Sätzen entstanden sind, zu tun haben.

In einem der neueren Modelle der kommunikativen Kompetenz benutzt Bachman (1990: 84ff., 1991: 683f.) für den Begriff der Diskurskompetenz den Begriff der Textkompetenz bzw. des Textwissens, das ihm zufolge das Verstehen und die Produktion von Texten ermöglicht. Das Textwissen umfasst somit Kenntnisse über Konventionen zum Verbinden von Sätzen oder Ausdrücken in einem Text (gesprochen oder geschrieben), d. h. Wissen über Kohäsion (Mittel zur Kennzeichnung von semantischen Beziehungen zwischen Sätzen in geschriebenen Texten oder von Ausdrücken in Konversationen) und Wissen über rhetorische Organisation (Entwicklungsarten narrativer, beschreibender, vergleichender usw. Strukturen) oder über konversatorische Organisation (Konventionen für Gesprächsbeginn, Gesprächserhaltung und Gesprächsabschluss). Im *Gemeinsamen europäischen Referenzrahmen für Sprachen* (2000: 123) wird die Diskurskompetenz als „Fähigkeit der Sprachverwendenden/Lernenden definiert, eine Satzsequenz so zu arrangieren, dass kohärente Textpassagen enstehen". Demnach umfasst die Diskurskompetenz Kenntnisse und Fähigkeiten zur Satzanordnung im Hinblick auf Thema/Fokus, Bekanntes/Unbekanntes, „natürliche" Reihenfolge und Strukturierungs- und Kontrollfähigkeiten des Diskurses gegenüber der thematischen Organisation, Kohärenz und Kohäsion, logischer Anordnung, Stil und Register, rhetorischer Effektivität und dem Kooperationsprinzip. Aus den erwähnten Merkmalen der Diskurskompetenz kann herausgelesen werden, dass im Kern der Diskurskompetenzdefinition zwei Konzepte stehen: Kohärenz und Kohäsion.

Canale (1983: 9) betrachtet die Kohärenz als Beziehungen zwischen unterschiedlichen Bedeutungen im Text. Vielen Wissenschaftlern zufolge (z. B. van Dijk 1977, Brown und Yule 1983, Enkvist 1990, McNamara und Kintsch 1996) ist das Hauptelement im Entstehen und Interpretieren solcher semantischen Beziehungen in Texten das Vorwissen (des Autors und des Lesers). Das zweite wichtige Element zum Erreichen klarer semantischer Beziehungen in Texten ist die Anordnung der Ideen (Propositionen) in eine logische Reihenfolge. Dieser Aspekt der Kohärenz wird in vielen Definitionen der Textkohärenz betont. Beispielsweise beschreibt Bander (1983: 6) die Kohärenz von Textabschnitten als eine ordentliche Reihenfolge von Ideen, die in einer klaren gegenseitigen Beziehung stehen. Dastjerdi und Talebinezhad (2006: 59) betonen, dass ein Text kohärent ist, wenn er vollständig ist, d. h. wenn es für jeden Satz in einem Text eine Reihe von Sätzen gibt, die diesem Satz folgen oder voranstehen und ihn somit in einen Kontext einbetten. In diesem Sinn versteht Lautamatti (1990) Kohärenz als eine erfolgreiche Integration. Die Voraussetzung einer erfolgreichen Ideenintegration, d. h. das Erreichen einer Kohärenz, ist einigen Wissenschaftlern zufolge (z. B. Halliday und Hasan 1975, 1985) Kohäsion bzw. das Vorhandensein von kohäsiven Beziehungen zwischen bestimmten linguistischen Elementen an der Textoberfläche. Laut anderen Wissenschaftlern (z. B. Widdowson 1978, Carrell 1982, Brown und Yule 1983, Yeh 2004) sind für das Verstehen eines Textes nicht seine linguistischen Oberflächenelemente von entscheidender Rolle, sondern die Anwendung des Weltwissens und die Interpretation eines bestimmten Illokutionsaktes, die Schlussfolgerungen über Beziehungen zwischen ausgedrückten Propositionen ermöglichen. Ungeachtet der unterschiedlichen Auffassungen von Wissenschaftlern ist es eine Tatsache, dass das Vorhandensein von kohäsiven Beziehungen, die durch den Gebrauch von angebrachten lexikalischen und grammatischen Kohäsionsmitteln zu Stande kommen, das Verstehen eines Textes erleichtert bzw. einen Text kohärenter macht. Auf die Wichtigkeit der kohäsiven Beziehungen in Texten und auf ihren Einfluss auf das Bewertungsergebnis von schriftlichen Arbeiten haben auch einige Forschungen hingewiesen (z. B. Palmer 1999, Chiang 2003, Dastjerdi und Talebinezhad 2006).

1.2. Die Bewertung der Diskurskompetenz

In den bislang vorgeschlagenen Modellen der kommunikativen Kompetenz[1] wurde das Konstrukt der Diskurskompetenz im Gegensatz zu anderen Teilkompetenzen im Rahmen der kommunikativen Kompetenz auch nach 30 Jahren theoretischen Nachdenkens über die Struktur der kommunikativen Kompetenz sowie Forschungen zu Beziehungen zwischen Teilkompetenzen in der implizierten Struktur der kommunikativen Kompetenz nicht klar definiert. Die Ergebnisse der empirischen Untersuchungen haben fast regelmäßig auf das Überlappen der Diskurskompetenz mit der grammatischen und/oder pragmatischen Kompetenz, oder präziser mit den Elementen des lexikalischen, morphologischen und syntaktischen Wissens einerseits und des Illokutionswissens andererseits, hingewiesen (vgl. Bachman und Palmer 1982, Harley et al. 1990, Henning und Cascallar 1992, Bachman und Palmer 1992, 1996, Shohamy 1998). Da das Konstrukt, d. h. das Wissen und die Fähigkeiten, die während des Sprachprüfens geprüft und bewertet werden, überwiegend aus nur einem theoretischen Modell der

1 Vgl. beispielsweise das Modell der kommunikativen Kompetenz von Canale und Swain (1980), Canale (1983), Savignon (1983), das Modell der kommunikativen Fähigkeit von van Ek (1986) und Cohen (1994), Bachmans und Bachman und Palmers Modell der kommunikativen Sprachfähigkeit (1990, 1996, 2010), Celce-Murcia, Dörnyei und Thurrells Modell der kommunikativen Kompetenz (1995) und schließlich das Modell der kommunikativen Sprachkompetenz, das in GER (2000) beschrieben wurde.

kommunikativen Kompetenz abgeleitet werden, haben die vernebelten Beziehungen zwischen der Diskurskompetenz, der grammatischen und der pragmatischen Kompetenz dazu geführt, dass bis zu den 90er Jahren des letzten Jahrhunderts den Diskursmerkmalen weder bei der Bewertung noch – folglich oder vielleicht ursächlich – beim Lehren genügend Aufmerksamkeit geschenkt wurde. Diese Tatsache hat dazu geführt, dass beim Bewerten der Diskurskompetenz, vor allem im Bereich des Schreibens, meistens der holistische Ansatz gewählt wurde (und noch immer gewählt wird). Dabei wird das Konstrukt der Diskurskompetenz meistens als „Organisation", als „Kohärenz" oder als „Kohärenz und Kohäsion" bezeichnet und konzeptualisiert, mit einer bis zwei Eigenschaften der genannten Kategorien beschrieben und mit einer einzelnen Note bewertet. Der Nachteil eines solchen Bewertungsverfahrens liegt in der Unmöglichkeit einer klaren Noteninterpretation im Sinn aller Kompetenzen, die diesen Kategorien zugrunde liegen. Dies hat zur Folge, dass Unterschiede zwischen den Bewertern bei der Kategorieninterpretation und beim Bestimmen des Kompetenzniveaus entstehen, weshalb die wirklichen Unterschiede zwischen den einzelnen Aufsätzen nicht zum Vorschein kommen können (vgl. Baily 1998, Bachman und Palmer 2010). Da der Diskurskompetenz eine immer größere Rolle beim Beurteilen der allgemeinen kommunikativen Kompetenz oder der Sprachkompetenz der Lernenden zugesprochen wird (vgl. Harley et al. 1990, Henning und Cascallar 1992, Schmidt 1983), betonen die Wissenschaftler (z. B. Shohamy 1990, Chiang 1999), die sich auf einer wissenschaftlichen Ebene mit dem Sprachprüfen beschäftigen, die Notwendigkeit der Anwendung eines analytischen Bewertungsverfahrens, in dem jede der hypothetischen Komponenten der Diskurskompetenz einzeln bewertet wird. Der Vorteil einer solchen Bewertung liegt darin, dass man sinnvollere Informationen über die Qualität der Aufsätze bekommt. Zudem kommt es durch Anwendung eines analytischen Verfahrens bei der Bewertung der kommunikativen Kompetenz zu einer weniger ausgeprägten Überlappung der Diskurskompetenz mit anderen Kompetenzen, besonders der Grammatikkompetenz. Die relativ wenigen Forschungen über den Gebrauch der holistischen und analytischen Skalen bei der Bewertung von schriftlichen Arbeiten von Zweit- und Fremdsprachenlernenden bestätigten das Bestehen einer Korrelation zwischen den Ergebnissen, die durch die Anwendung unterschiedlicher Skalen gewonnen wurden, aber sie wiesen auch auf Variationen bei den Bewertungsergebnissen hin (vgl. Cohen und Manion 1994, Bacha 2001, Shoonen 2005, Xi 2007, Koch 2009). In den Studien, in denen – unter anderem – die Beziehung zwischen der analytischen und der holistischen Bewertungsweise von Essays untersucht wurde, stellte Chiang (1999, 2003) fest, dass Bewerter ihre Bewertungsnote der allgemeinen Qualität einer Arbeit auf den Diskursmerkmalen, besonders der Kohäsion, gründen. In einigen früheren Forschungen (z. B.

Shakir 1991, Sweedler-Brown 1993) wurde aber eine höhere Korrelation zwischen der grammatischen Komponente und der allgemeinen Textqualität festgestellt und darauf hingewiesen, dass die grammatische Korrektheit der beste Prädiktor von Textqualität sei. Ausgehend von den Befunden der genannten Forschungen haben wir die Ergebnisse der holistischen und der analytischen Bewertung der Diskurs- und Grammatikkompetenz von Deutsch-als-Fremdsprache-Lernenden analysiert.

2. Forschungsstudie

2.1. Forschungsfragen

Die Analyse der durch die Anwendung holistischer und analytischer Verfahren gewonnenen Ergebnisse der Diskurs- und Grammatikkompetenzbewertung wurde mit dem Ziel durchgeführt, Antworten auf folgende Forschungsfragen zu bekommen:

1. Welcher Bewertungsansatz bietet klarere und zuverlässigere Daten über das Diskurs- und Grammatikkompetenzniveau der Probanden?
2. Welche Merkmale der Diskurs- und Grammatikkompetenz stehen im Mittelpunkt der holistischen Bewertungsweise der Diskurs- bzw. der Grammatikkompetenz?

Da die Antworten auf diese Fragen nicht nur in der quantitativen Analyse von Bewertungsergebnissen liegen, ist auch eine Analyse der Textkohäsion und -kohärenz, der zwei Kernelemente der Diskurskompetenz, eines der Ziele dieser Studie. In diesem Beitrag werden die preliminären Ergebnisse der qualitativen Analyse gegeben.

2.2. Methodologie

2.2.1. Probanden und Korpus

Die Probanden sind kroatische Schüler der vierten, letzten Klasse der Mittelschule, die beim Probestaatsabitur und beim ersten Staatsabitur die schriftliche Prüfung aus dem Unterrichtsfach Deutsch auf der höheren Stufe abgelegt haben. Es ist wichtig zu erwähnen, dass die höhere Stufe dem Unterrichtsplan und -programm des Gymnasiums und dem B2-Sprachniveau nach GER entspricht. Bei der Auswahl der zu analysierenden Tests bzw. Texte haben wir uns für ein Zufallsauswahlverfahren entschieden, um den Einfluss subjektiver Kriterien (z. B.

Ort und Schule, aus denen die Probanden kommen) minimal zu halten. Nachdem Texte, die nicht analysiert werden konnten (leere oder unlesbare Texte), ausgelassen worden waren, umfasste der Korpus 155 Schülertexte. Den Teilkorpus zur Kohäsionsanalyse bildeten 53 und zur Kohärenzanalyse 25 Texte bzw. Textabschnitte.

2.2.2. Instrumente

Beim Staatsabitur aus dem Fach Deutsch in Kroatien besteht der schriftliche Teil der Prüfung (höhere Stufe) aus einer Aufgabe, in der von den Schülern verlangt wird, dass sie mit Hilfe von drei Leitfragen einen Aufsatz mit einer Länge von 200 bis 250 Wörtern zu einem vorgegebenen Thema schreiben. Die Aufsätze werden an Hand einer Bewertungsskala, die vier Kategorien enthält, bewertet: Erfüllung der Aufgabe, Kohärenz und Kohäsion, Wortschatz, Grammatik. Für jede Kategorie, die mit zwei bis drei Deskriptoren beschrieben wird, werden 0 bis 5 Punkte vergeben.[2] Da Punkte nur für die Kategorien, nicht aber für die einzelnen Kategoriemerkmale vergeben werden, ist eine solche Bewertungsweise eher holistisch. In der Untersuchung wandten wir daher eine analytische Bewertungsweise an. Diese beruht auf einer von Chiang (1999, 2003) erstellten und pilotierten Bewertungsskala von Merkmalen der Diskurs- und Grammatikkompetenz. Diese Skala enthält vier Kategorien: Kohäsion, Kohärenz, Morphologie und Syntax. Jede Kategorie wird mit je fünf Deskriptoren beschrieben und jeder Deskriptor wird mit 0 bis 5 Punkten bewertet. Da die Skala zum Bewerten von Aufsätzen in englischer Sprache erstellt wurde, haben wir sie dem Sprachsystem der deutschen Sprache angepasst. Aus Platzmangel ist diese Skala dem Beitrag nicht beigelegt. Die Kategorien und Deskriptoren sind aber in der Tabelle 3 enthalten (s. Kapitel 2.2.3).

2.2.3. Datenerhebung und Datenanalyse

In einem ersten Schritt wurden die im Probestaatsabitur und im ersten Staatsabitur geschriebenen Aufsätze und ihre Bewertungsdaten zusammengetragen. Letzteres schloss die Punktübernahme für zwei Kategorien ein: Kohärenz und Kohäsion und Grammatik. Danach wurden die gleichen Aufsätze an Hand der analytischen Bewertungsweise bewertet. Es sollte betont werden, dass das Bewerten der Aufsätze beim Staatsabitur von ausgebildeten Bewertern unter Aufsicht von Kontrolleuren durchgeführt wird. Auf die gleiche Weise wurde in dieser Studie

---

2 Vgl. den Prüfungskatalog für das Staatsabitur aus dem Jahr 2009/2010 – Deutsche Sprache (http://dokumenti.ncvvo.hr).

das Bewerten der Aufsätze nach der analytischen Bewertungsweise durchgeführt.

Die Analyse der Kohäsionsmittel gründete auf der folgenden, vereinfachten Klassifikation von Kohäsionsmitteln, die aus Halliday und Hasan (1976), Linke et al. (1991) und Pasch et al. (2003) abgeleitet wurde.

Lexikalische Kohäsionsmittel

- Rekurrenz
    - Wiederaufnahme wichtiger Wörter (z. B. *Das Mobiltelefon hat viele Vorteile. Der erste Vorteil bezieht sich darauf, dass es heutzutage alle haben.*)
    - Wiederaufnahme von Wortteilen, meistens in Ableitungen oder Komposita (z. B. *Vorteil – vorteilhaft*)
    - Wiederaufnahme der Satzstruktur, lexikalischer Muster – Parallelismus (*Menschen sind nicht dumm. Sie kennen x... Sie kennen y...*)
- Substitution
    - der Gebrauch von Synonymen, Antonymen, Hyperonymen, Hyponymen, Kohyponymen
- Allgemeinbegriffe (z. B. *die Sache*)
- Metakommunikative Verknüpfungen (z. B. *im Folgenden, wie oben bereits gesagt)*

Grammatische Kohäsionsmittel

- Pro-Wörter oder Pro-Formen
    - Personal-, Possessiv- und Relativpronomen, Pronominaladverbien, Adverbien
- Ellipsen (z. B. *Ich will ein Handy. Ich auch.*)
- Konnektoren
    - Konjunktionen, Adverbien, Partikeln

Die Analyse der Themenentwicklung in den Texten wurde mit der Anwendung der Analyse der thematischen Struktur (eng. *topical structure analysis*) durchgeführt. Diese zeigt, wie Themen in Sätzen auf das progressive Entstehen von Bedeutungen in Texten wirken. Für eine Analyse der thematischen Struktur des Textes sind drei Elemente wichtig: das erste Satzelement (eng. *inital sentence element*), das grammatische Subjekt (eng. *grammatical subject*) und das thematische Subjekt (eng. *topical subject*). Das letzte Element bezieht sich auf die Idee, von der die Rede im Satz ist und es kann, muss aber nicht, dem grammatischen Subjekt gleich sein.

Lautamatti (1987) unterscheidet drei Typen der Satzprogression:

- Parallele Progression – die Themen der aufeinanderfolgenden Sätze sind gleich (<**a**,b>,<**a**,c>,<**a**,d>)
- Sequentielle Progression – die Themen der aufeinanderfolgenden Sätze sind immer verschieden, weil der Kommentar in einem Satz zum Thema des nächsten Satzes wird, oder aus ihm das Thema des nächsten Satzes abgeleitet wird (<a,**b**>,<**b**,c>,<**c**,d>)
- Erweiterte parallele Progression – das erste und das letzte Thema in einem Textteil sind gleich; dazwischen ist eine sequentielle Progression eingeschoben (<**a**,b>,<b,c>,<**a**,d>).

Simpson (2000) hat noch einen vierten Typ der Progression eingeführt:

- Erweiterte sequentielle Progression – der Kommentar eines Satzes wird zum Thema eines der später im Text folgenden Sätze (<a,**b**>,<a,c>,<c,d>,<**b**,e).

Aus Platzmangel konnte keine detailliertere Veranschaulichung der Durchführung einer Analyse der thematischen Textstruktur gemacht werden. Deswegen werden die Leser neben den schon erwähnten Autoren auf Almaden (2006) oder Dita (2006) verwiesen.

Die quantitative Datenanalyse, in der Verfahren der deskriptiven Statistik und inferenzielle statistische Verfahren verwendet wurden, wurde mit Hilfe des Softwareprogramms SPSS for Windows durchgeführt.

2.3. Ergebnisse

Um eine Antwort auf die erste Forschungsfrage zu bekommen, untersuchten wir die Signifikanz der Unterschiede zwischen den Mittelwerten der verglichenen Variablen: Diskurskompetenz (holistische Bewertungsweise) und Grammatikkompetenz (holistische Bewertungsweise) einerseits und Diskurskompetenz (analytische Bewertungsweise) und Grammatikkompetenz (analytische Bewertungsweise) andererseits.

Tabelle 1: Ergebnis des T-Tests für unabhängige Stichproben für Variable Diskurskompetenz (DK) vs. Grammatikkompetenz (GK): holistische (hol) und analytische (anl) Bewertungsweise (N=155)

Variablen		DK	GK	T	Sig. (2-seitig)
DKhol vs. GKhol	M	3.2968	3.2581	.726	.469
	SD	1.2283	1.2423		
DKanl vs. GKanl	M	2.8613	3.1000	-4.872	.000**
	SD	1.1648	1.2675		

**p< .01

Wie aus der Tabelle 1 ersichtlich ist, sind die Mittelwerte der Bewertungsergebnisse von Diskurs- und Grammatikkompetenz bei Verwendung der holistischen Bewertungsweise sehr nah beieinander. Dies hatte einen statistisch unbedeutenden Unterschied zwischen den Punktergebnissen zur Folge [T=-.726, p=.469]. Demgegenüber wurde zwischen den Mittelwerten der Punktergebnisse, die unter der Anwendung einer analytischen Bewertungsweise erzielt wurden, ein statistisch bedeutender Unterschied festgestellt [T=-.4.872, p=.000].

Ferner hat uns interessiert, auf welchen Kategorien und Kategoriemerkmalen der Diskurs- und Grammatikkompetenz die Betonung bei der holistischen Bewertungsweise lag. Die potentielle Antwort auf diese komplexe Frage lieferte uns die Korrelationsanalyse.

Obwohl zwischen allen Variablen hohe, statistisch signifikante Korrelationen festgestellt wurden, sind sie zwischen den Diskurs- und Grammatikkompetenzbewertungen, die holistisch durchgeführt wurden und der Kategorie *Syntax*, die analytisch bewertet wurde, am höchsten (s. Tabelle 2).

Tabelle 2: Ergebnis der Korrelationsanalyse für die Diskurs- und Grammatikkompetenz (holistisch bewertet) und den vier Kategorien (analytisch bewertet) (Korrelation nach Pearson)

Variablen	KOHERanl	KOHEZanl	SINTAKanl	MORFanl
Dkhol	.834**	.829**	**.855****	.803**
Gkhol	.790**	.810**	**.890****	.857**

**Korrelation ist signifikant auf Level p< .01

Als in der Korrelationsanalyse die Merkmale der Diskurs- und Grammatikkompetenz unter die Lupe genommen wurden (s. Tabelle 3), ergaben sich folgende Ergebnisse: der höchste Korrelationsgrad zeigte sich zwischen den Ergebnissen für die Merkmale der Diskurskompetenz *Neue Ideen werden an einer angebrachten Stelle und auf eine angebrachte Art und Weise eingeführt* und *Die Reihenfolge der Ideen ist klar, logisch und miteinander verbunden* und den Ergebnissen der holistischen Bewertung der Diskurskompetenz. Im Bereich der holistischen und analytischen Grammatikkompetenzbewertung wurde der höchste Korrelationsgrad zwischen den Ergebnissen für die Merkmale *Das Vorkommen und die Vielfalt der Satzarten* und *Die Angemessenheit des Gebrauchs von Satzarten im Text* und den Ergebnissen der holistischen Bewertungsweise festgestellt.

Tabelle 3: Ergebnis der Korrelationsanalyse für die Diskurs- und Grammatikkompetenz (holistisch bewertet) und den Kategoriemerkmalen (analytisch bewertet) (Korrelation nach Pearson)

Variablen – DKanl	Dkhol	Variablen – GKanl	GKhol
Die Reihenfolge der Ideen ist klar, logisch und miteinander verbunden.	**.837****	Die Reihenfolge der Wörter im Satz.	.810**
Die Übergänge zwischen den Sätzen sind fließend.	.759**	Kongruenz.	.812**
Die genannten Ideen sind ausgearbeitet.	.796**	Das Vorkommen von komplexen Verbformen.	.816**
Die Abschnitte sind logisch und nachvollziehbar.	.681**	Das Vorkommen und die Vielfalt der Satzarten.	**.825****
Die Übergänge zwischen den Abschnitten sind fließend.	.787**	Die Angemessenheit des Gebrauchs von Satzarten im Text.	**.849****
Neue Ideen werden an einer angebrachten Stelle und auf eine angebrachte Art und Weise eingeführt.	**.847****	Der Artikelgebrauch.	.800**
Der Gebrauch der grammatischen Kohäsionsmittel ist vielfältig.	.804**	Deklination und Komparation.	.761**
Die grammatischen Kohäsionsmittel werden angebracht gebraucht.	.720**	Konjugation und Bildung der Verbformen.	.816**
Lexikalische Kohäsionsmittel werden gebraucht.	.694**	Präpositionen und Rektion.	.813**
Die Interpunktion wird zum Abgrenzen von Ideen und Sätzen benutzt.	.556**	Wortbildung.	.789**

**Korrelation ist signifikant auf Level $p < .01$

In der Tabelle 4 sind die Ergebnisse der deskriptiven Statistik für die Analyse der Beherrschungsebene von einzelnen Merkmalen der Diskurskompetenz angezeigt. Die niedrigsten Mittelwerte sind angemerkt.

Tabelle 4: Ergebnis der deskriptiven Statistik – Beherrschungsgrad der einzelnen Merkmale der Diskurskompetenz

Variablen	**M**	**SD**
KOHÄRENZ	2.8400	1.2590
Die Reihenfolge der Ideen ist klar, logisch und miteinander verbunden.	3.0129	1.3092
Die Übergänge zwischen den Sätzen sind fließend.	2.9290	1.3246
Die genannten Ideen sind ausgearbeitet.	3.0774	1.3982
Die Abschnitte sind logisch und nachvollziehbar.	**2.6129**	1.4114
Die Übergänge zwischen den Abschnitten sind fließend.	**2.5677**	1.3629
KOHÄSION	2.8826	1.1212
Neue Ideen werden an einer angebrachten Stelle und auf eine angebrachte Art und Weise eingeführt.	**2.6710**	1.3295
Der Gebrauch der grammatischen Kohäsionsmittel ist vielfältig.	3.0387	1.2633
Die grammatischen Kohäsionsmittel werden angebracht gebraucht.	3.1871	1.2576
Lexikalische Kohäsionsmittel werden gebraucht.	2.7419	1.3476
Die Interpunktion wird zum Abgrenzen von Ideen und Sätzen benutzt.	2.7742	1.1928

Die Ergebnisse der oben beschriebenen Analysen gaben Anlass für die Durchführung einer qualitativen Analyse der beiden Aspekte der Diskurskompetenz, der Kohärenz und der Kohäsion, mit einer besonderen Betonung auf der Analyse der thematischen Progression in den Textabschnitten (Tabelle 5) sowie auf der Kohäsionsmittelanzahl und -art (Tabelle 6).

Tabelle 5: Anzahl der thematischen Progressionen

Art der Progression	***f***	**%**
Parallele Progression	47	29
Sequentielle Progression	82	50,6
Erweiterte parallele Progression	25	15,4
Erweiterte sequentielle Progression	8	4,9
Progressionen insgesamt	162	100

In den 25 analysierten Textabschnitten mit insgesamt 194 Sätzen und 105 erkannten Themen (durchschnittlich vier pro Textabschnitt) überwiegt die Anzahl der sequentiellen Progressionen, gefolgt von den parallelen Progressionen und den erweiterten parallelen Progressionen. Die Anzahl der erweiterten sequentiellen Progressionen ist gering.

Tabelle 6: Kohäsionsmittelanzahl und -art

Kohäsionsmittel	*f*	**Kohäsionsmittel**	*f*
LEXIKALISCHE	**138**	GRAMMATISCHE	**2659**
Rekurrenz	80	Pro-Formen	1480
Substitution	35	Ellipsen	17
Allgemeinbegriffe	22	Konnektoren	1162
Metakommunikative Verknüpfungen	1		

In der Tabelle 6 wird ersichtlich, dass in den 53 Lerneraufsätzen der häufigste Gebrauch von grammatischen Kohäsionsmitteln festgestellt wurde. Eine besondere Betonung liegt dabei auf den Pro-Formen, insbesondere den Personal- und Possessivpronomen. Konnektoren werden auch relativ oft gebraucht, vor allem Konjunktionen wie z. B. *und* (348), *so dass* (117), *aber* (102), *wenn* (87), *weil* (81), *oder* (65). Bei der Anzahl der verwendeten Adverbien dominiert *auch* (104). Von insgesamt 40 unterschiedlichen Konnektoren, die wir in den analysierten Aufsätzen aufspüren konnten, werden sogar 30 weniger als 15 Mal verwendet. Der Großteil der Konnektoren (z. B. *einerseits, andererseits; erstens, zweitens; danach; dagegen, beispielsweise, zwar, sonst* usw.) taucht in den Aufsätzen meistens nur ein bis fünf Mal auf.

2.4. Diskussion und Schlussfolgerungen

Die Ergebnisse der statistischen Analyse (s. Tabelle 1) verweisen darauf, dass der Gebrauch der analytischen Bewertungsweise bei der Bewertung der Diskurs- und Grammatikkompetenz eine bessere Unterscheidung derselben Kompetenzen ermöglicht. Dadurch bekommt man zuverlässigere Daten über das Niveau der Diskurskompetenz in Bezug auf die Grammatikkompetenz und womöglich auch in Bezug auf andere Kompetenzen der Lerner. In diesem Sinn bestätigen unsere Studienergebnisse die Ergebnisse früherer Forschungen (z. B. Chiang 2004, Xi 2007). Weitere Resultate der statischen Analysen (s. Tabellen 2 und 3) zeigten, dass es sehr wahrscheinlich ist, dass die holistische Bewertung der beiden Kompetenzen – sowohl der Diskurskompetenz als auch der Grammatikkompetenz – auf den syntaktischen Merkmalen basiert, besonders auf der Angemessenheit des Gebrauchs von Satzarten im Text. Diese Tatsache gibt auch eine Erklärung für die allgemein sehr nah beieinander liegenden Mittelwerte der Bewertungsergebnisse der Diskurs- und Grammatikkompetenz beim holistischen Bewerten (s. Tabelle 1). Es ist also anzunehmen, dass die Bewerter bei einer eher holistisch orientierten Bewertungsweise der Diskurs- und Grammatikkompetenz (unter)bewusst in einigen Merkmalen der Grammatikkompetenz der Lerner den Anhaltspunkt für die Bewertung der Diskurskompetenzmerkmale suchen; je weniger Fehler in der Angemessenheit des Satzgebrauchs und in der Wortfolge im Satz zu finden sind, desto lesbarer und verständlicher wird der Text. Somit ist er auch (manchmal nur scheinbar) kohärenter. Obwohl dieser Befund mit den Resultaten der Studien übereinstimmt, in denen festgestellt wurde, dass die grammatische Korrektheit das Niveau der schriftlichen Fertigkeit eines Lerners am besten beschreibt und die Einschätzung eines Bewerters am meisten beeinflusst (vgl. Shakir 1991, Sweedler-Brown 1993), stellt sich die Frage, wie sich die Merkmale der lexikalischen und pragmatischen Kompetenz auf die Einschätzung der Diskurskompetenz bei der Anwendung holistischer Bewertungsverfahren auswirken. Denn diese zwei Teilkompetenzen der kommunikativen Kompetenz überlappen sich in einigen ihrer Merkmale ebenfalls mit Merkmalen der Diskurskompetenz[3]. Interessant ist natürlich auch die Frage, was die Bewerter im Bewertungsprozess überhaupt bewerten bzw. in welchem Maß sie das Bewertungskonstrukt und in seinem Rahmen die Konzepte der einzelnen Kompetenzen verstehen. Obwohl die analytische Bewertung wertvolle Informationen über die schwachen und starken Seiten der sprachlichen Fähigkeiten eines Lerners gibt, wurde in einigen Forschungen darauf hingewiesen, dass diese Informationen – abhängig vom Aufgabentyp – unterschiedlich sein können (z. B. Shoonen 2005, Xi 2007). Diese Tatsache stellte die Frage nach der Zweckmäßigkeit der Anwendung der analytischen Bewertungsverfahren bei Prüfungen mit einer Vielzahl von Kandidaten. Wir glauben, dass die Antwort davon abhängig ist, ob ein Bild von der allgemeinen kommunikativen Kompetenz eines Lerners oder (auch) Daten über die Aneignung bestimmter Teilkompetenzen der kommunikativen Kompetenz gewonnen werden wollen. Im ersten Fall ist der Gebrauch der holistischen Bewertungsweise angebracht und im zweiten – ersichtlich auch aus den Ergebnissen dieser Studie – ist der Gebrauch der analytischen Bewertungsweise notwendig.

Präliminare Ergebnisse der qualitativen Analyse von Diskurskompetenz der Lerner weisen auf die Tatsache hin, dass kroatische fortgeschrittene Deutschlerner bestimmte Aspekte der Diskurskompetenz nicht auf der erwarteten höheren Ebene beherrschen. In dieser Hinsicht wurden die größten Probleme bei der Textkohärenz festgestellt, mittelbar auch beim Gebrauch der Kohäsionsmittel. Die Analyse der Themenentwicklung in 25 Abschnitten (durchschnittlich 7,6 Sätze pro Abschnitt) zeigte, dass in jedem Abschnitt etwa vier Themen vor-

---

3 Mehr über die Beziehungen zwischen der Diskurskompetenz und den anderen Teilkompetenzen in den Modellen der kommunikativen Kompetenz kann man in Bagarić (2007) lesen.

kommen. In der sequentiellen Progression, die erwünscht ist, sollte die Anzahl der Themen größer sein, denn eine größere Themenanzahl verweist auf eine tiefere, detailliertere Ausarbeitung des Hauptthemas. Obwohl die Analyse ein häufigeres Vorkommen der sequentiellen Progressionen als der parallelen zeigte, sollte das Vorkommen der parallelen Progressionen geringer sein, weil Themawiederholungen einen Text unlogisch und unklar machen (vgl. Dita 2009). Bei der Durchführung der thematischen Strukturanalyse stellten wir fest, dass ein schwacher und, was noch öfter der Fall ist, unpassender Gebrauch der Kohäsionsmittel Texte zum Großteil unlogisch macht. Damit in Verbindung stehen der zu seltene Gebrauch der lexikalischen Kohäsionsmittel sowie der zu häufige Gebrauch von grammatischen Kohäsionsmitteln, die charakteristisch für ein niedriges Niveau der kommunikativen Kompetenz sind (z. B. *und*, *aber*, *wenn*, *weil*, *oder*, *auch*). Ebenso wurde der unpassende Gebrauch einiger Kohäsionsmittel entdeckt. Der Umfang dieser Arbeit lässt aber keine tiefere Analyse solcher Fälle zu. Ob dieser unzufriedenstellende Gebrauch von Kohäsionsmitteln die Folge einer unzureichenden lexikalischen Kompetenz ist oder ob der Grund dafür schlechte Kenntnisse von Kohäsionsmittelarten und ihrer Funktionen sind, werden zusätzliche Analysen der Diskurskompetenz von Deutschlernern, aber auch von anderen Fremdsprachenlernern zeigen. Ungeachtet der möglichen Gründe des niedrigen Niveaus der Diskurskompetenz von fortgeschrittenen Deutschlernern ist es klar, dass den Arten, Bedeutungen und Funktionen von Kohäsionsmitteln im Unterricht mehr Aufmerksamkeit geschenkt werden sollte. Auch sollte den Schülern die Analyse der Themenentwicklung näher gebracht werden. In diesem Sinne sind die Aufgaben, mit denen das Bewusstseinsniveau der Schüler über Arten, Funktionen und Gebrauchsarten der Kohäsionsmittel, über die Themenentwicklung und Strategien zur Verbesserung der Textkohärenz entwickelt werden, besonders nützlich.

Danksagung

Wir danken dem Nationalen Zentrum zur externen Evaluation des Bildungswesens für die Aufsätze und die Bewertungsergebnisse vom Staatsabitur wie auch für die Zustimmung für ihren Gebrauch zu wissenschaftlichen Zwecken.

Literatur

Almaden, Daisy O. (2006). An analysis of the topical structure of paragraphs written by Filipino students. *The Asia-Pacific Education Research* 15.1: 127-153.

Bacha, Nahla (2001). Writing evaluation: what can analytic versus holistic essay scoring tell us? *System* 29: 371-383.
Bachman, Lyle F. (1990). *Fundamental Considerations in Language Testing*. Oxford usw.: OUP.
Bachman, Lyle F. (1991). What Does Language Testing Have to Offer? *TESOL Quarterly* 25.4: 671-704.
Bachman, Lyle F., Adrian S. Palmer (1982). The Construct Validation of Some Components of Communicative Proficiency. *TESOL Quarterly* 16.4: 449-467.
Bachman, Lyle F., Adrian S. Palmer (1996). *Language Testing in Practice: Designing and Developing Useful Language Tests*. Oxford usw.: OUP.
Bachman, Lyle F., Adrian S. Palmer (2010). *Language Assessment in Practice*. Oxford usw.: OUP.
Bagarić, Vesna (2007). *Struktura komunikacijske kompetencije u stranom jeziku*. Unveröffentlichte Dissertation.
Bailey, Kathleen M. (1998). *Learning about Language Assessment: Dilemmas, Decisions, and Directions*. Pacific Grove usw.: Heinle & Heinle Publishers.
Bander, Robert G. (1983). *American English Rethoric* (3. Ausgabe). New York: Holt, Rinehart und Winston.
Brown, Gillian Georg Yule (1983). *Discourse analysis*. Cambridge: CUP.
Canale, Michael (1983). From communicative competence to communicative language pedagogy. Richards, J. C., R. W. Schmidt, Hrsg. *Language and Communication*. London: Longman, 2-27.
Carrell, Patricia (1982). Cohesion is not coherence. *TESOL Quarterly* 16: 479-488.
Celce-Murcia, Marianne, Zoltán Dörnyei, Sarah Thurrell (1995). Communicative Competence: A Pedagogically Motivated Model with Content Specifications. *Issues in Applied Linguistics* 6.2: 5-35.
Chiang, Steve (1999). Assessing grammatical and textual features in L2 writing samples: the case of French as a foreign language. *Modern Language Journal* 83.2: 219-232.
Chiang, Steve (2003). The importance of cohesive conditions to perceptions of writing quality at the early stages of foreign language learning. *System* 31: 471-484.
Cohen, Andrew D. (1994). *Assessing Language Ability in the Classroom*. Boston, Massachusetts: Heinle & Heinle Publishers.
Cohen, Luis, Lawrence Manion, Keith Morison (1994). *Research Methods in Education*. New York: Routledge.
Dastjerdi, Hossein Vahid, Reza Mohammead Talebinezhad (2006). Chain-preserving deletion procedure in cloze: a discoursal perspective. *Language Testing* 23.1: 58-72.
Dita, Shirley (2009). Physical and Topical Structure Analysis of Professional Writing in Inner, Outer, and Expanding Circles of English. *TESOL Journal* 1: 95-118.
Enkvist, Nils E. (1990). Seven problems in the study of coherence and interpretability. Connor, U, A. M. Johns, Hrsg. *Coherence in Writing: Research and Pedagogical Perspectives*. Washington, DC: TESOL, 11-28.
Gemeinsamer europäischer Referenzrahmen für Sprachen: lernen, lehren, beurteilen (2000). Council for Cultural Co-operation, Education Committee, Modern Languages Division, Strasbourg. Berlin usw.: Langenscheidt.
Halliday, Michael A. K., Ruqaiya R. Hasan (1976). *Cohesion in English*. London: Longman.

Halliday, Michael A. K., Ruqaiya R. Hasan (1985). *Language, Context, and Text: Aspects of Language in a social-semiotic perspective.* Oxford: OUP.

Harley, Birgit, Jim Cummins, Merril Swain, Patrick Allen (1990). The nature of language proficiency. Harley, B., P. Allen, J. Cummins, M. Swain, Hrsg. *The Development of Second Language Proficiency.* Cambridge, New York u. Melbourne: CUP, 7-25.

Hennig, Grant, Eduardo Cascallar (1992). *A Preliminary Study of the Nature of Communicative Competence.* (TOEFL Research Reports 36). Princeton, New Jersey: Educational Testing Service.

Knoch, Ute (2009). Diagnostic assessment of writing: A comparison of two rating scales. *Langauge Testing* 26.2: 275-304.

Lautamatti, Liisa (1987). Observations on the development of the topic of simplified discourse. Connor, U., R. B. Kaplan, Hrsg. *Writing across Languages: Analysis of L2 Texts.* Reading, MA: Addison-Wesley Publishing Co., 87-114.

Lautamatti, Liisa (1990). Coherence in spoken and written discourse. Connor, U., A. M. Johns, Hrsg. *Coherence in Writing: Research and Pedagogical Perspectives.* Washington, DC: TESOL, 31-40.

Linke, Angelika, Markus Nussbaumer, Paul R. Portmann (1991). *Studienbuch Linguistik* (5. Ausgabe). Tübingen: Niemeyer.

McNamara, Danielle S., Walter Kintsch (1996). Learning from texts: effects of prior knowledge and text coherence. *Discourse Processes* 22: 247-288.

Pasch, Renate, Ursula Brauße, Eva Breindl, Ulrich Herman Waßner (2003). *Handbuch der deutschen Konnektoren.* Berlin u. New York: Walter de Gruyter.

Palmer, Jean Carlos (1999). Coherence and Cohesion in the English Language Classroom: The Use of Lexical Reiteration and Pronominalisation. *RELC Journal* 30.2: 61-85.

Savignon, Sandra J. (1983). *Communicative Competence: Theory and Classroom Practice. Texts and Contexts in Second Language Learning.* Reading, Massachusetts: Addison-Wesley Publishing Company.

Schmidt, Richard W. (1983). Interaction, acculturation, and the acquisition of communicative competence: a case study of an adult. Wolfson, N., E. Judd, Hrsg. *Sociolinguistics and Second Language Acquisition.* Rowley, MA: Newbury House.

Shakir, Abdullah (1991). Coherence in EFL Student-Written Texts: Two Perspectives. *Foreign Language Annals* 24.5: 399-411.

Shohamy, Elena (1990). Discourse analysis in language testing. *Annual Review of Applied Linguistics* 11: 115-131.

Shohamy, Elena (1998). How can language testing and SLA benefit from each other? The case of discourse. Bachman, L. F., A. D. Cohen, Hrsg. *Interfaces between second language acquisition and language testing research.* Cambridge: CUP, 156-176.

Shoonen, Rob (2005). Generalizability of writing scores: an application of structural equation modeling. *Language Testing* 22.1: 1-30.

Simpson, JoEllen M. (2000). Topical structure analysis of academic paragraphs in English and Spanish. *Journal of Second Language Writing* 9.3: 293-309.

Sweedler-Brown, Carol O. (1993). ESL essay evaluation. The influences of sentence-level and rethorical features. *Journal of Second Language Writing* 2: 3-17.

van Dijk, Teun A. (1977). *Text and Context. Explorations in the Semantics and Pragmatics of Discourse.* New York: Longman.

van Eck, J. A. (1986). *Objectives for Foreign Language Teaching (Vol. 1: Scope)*. Strasbourg: Council of Europe.

Widdowson, Henry G. (1978). *Teaching Language as Communication*. Oxford: Oxford University Press.

Xi, Xiaoming (2007). Evaluating analytic scoring for the TOEFL Academic Speaking Test (TAST) for operational use. *Language Testing* 24.2: 251-286.

Yeh, Chun-Chun (2004). The Relationship of Cohesion and Coherence: A Contrastive Study of English and Chinese. *Journal of Language and Linguistics* 3.2: 243-260.

Original scientific paper

Aural comprehension in young learners' FL development

Jelena Mihaljević Djigunović, Lucilla Lopriore

Abstract

While research on listening as a FL skill has traditionally been product-oriented, recent studies have investigated aural comprehension processes in FL learning in terms of constructing and communicating meaning. In early FL learning listening provides the basic input for literacy development: it is through oral language that the foundation for learning a new language is established.

This contribution describes a longitudinal study on the development of aural comprehension skills in English as a FL of Croatian and Italian young learners. The authors hypothesised that early aural development would be characterised by individual learner differences and by contextual differences. The sample included 361 learners who were followed for four years. Each year participants' aural comprehension was measured by listening tasks of increasing linguistic and cognitive complexity. The tasks required learners to identify specific words, comprehend language chunks and relate them to a communicative context illustrated in sets of pictures. Listening tasks results were considered against learner perception of task difficulty and what helped or hindered their comprehension, and against their attitudes to teaching, motivation for learning, linguistic self-concept as well as out-of-school exposure to English. Findings support the starting hypothesis: early aural development is associated with individual and contextual differences.

Key words: aural comprehension; learner factors; contextual factors.

1. Introduction

Approaches to listening as a language skill changed quite drastically throughout the history of language teaching (Mendelsohn 1998). After being considered a passive and secondary skill for a long time, it came to be recognised as just the opposite: a skill involving highly active processes of decoding and message construction (Peterson 2001, Vandergrift 2004). Together with reading, listening was put to the fore during 1980s when Krashen (1985) advanced the idea of comprehensible input as the pre-requisite for language acquisition. Debates are still going on about the role in aural comprehension of bottom-up processes (reflecting linear decoding) or top-down processes (reflecting context-based guessing as a basis). Schemata (prior knowledge) are considered essential (both formal and content schemata) in modern approaches to teaching listening comprehension skills (Rost 2002, Rumelhart 1980). Ideas like the interactive-compensatory model (Stanovich 1980) have entered information processing strategies into the equation, adding new elements to the complexity of listening comprehension. New understandings of the nature of aural comprehension have also been stimulated by the awareness of the important role of the 'listener's perceived status', which may impact not only the learner's listening comprehension as such but also the value of the listening input for language learning (Kerekes 2003, Rost 2006).

It is generally accepted that early foreign language learning (FLL) should, from the very start, include large amounts of listening. As Szpotowicz and Szulc-Kurpaska (2009) point out, through listening young learners' (YLs) develop not only awareness of L2 sounds and the subskill of deducing meaning from context, but enhance the speaking and interacting skills, as well as conceptual development. A YL class generally involves a lot of listening to teacher instructions, stories, songs and the like. All these contribute to YLs' aural comprehension development as they involve contextualized language routines (Rost 2002) whose meaningfulness and repetitiveness, as well as predictability in situations familiar to YLs, promote language development. Recasting, i.e. the teacher's restating of incorrect learners' L2 utterances, or translating of their L1 attempts into L2, can provide valuable input that is comprehensible because it originated from the learners. Oral comprehension can also be reinforced if semantic contingency (Rost 2002) is secured through, for example, using realia and visual aids in the L2 classroom.

2. The Study

2.1. Aims

The aim of this study was to look into the development of aural comprehension of YLs of English as a foreign language (EFL) in two country contexts. Drawing on previous research and on recent literature in the field we hypothesised that YLs would differ in their mastery of listening skills depending on individual learner characteristics and on the specific contexts in which they were learning EFL. The individual differences we focused on were the following: attitudes, motivation and linguistic self-concept. In terms of context we looked into the impact of out-of-school exposure.

2.2. Context

The study described below was carried out within the framework of the *Early Language Learning in Europe (ELLiE)* project (www.ellieresearch.eu)[1] (Enever 2011) and a scoping year that preceded it. The participants came from two of the seven country contexts: Croatia and Italy. The Italian and Croatian FLL contexts have much in common but also differ in important ways. In terms of similarities both countries are characterised by a long tradition in FLL and having the foreign language as part of the primary curriculum. The mandatory age for starting FLL has, since recent innovations in FLL policies, been Grade one (6-7 years of age). One important difference, however, is that all Italian first graders start with English, while Croatian children can choose among English, French, German and Italian from Grade one. A highly relevant difference refers to out-of-school exposure to English. It is rather limited in the Italian context, while in Croatia children are exposed to English on a daily basis through the media, particularly TV programmes that are not dubbed. There are also important differences in the type of primary EFL teacher education and required levels of language competence: most Italian EFL teacher are trained for the job later in their career and often end up with lower levels of linguistic self-confidence; most Croatian EFL teachers are specialist English teachers with a university degree.

2.3. Sample

The total sample comprised 361 young EFL learners: 189 Italian and 172 Croatian children. In both country contexts the participants were drawn from metropolitan, small town and village schools. In each cohort, a subsample of six learners per group was selected for more intensive investigations. These 'focal' learners totalled 42 children in case of Croatia and 49 in case of Italy. A comparison of their scores on the various tests with the rest of the sample showed that they were representative of the larger sample they belonged to. The samples were balanced in terms of gender as well as language learning ability.

2.4. Instruments

Oral comprehension development was measured by means of two types of tasks. The first, used throughout the four years, was a multiple choice type where each item was presented by three pictures. The second, added in the final two, in-

1 This research was supported by a European Commission grant under the Lifelong Learning Programme, Project n°. 135632-LLP-2007-UK-KA1SCR. An additional British Council grant supported the Croatian team.

volved true/false statements about a complex picture. The linguistic and cognitive complexity of the tasks increased each year. They aimed to measure YLs' ability to identify specific vocabulary items and comprehension of short chunks supported by visuals. The participants' perception of task difficulty (5-point scale ranging from very easy to very difficult) as well as of what helped or hindered their comprehension (choosing from a list of possibilities) was measured by a post-listening questionnaire.

Smiley questionnaires and individual oral interviews were administered each year to collect information on the participants' attitudes to classroom teaching, motivation for learning, self-concept and exposure to English out of school. Additional information on out-of-school exposure was gathered by means of a parents' questionnaire. All the instruments used in this study were designed by the ELLiE team (Enever 2011).

2.5. Procedure

The same procedures were used in both country contexts. Instruments were administered at the same time of the year. While the parents' questionnaire and post-listening questionnaire were administered only in Grade four (in 2010), the rest of the instruments were used every year (in 2007, 2008, 2009 and 2010). The collected data were processed using the same quantitative analyses (means, SD, correlations). Some of the findings presented in the following sections are based on analyses carried out during all four years, while some included comparisons of results of Grades two and four (the beginning and final years of the ELLiE project).

2.6. Results and discussion

2.6.1. Aural comprehension development

As Figure 1 clearly shows, development of listening comprehension during the first four years of learning EFL showed different patterns in the two YL samples. While Italian YLs scored above the average in the first two years, their performance steadily declined, getting below the average score by Grade 3. In contrast, Croatian YLs started lower in Grade 1 but their listening comprehension steadily increased in subsequent grades, reaching a peak in Grade 3. It seems that the larger out-of-school exposure to English in Croatia, especially through the media and the Internet (Lopriore and Mihaljević Djigunović, in press), does not significantly impact aural development from the very beginning. We assume that YLs need to get used to the new language and, perhaps, reach a threshold for the informal contact with L2 to take effect. Unless EFL teachers make use of what YLs acquired outside school, the sheer exposure may not necessarily be beneficial.

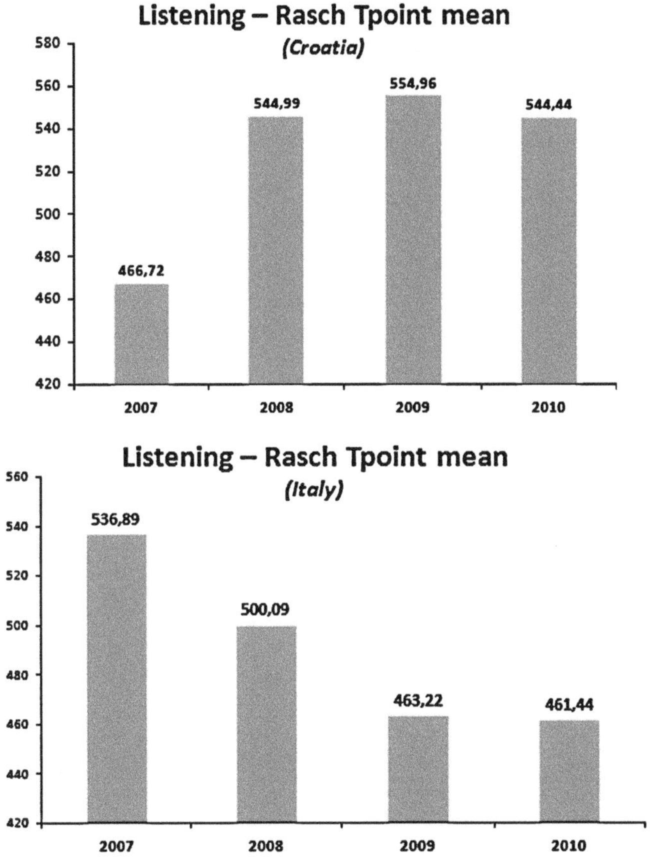

Figure 1: Scores on listening tasks for the two samples during four years

2.6.2. Young learners' perception of difficulties and coping strategies in Grade four

When asked about how difficult they found the multiple-choice listening task, the range of YLs' replies was much narrower than in case of the complex picture task. Thus in Figure 2, due to extremely low frequencies in the 'difficult' and 'very difficult' columns, interaction of listening scores with perception of task difficulty is shown only for three levels of perceived difficulty.

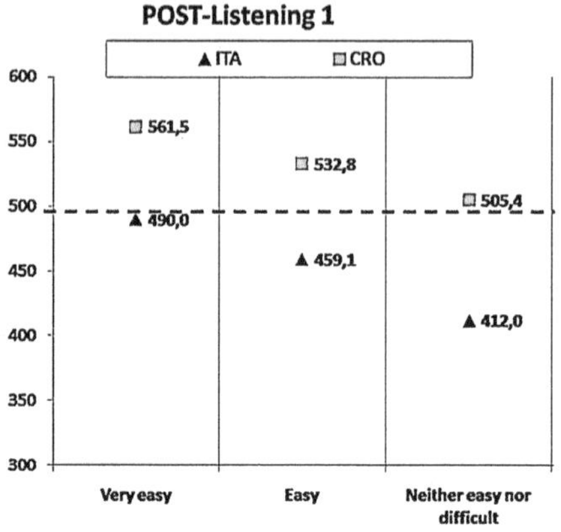

Figure 2: Interaction of aural comprehension with perceived difficulty of listening task 1 (multiple-choice)[2]

Scores presented in Figure 2 indicate that perception of task difficulty is associated with success in listening in both samples: those YLs who found the task easier scored higher than those who found it less easy.

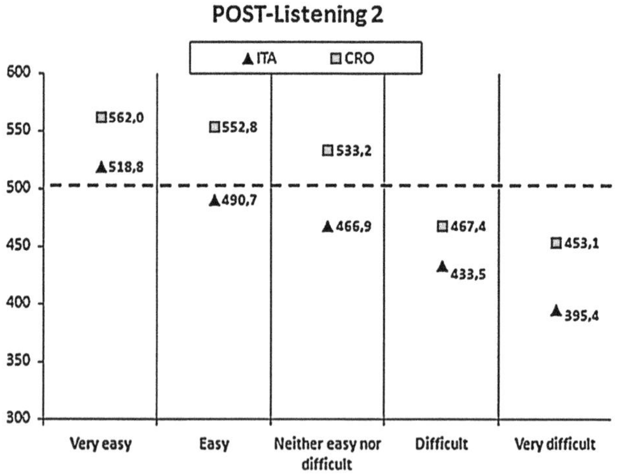

Figure 3: Interaction of aural comprehension with perceived difficulty of listening task 2 (complex picture)

2 NB: the dashed horizontal line in this and other figures represents the average score.

Scores on the second post-listening question suggest a much wider range of perception of task difficulty. The pattern is, however, the same as for listening task 1: the less difficult the YLs perceived the task, the better they scored on it. In the Croatian sample those that perceived the task difficult or very difficult scored below average. In the Italian group only those that found the task very easy scored above the average.

Perception of task difficulty undoubtedly plays an important role in early FLL. It seems directly related to achievement but probably also indirectly through interactions with YLs' self-concept and motivation.

Results of the four post-listening questions point to YLs' meta-awareness of the listening comprehension process and their aural comprehension (Figure 4).

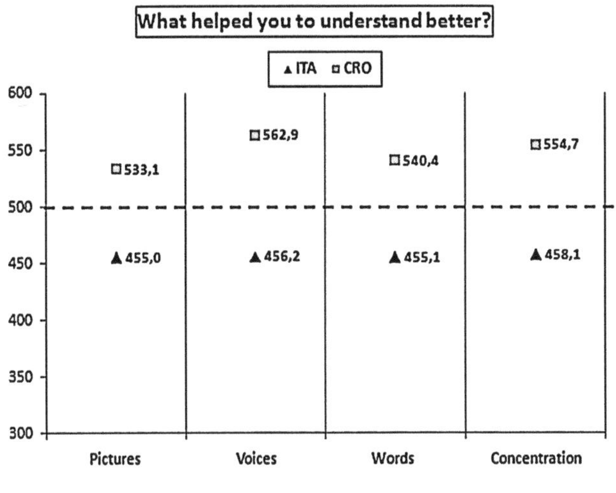

Figure 4: Interaction of aural comprehension with use of strategies

With regard to what they relied on during listening, Italian YLs' listening scores did not show much variance. In the Croatian group there is some variance, with those relying on the voices they were hearing and on their own concentration being the most successful. It should be stressed that most YLs had had no experience in reflecting on how they made sense of what they were listening to. Perhaps our results reflect this, not what listening strategies YLs really use.

Figure 5 presents interaction of listening scores and what YLs perceived as obstacles in the listening process.

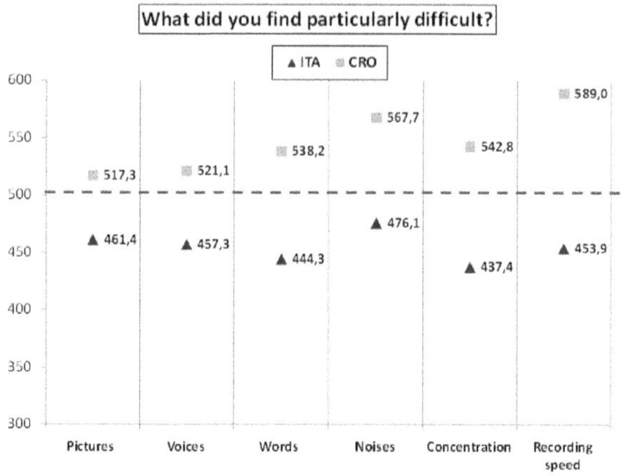

Figure 5: Interaction of aural comprehension and sources of difficulty

Noises and recording speed seemed to bother successful listeners the least in both groups. Those Croatian YLs who had difficulties with pictures and voices were less successful than their peers reporting the other difficulties listed in the questionnaire. In the Italian group lower listening scores were connected with words and concentration problems. It is possible that, particularly at lower proficiency levels, YLs employ mostly bottom-up processes during listening. Gabrielatos (1998) noticed that YLs tend to listen in an unstructured way and do not listen selectively. He believes that this is the consequence of the teaching they are exposed to: teachers often insist solely on the linguistic aspects of oral input and in doing so they cancel out the skill component.

2.6.3. Aural comprehension and learner motivation

A comparison of interactions of listening comprehension with motivation for EFL learning points to interesting patterns and developments in the two groups (Figure 6). Surprisingly, in the Croatian case, in Grade two the less motivated the YLs were the more successful they were at listening. The pattern changed in Grade four, when higher motivation was associated with higher success, and those that disliked learning EFL were the only ones that scored below the average. In the Italian group, the pattern looks the same, except that in Grade four all learners, irrespective of motivation, scored below the average results. Both cohorts included YLs who took private lessons in EFL, which implied better conditions of language learning than in state schools. This might have lowered the YLs' motivation for learning English in the regular school. It is quite likely that this may have resulted in higher achievement by less motivated learners in Grade two. By Grade four, the expected pattern was reached: the more motivated the YLs were, the higher the listening scores. A consistent drop in listening scores in case of Italian fourth graders, in contrast to their Croatian peers, could perhaps be explained by the differences in the amount of out-of-school exposure to English.

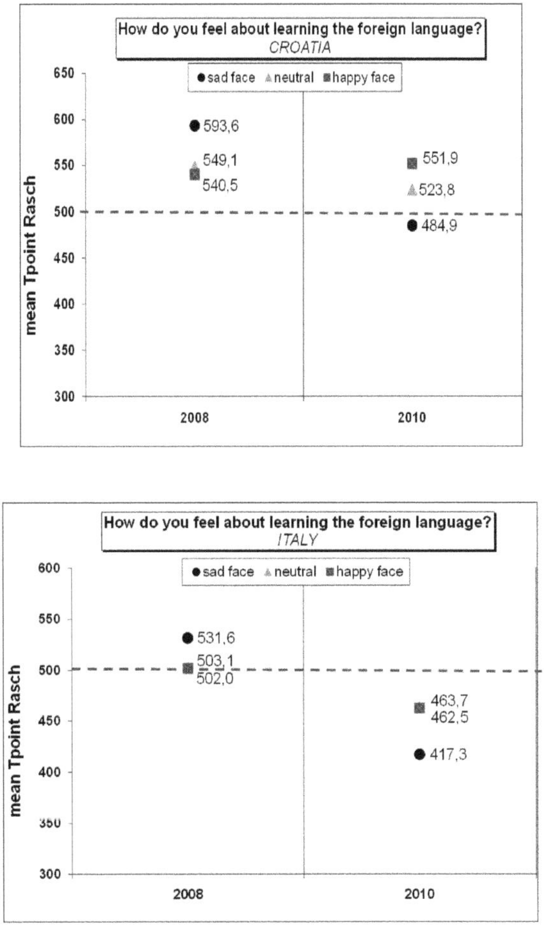

Figure 6: *Interaction of aural comprehension and motivation for learning in Grade two (2008) and Grade four (2010)*

2.6.4. Aural comprehension and young learner attitudes to teaching

Figure 7 shows interaction of listening scores and the YLs' choices of the classroom arrangement in which they thought they would learn English best. The participants could choose among four arrangements presented in four pictures: traditional, group work, circle and disorderly. The last one was selected by a negligible number of YLs, so it was not included in the analyses.

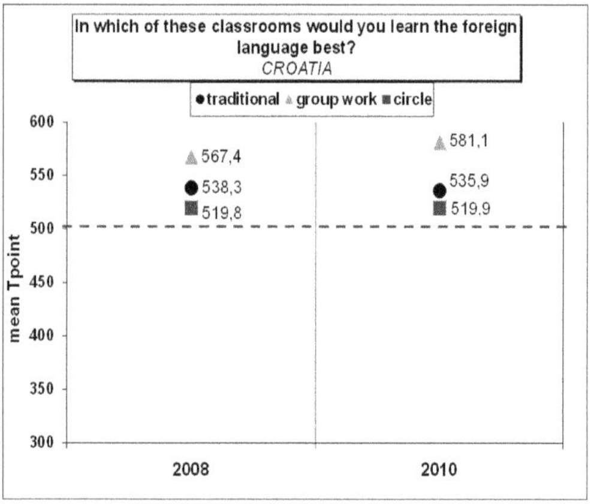

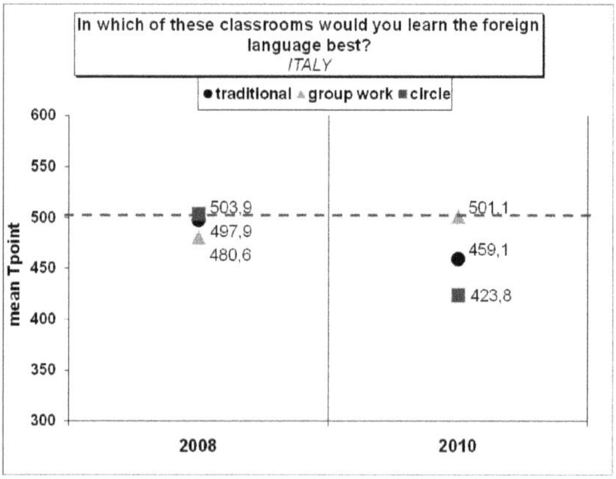

Figure 7: Interaction of aural comprehension and attitudes to teaching English in Grade two (2008) and Grade four (2010)

While preference for the group work arrangement was associated with higher listening comprehension by Croatian YLs already in Grade two, in the

Italian sample this turned to be the case only in Grade four. Italian YLs who preferred this arrangement were also the only ones in their group that reached comprehension levels above the average. Larger differences in listening scores were also obvious among Croatian fourth graders, who outperformed peers preferring the traditional or circle arrangement. The most interesting interaction here is, perhaps, that with the group work preference. Our findings suggest that YLs saw the advantages that group work offers: more interaction with others, implying more listening too. Judging from the interactions presented in Figure 7, it seems that group work turns more beneficial with increased exposure to FL: this happens either through additional out-of-school exposure or later in the learning cycle, when enough exposure has been accumulated.

2.6.5. Aural comprehension and self-concept

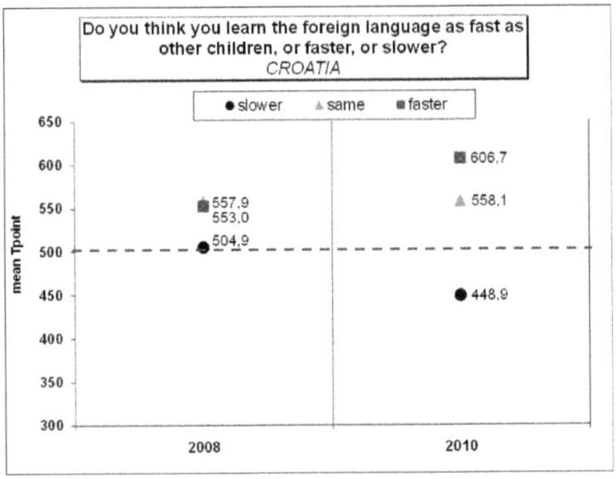

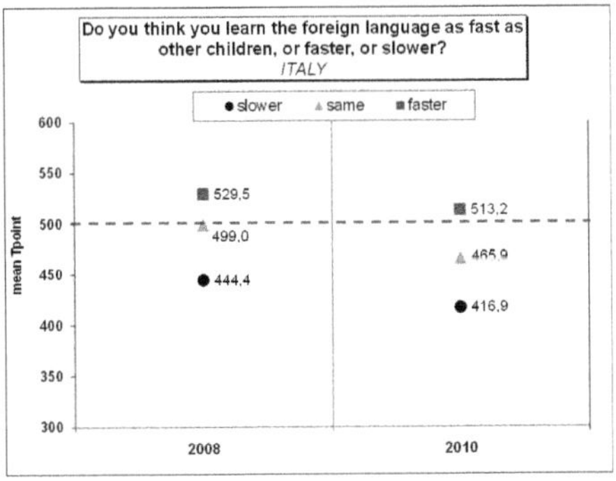

Figure 8: Interactions of aural comprehension and learner self-concept in Grade two (2008) and Grade four (2010)

Interactions of the YL linguistic self-concept on aural comprehension displayed partially similar developments. In the Italian group differences in listening comprehension among YLs with differing self-concepts could be observed already in Grade two: the more positive the self-concept, the higher the listening scores, with only those who believed they learned faster than their classmates scoring above the average. The same pattern was found in Grade four. In the Croatian sample the differences were less pronounced in Grade two than in Grade four, when those YLs who displayed a negative self-concept scored below the average and significantly lower than the others. These findings suggest that YL self-concept is an important factor in the development of aural comprehension and that its impact may be more relevant when language exposure is limited.

2.6.6. Aural comprehension and out-of-school exposure

Two measures of out-of-school exposure to English were analysed: time spent weekly on the Internet (Figure 9) and time spent doing particular things at home in English (Figure 10).

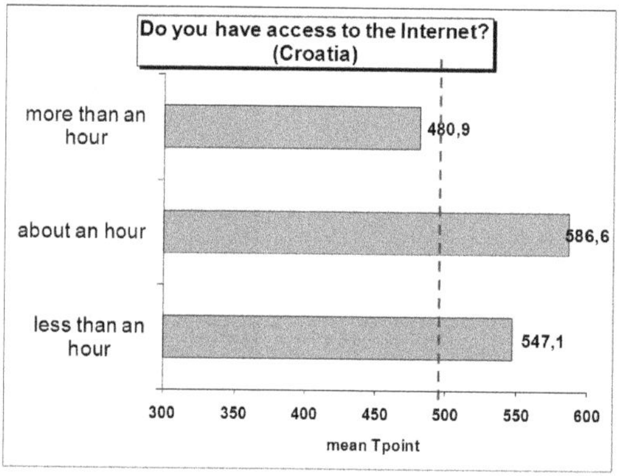

Figure 9a: Interaction of aural comprehension and time spent weekly on the Internet in Grade four (Croatia)

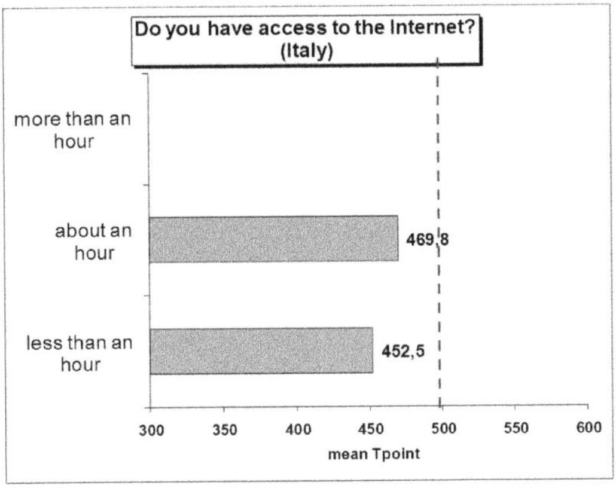

Figure 9b: Interaction of aural comprehension and time spent weekly on the Internet in Grade four (Italy)

Time spent on the Internet was related to higher listening comprehension only in case of Croatian YLs. Interestingly, it seems that an hour per week is more beneficial than a longer time, possibly because longer use of the Internet may stimulate other benefits and not language development. In case of Italian YLs there was no one using the Internet for more than an hour weekly, while those who used it for about an hour performed better on the listening tasks than those who used it less than an hour. Assumingly, in early learning Internet access can be useful for aural comprehension once YLs have reached a certain level in their language learning.

The interactions of types of activities the YLs engaged in in English and aural comprehension presented in Figure 10 showed interesting patterns. In the Croatian group, longer time was regularly related to better listening scores. This was not always the case with Italian YLs: the one exception was speaking English on the Internet. With watching films, cartoons and TV series as well as with reading books and comics in English the optimal time seemed to be between one and two hours per week, not more. Listening to music in English was related to higher listening scores when it was done only an hour weekly but not longer. Again, it seems likely that length of language exposure starts to make impact on aural comprehension once a certain proficiency level has been reached.

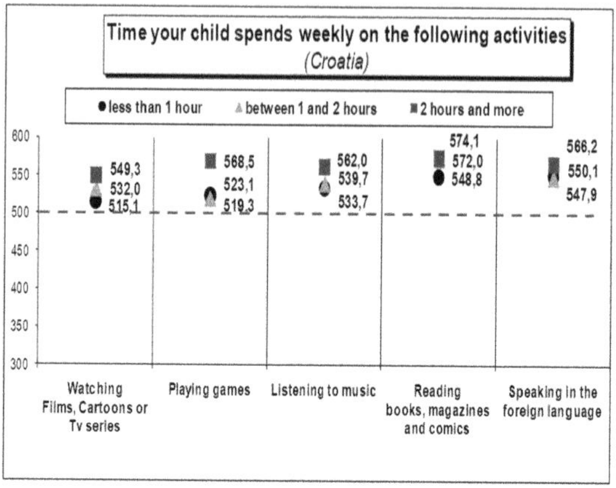

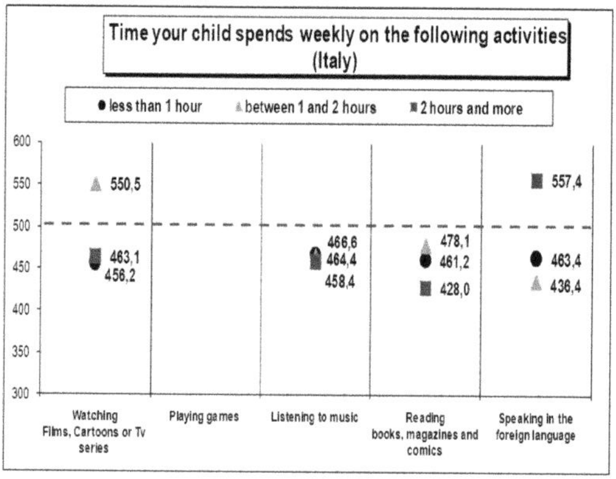

Figure 10: Interaction of aural comprehension and time spent weekly doing different activities on the Internet in Grade four

2.6.7. Conclusion

Our findings seem to support the starting hypothesis that development of aural comprehension during early FLL interacts with both individual and contextual factors. In our study, exposure to the foreign language outside school showed itself as a paramount factor. Not only did aural comprehension skills show different developmental patterns in two country contexts that can be distinguished mainly by amounts of foreign language exposure outside school, but interactions of the listening comprehension skill mastery with learner attitudes, motivation and self-concept also displayed different patterns in the two contexts. We believe that this is a very important insight for the field of early EFL learning. The globalisation process has been increasing access of YLs to English in everyday life. It is important to bear in mind that exposure to this language out of school can play a complex role in early aural comprehension. Awareness of this could help researchers and practising teachers alike to better understand how YLs of EFL develop their aural skills.

References

Enever, Janet, ed. (2011). *ELLiE: Early Language Learning in Europe*. London, UK: British Council.

Gabrielatos, Costas (1998). Receptive skills with young learners. Gika, A.-S., D. Berwick, eds. *Working with Young Learners: A way ahead.* Whitstable, Kent: IATEFL, 52-60.

Goh, Christine M. (2002). Exploring listening comprehension tactics and their interaction patterns. *System* 30: 185-206.

Kerekes, J. (2003). Distrust: a determining factor in the outcomes of gatekeeping encounters. House, Juliane, Gabrielle Kasper, Steven Ross, eds. *Misunderstandings in social life.* London: Longman, 227-257.

Krashen, Stephen (1985). *The Input Hypothesis: Issues and Implications*. Harlow: Longman.

Lopriore, Lucilla, Jelena Mihaljević Djigunović (2011). Role of Language Exposure in Early Foreign Language Learning. Szabo, Gabor ed. *Empirical research in English applied linguistics*. Pécs: Lingua Franca Csoport, 17-33.

Mendelsohn, D. (1998). Teaching listening. *Annual Review of Applied Linguistics* 18: 81-101.

Peterson, P. W. (2001). Skills and strategies for proficient listening. Celce-Murcia, Marianne, ed. *Teaching English as a second or foreign language*. Boston: Heinle and Heinle, 87-100.

Rost, Michael (2002). *Teaching and researching listening*. Harlow: Longman.

Rost, Michael (2006). Areas of research that influence L2 listening instruction. Usó-Juan, Esther, Alicia Martínez-Flor, eds. *Current trends in the development and teaching of the four language skills*. Berlin: Mouton de Gruyter, 47-74.

Rumelhart, David (1980). Schemata: The building blocks of cognition. Spiro, Rand J., Bruce C. Bertram, William F. Brewer, eds. *Theoretical issues in reading comprehension*. Hillsdale, NJ: Lawrence Erlbaum Associates, 33-59.

Stanovich, Keith (1980). Towards an interactive-compensatory model of individual differences in the development of reading fluency. *Reading Research Quarterly* 16: 32-71.

Szpotowicz, Magdalena, Małgorzata Szulc-Kurpaska (2009). *Teaching English to young learners*. Warszawa: Wydawnictwo naukowe pwn.

Vandergrift, Larry (2004). Listening to learn or learning to listen? *Annual Review of Applied Linguistics* 24: 3-25.

Vandergrift, Larry (2007). Recent developments in second and foreign language listening comprehension research. *Language Teaching* 40: 191-210.

Original scientific paper

Personality traits, willingness to communicate and oral proficiency in English as a foreign language

Višnja Pavičić Takač, Dunja Požega

Abstract

This present study examined the relationship between personality traits, willingness to communicate and oral proficiency of 324 secondary school learners of English as a foreign language in Croatia. More precisely, the correlations between the variables were explored. Comparisons indicate that there are significant positive correlations between personality traits (except neuroticism and conscientiousness) and willingness to communicate (WTC). Particularly, openness, as one of the Big Five personality traits, correlates positively with all WTC groups, except interpersonal communication. When it comes to personality traits, only agreeableness correlates significantly but negatively with oral proficiency. Among WTC groups, only group discussion correlates significantly and positively with oral proficiency. Although the results of this study do not show causal connections between the variables, but only confirm their interrelationship, they imply that personality traits and WTC may influence learners' oral proficiency. Therefore it is suggested that foreign language teachers should consider learners' personality traits and WTC when assessing their oral production and oral proficiency.

Key words: second language acquisition; personality traits; willingness to communicate; oral proficiency.

1. Introduction

Individual differences (IDs), as dimensions of personal characteristics that affect human thinking and behavior (Dörnyei 2006), have received a lot of attention in the field of second language acquisition (SLA) because the span of language learning outcomes and learner proficiencies have often been attributed to various learner characteristics. Learners' individual personality traits and the way they feel about themselves and their capabilities can either facilitate or impede language acquisition (Arnold 1999). A list of the most important second language ID domains commonly comprises personality, aptitude, motivation, learning styles and learning strategies (Dörnyei 2006), but may include additional cognitive and affective factors, such as anxiety, willingness to communicate, risk taking, general intelligence, etc.

This paper focuses on the two ID domains that have been neglected in the field of SLA (Dörnyei 2006), namely personality traits and willingness to communicate. More specifically, the interrelationship between the two IDs and oral language proficiency, as one aspect of SLA, is explored.

2. Personality traits and second language acquisition

Personality traits, defined as "generalized and personalized determining tendencies, but also consistent and stable modes of an individual's adjustment to his environment" (Allport and Odbert, in Pervin et al. 2005: 226), have been conceptualized from a variety of theoretical perspectives, and at various levels of abstraction. Each of these levels has made unique contributions to our understanding of IDs in behavior and experience. Research in the field of SLA has been dominated by three somewhat overlapping taxonomies of personality traits: MBTI typology, Eysenck's three-component construct and the "Big Five" model.

Since the present study is based on the "Big Five" model, it is described in more detail in the following section.

The "Big Five" was developed using the so called Factor-Analytic Trait Approach by a number of researchers working independently but following and replicating each other's work (Allport and Odbert, Cattell, Costa and McCrae, in Pervin et al. 2005, John and Srivastava 1999). The five factors are typically labeled *Extraversion or Surgency*, *Agreeableness*, *Conscientiousness*, *Emotional Stability versus Neuroticism*, and *Intellect or Openness*. The name of the taxonomy does not "imply that personality differences can be reduced to only five traits", but is meant to emphasize how abstract personality is by summarizing "a large number of distinct and specific personality characteristics into these five dimensions" (John and Srivastava 1999: 105). The five dimensions are extremely broad and abstract in the personality hierarchy, and are the most important ways in which individuals differ in their enduring emotional, interpersonal, experiential, attitudinal, and motivational styles. Table 1 illustrates the meaning of the factors by listing trait adjectives that describe individuals scoring high or low on each factor.

Table 1: The Big Five Trait Factors and Illustrative Scales (Pervin et al. 2005: 255)

Characteristics of the High Scorer	***Trait Scales***	***Characteristics of the Low Scorer***
	NEUROTICISM (N)	
Worrying, nervous, emotional, insecure, inadequate, hypochondriacal	Assesses adjustment vs. emotional instability. Identifies individuals prone to psychological distress, unrealistic ideas, excessive cravings or urges, and maladaptive coping responses.	Calm, relaxed, unemotional, hardy, secure, self-satisfied
	EXTRAVERSION (E)	
Sociable, active, talkative, person-oriented, optimistic, fun-loving, affectionate	Assesses quantity and intensity of interpersonal interaction; activity level; need for stimulation; and capacity for joy.	Reserved, sober, unexuberant, aloof, task-oriented, retiring, quiet
	OPENNESS (O)	
Curious, broad interests, creative, original, imaginative, untraditional	Assesses proactive seeking and appreciation of experience for its own sake; toleration for and exploration of the unfamiliar.	Conventional, down-to-earth, narrow interests, inartistic, unanalytical
	AGREEABLENESS (A)	
Soft-hearted, good-natured, trusting, helpful, forgiving, gullible, straightforward	Assesses the quality of one's interpersonal orientation along a continuum from compassion to antagonism in thoughts, feelings, and action.	Cynical, rude, suspicious, uncooperative, vengeful, ruthless, irritable, manipulative
	CONSCIENTIOUSNESS (C)	
Organized, reliable, hard-working, self-disciplined, punctual, scrupulous, neat, ambitious, persevering	Assesses the individual's degree of organization, persistence, and motivation in goal-directed behavior. Contrasts dependable, fastidious people with those who are lackadaisical and sloppy.	Aimless, unreliable, lazy, careless, lax, negligent, weak-willed, hedonistic

As the "Big Five" model has become widely accepted in the field of personality psychology as a general taxonomy of personality traits (John and Srivastava 1999), it has found its application in SLA as well. In one of the first studies using the Big Five model, Verhoeven and Vermeer (in Dörnyei 2006) examined the communicative competence (i.e. *organizational*, *strategic* and *pragmatic* competence) of teenage second language (L2) learners in the Netherlands in relation to their personality characteristics, as measured by the "Big Five". Only Openness to Experience correlated substantially with all three competencies. Extraversion was associated only with strategic competence and Conscientiousness with organizational competence. Hu (2004) examined the relationship between the Big Five personality traits, learning motivation and learning performance of L2 learners in Taiwan. In this study, conscientiousness correlated positively, and openness correlated negatively with learning performance. Extraversion was the least related to learning performance. The Big Five factors of extraversion, conscientiousness and openness to experience have been found especially educationally relevant. Also, different Big Five personalities were related to different achievement motivation in higher education, so Hu (2004) concluded that conscientiousness and openness to experience are likely to be high when learners perform well.

Onwuegbuzie et al.' study (2000) showed that variables from the cognitive, affective, personality, and demographic domains were important predicators of L2 achievement. Cognitive variables exhibited the strongest correlations with L2 achievement, followed by affective factors, and then personality variables. Among personality variables, levels of cooperativeness and individualism were associated with L2 achievement. Learners with lower levels of achievement tend to be more cooperative and less individual.

3. Willingness to Communicate

The concept of Willingness to Communicate (WTC) was developed from three independent sources: *unwillingness to communicate*, *predispositions toward verbal behavior*, and *shyness* (McCroskey, in Simic and Tanaka 2008). Initially, WTC was recognized as a personality-based, trait-like predisposition that is rather stable across contexts and receivers. From this perspective, "WTC was considered the tendency of an individual to begin communication when free to do so" (Simic and Tanaka 2008: 71).

WTC is a stable personality trait when it comes to L1; it develops over years and results in a personality-based orientation toward talking. However, when it comes to L2 use, the level of one's L2 proficiency and L2 communicative competence, they are unstable variables. That is the reason why L2 WTC needs to be conceptualized as a situated construct that includes both state and trait characteristics. The multilayered 'pyramid' model of WTC (see Figure 1), proposed by MacIntyre et al. (1998), consists of linguistic and psychological variables, parameters of the social situation, and personality traits. The first three layers of the pyramid (communication behavior, behavioral intention and situated antecedents) contain situational factors that affect immediate L2 communication. However, they can vary in different contexts; they can depend on the subject of conversation or differences between interlocutors. The next three layers represent enduring influences, and work as independent variables in analyzing WTC in L2.

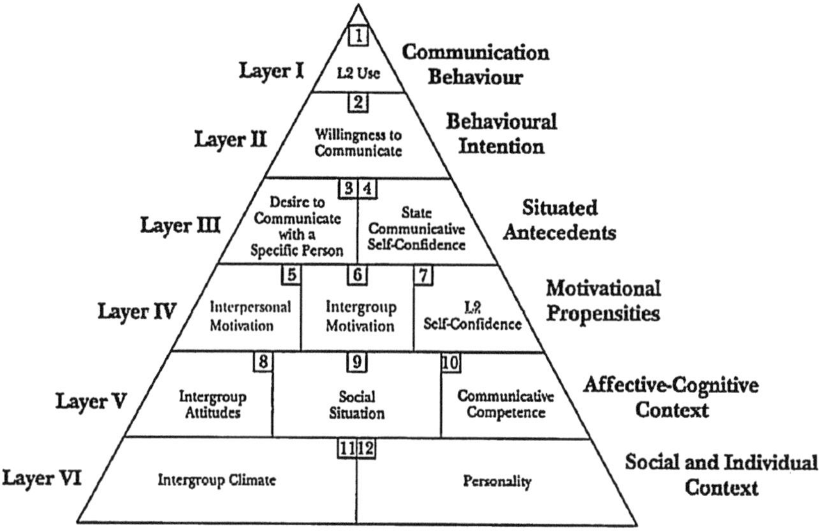

Figure 1: Heuristic model of variables influencing WTC (MacIntyre et al. 1998: 547)

Most of the SLA studies on WTC investigated how personality traits, and attitudes and motivation affected differences in WTC. MacIntyre and Charos (1996) tested Gardner's socio-educational model and MacIntyre's WTC model. They reported that "the students with greater motivation for language learning were using the language more frequently, and students who were more willing to communicate were more likely to do so" (Simic and Tanaka 2008: 72). Personality characteristics and social context have been found to have an indirect effect on L2 communication frequency through attitude, motivation, language anxiety, and perceived competence. These personality traits influenced motivation and WTC which in turn influenced L2 communication frequency.

MacIntyre and Charos (1996) explored the impact of such variables as attitudes, motivation, perceived competence and anxiety on the frequency of L2 communication, as well as the role of global personality traits as measured by the "Big Five" model. Their results suggest that global personality traits and language-related affective variables set the psychological context for L2 communication. Global personality traits are implicated indirectly, via their influence on language-related attitudes, language anxiety, perceived L2 competence, motivation for language learning, and WTC.

Mihaljević Djigunović and Letica (2009) examined the relationship between WTC, L2 learning success, period of L2 learning, and self-evaluation of competence in Croatia. WTC is usually defined as a general and stable personality trait, and not a situation-specific variable related to L2 learning and usage. However, as this study showed, WTC in L2 classes does not necessarily have to be a learner's personality trait. Therefore, WTC in L2 class was reconceptualized as a situational variable and defined as willingness to risk in class, the level of social behavior in class and L2 anxiety. The results of this study showed statistically significant correlations between WTC in class and L2 learning success. Also, a negative correlation was found between WTC in class and period of L2 learning.

To conclude, WTC is an ID variable affected by many different learner variables which influence L2 acquisition and use. The construct has been subject to considerable empirical research, but there are still several open questions. MacInytire et al. (in Dörnyei 2005) raised an important issue, and that is how WTC correlates across various modalities of communication (reading, listening, speaking, and writing). Another question is whether WTC ends at the initiation of communication or whether it exerts its influence at the initiation of each conversational turn in an ongoing manner. MacIntyre et al. linked WTC to both L2 acquisition and use because SLA, as a learning process, relies heavily on learning through participatory experience in communication.

4. Oral Language Proficiency

Oral language proficiency (OLP) has been conceptualized in diverse ways in SLA research. It includes "receptive and expressive skills, and also knowledge or use of specific aspects of oral language which refers to phonology, vocabulary, morphology, grammar, discourse features, and pragmatic skills" (August and Shanahan 2006: 55). The term can also refer to general aspects of language proficiency, and it has been assessed using self-ratings or teacher rating scales.

According to Yang (2007), OLP is important for L2 learners because it eventually becomes the most frequently used skill. Therefore, the development of OLP in L2 learners is of major importance. Proficient L2 speakers are often described as fluent, knowledgeable, competent, bilingual, or good. In determining the factors that contribute to L2 proficiency, researchers focused on *syntactic complexity* (the range and degree of sophistication of forms in language production), *lexical diversity* (or lexical richness), *grammatical accuracy* (includes global accuracy or specific types of errors), and *fluency* (incorporates the temporal features of speech or the automaticity of language use) (Iwashita 2010). The studies focusing on OLP showed that different traits contribute to the global proficiency differently depending on the proficiency level (Iwashita 2010, Medvedeva 2007) or affective factors at play (Kimura 2000).

5. The present study

5.1. Aim

The global aim of this research was to examine the relationship between personality traits, willingness to communicate and oral proficiency in L2 English. More precisely, the aim was to explore possible relationships between each of the five factors of the Big Five personality traits (i.e. extroversion, agreeableness, conscientiousness, neuroticism, and openness) and each of the eight groups of willingness to communicate (i.e. group discussion, meetings, interpersonal communication, public performance, strangers, acquaintances, friends, and total WTC) as both are affective factors. Furthermore, the aim was to explore the relationship between these two affective factors and OLP.

5.2. Method

5.2.1. Sample

The sample consisted of 324 Croatian secondary school learners of L2 English and it included 85 (26.23%) boys and 239 (73.77%) girls. The age range was from 15 to 17 years. One hundred and thirty two (40.74%) learners were in the 1st grade, 103 (31.79%) in the 2nd grade, and 89 (27.47%) learners in the 3rd grade.

5.2.2. Instruments

The Croatian version of the Big Five Inventory (BFI) was used for measuring personality traits (John and Srivastava 1999). This instrument is made of 44 statements referring to characteristics that belong to one of the Big Five traits, followed by a five-point Likert scale ranging from 1 (*strongly disagree*) to 5 (*strongly agree*).

The second questionnaire was the Croatian translation of McCroskey and Richmond's *Willingness to Communicate Scale* (Mihaljević Djigunović 2002), which consists of 20 items describing situations in which people may or may not choose to communicate. Participants had to indicate the percentage of times they would choose to communicate in each of the 20 situations. This questionnaire measures total WTC and the seven different groups of WTC. The span of values was from 0 to 100% for all the WTC groups. However, each group has a different division for measuring the levels of WTC. In other words, in each group there is a different border line between the levels of WTC (low, medium and high WTC), and these group margins are presented in Table 2.

Table 2: Group margins between the levels of WTC according to the percentages

%	Group discussion	Meetings	Interpersonal communication	Public performance	Strangers	Acquaintances	Friends	Total WTC
Low WTC	Below 57	Below 39	Below 64	Below 33	Below 18	Below 57	Below 71	Below 52
Medium WTC	57 – 89	39 – 80	64 – 94	33 – 78	18 – 63	57 – 92	71 – 99	52 – 83
High WTC	Above 89	Above 80	Above 94	Above 78	Above 63	Above 92	Above 99	Above 83

5.2.3. Oral Proficiency Levels

As a measure of oral proficiency level, participants' grades in oral expression in English were taken. The mean values were calculated and recategorised in the following way: grade 1 $\leq$ 1.4, grade 2 = 1.5 to 2.4, grade 3 = 2.5 to 3.4, grade 4 = 3.5 to 4.4, and grade 5 $\geq$ 4.5. In the Croatian grading system, the highest grade is 5 ('excellent'), and the lowest is 1 ('insufficient').

5.2.4. Procedure

The two questionnaires were administered as a single test battery during regular classes. It took participants 15 minutes on average to complete both questionnaires. In the analysis of the data the descriptive statistics and correlation analyses were used.

5.3. Results

5.3.1. Descriptive statistics

Table 3 shows oral proficiency values, i.e. grades, and their distribution across the grades.

The biggest number of 1st graders have excellent oral proficiency. There is almost an equal number of 2nd graders who have excellent and very good oral proficiency. However, the majority of the 3rd graders has good oral proficiency, and 28 of them have rather low oral proficiency.

Table 3 Oral proficiency levels (f)

		Oral proficiency					Total
		1,00	2,00	3,00	4,00	5,00	
Class	1st	5	20	23	35	49	132
	2nd	2	14	26	30	31	103
	3rd	3	28	32	15	11	89
Total		10	62	81	80	91	324

As for WTC (Table 4), the highest number of participants have high levels of WTC in the Public Performance group, and the lowest number of participants achieved high scores in the Interpersonal Communication group. The most participants with low WTC level had low scores in the Interpersonal Communication, and the fewest participants had low scores in the Public Performance group. The same goes for medium WTC level.

Table 4: The distribution across the groups and the levels of WTC

	Group discussion	Meetings	Interpersonal communication	Public performance	Strangers	Acquaintances	Friends	Total WTC
Low WTC	71	51	95	30	77	47	54	60
Medium WTC	201	204	226	195	203	202	210	225
High WTC	52	69	3	99	44	75	60	39

Table 5 shows the descriptive statistics for all WTC groups. As can be seen, the Communicating with Friends group has the highest mean, median and mode values, and the Communicating with Strangers group has the lowest mean, median and mode values.

Table 5: Descriptive statistics for WTC groups

	Group discussion	Meetings	Interpersonal communication	Public performance	Strangers	Acquaintances	Friends	Total_WTC
Mean	70.56	61.17	68.07	63.58	36.28	75.78	85.48	65.85
Median	70.00	63.33	68.33	66.67	33.75	79.38	88.75	66.17
Mode	83.33	66.67	66.67	56.67[a]	30.00[a]	100.00	100.00	75.00
Std. Deviation	17.81	21.43	13.95	22.70	21.31	18.44	14.19	15.10
Minimum	6.00	5.00	16.67	1.00	.00	17.50	6.75	9.42
Maximum	100.00	100.00	100.00	100.00	97.50	100.00	100.00	98.33

As can be seen from Table 6, showing the distribution of dominant personality traits across the sample, Openness is clearly the dominant trait among the highest number of participants. This is followed by Agreeableness, Extraversion, Conscientiousness, and finally Neuroticism. However, 62 participants have two dominant traits, and 13 participants have three dominant traits.

Table 6: The distribution of dominant personality traits across the sample

Dominant Personality Trait	Openness	Conscientiousness	Extraversion	Agreeableness	Neuroticism	Two Dominant Traits	Three Dominant Traits
N	143	15	32	48	11	62	13

The descriptive statistics for all five personality traits (Table 7) shows that Openness has the highest and Neuroticism the lowest mean, median and mode values.

Table 7: Descriptive statistics for personality traits

	Openness	Conscientiousness	Extraversion	Agreeableness	Neuroticism
Mean	3.72	3.35	3.45	3.46	3.08
Median	3.80	3.33	3.50	3.44	3.13
Mode	3.80[a]	3.44	3.38	3.44	3.13
Std. Deviation	.43	.36	.36	.44	.41
Minimum	2.30	2.22	2.13	2.44	2.00
Maximum	4.70	4.33	4.75	4.89	4.13

5.3.2. Correlation analyses

The relationship between the Big Five personality traits and WTC groups was explored by Pearson product-moment bivariate correlation coefficient. The results are presented in Table 8.

Table 8: Correlations between the Big Five personality traits and WTC groups

	Extra-version	Agreeable-ness	Conscientious-ness	Neuroticism	Openness
Group discussion	.084	.080	.055	-.040	**.265**[**]
Meetings	.100	**.177**[**]	.108	-.039	**.312**[**]
Interpersonal communication	.025	.054	.022	-.034	.102
Public performance	**.190**[**]	**.166**[**]	.090	-.003	**.298**[**]
Strangers	**.124**[*]	**.185**[**]	.100	.037	**.254**[**]
Acquaintances	.073	.061	.048	-.072	**.272**[**]
Friends	**.156**[**]	**.158**[**]	.087	-.072	**.301**[**]
Total WTC	**.137**[*]	**.161**[**]	.094	-.035	**.324**[**]

Extraversion correlates positively with several WTC groups, and these are Public Performance (r=.190, p<.01), Strangers (r=.124, p<.05), Friends (r=.156, p<.01), and total WTC (r=.137, p<05). Agreeableness correlates positively with five WTC groups: Meetings (r=.177, p<.01), Public Performance (r=.166, p<.01), Strangers (r=.185, p<.01), Friends (r=.158, p<.01), and total WTC (r=.161, p<.01). There are no statistically significant correlations between Conscientiousness and Neuroticism and any of the WTC groups. Openness correlates positively with Group Discussion (r=.265, p<.01), Meetings (r=.312, p<.01), Public Performance (r=.298, p<.01), Strangers (r=.254, p<.01), Acquaintances (r=.272, p<.01), Friends (r=.301, p<.01), and total WTC (r=.324, p<.01). The strength of significant correlations is either small (r=.10 to r=.29 or r=-.10 to r=-.29) or moderate (r=.30 to r=.49 or r=-.30 to r=-.49).

The examination of the relationship between the Big Five personality traits and OLP showed very low correlation between the two variables (Table 9).

Table 9: Correlations between the Big Five personality traits and oral proficiency in EFL

	Extraversion	Agreeableness	Conscientiousness	Neuroticism	Openness
Oral proficiency	-.034	**-.152**[**]	-.038	-.039	-.007

The only statistically significant correlation was a negative correlation between oral proficiency and Agreeableness (r=-.152, p<.01) indicating that high levels of Agreeableness can be associated with the lower level of oral proficiency in EFL. The strength of this correlation is small.

Table 10: Correlations between Willingness to Communicate and oral proficiency in EFL

	Group discussion	Meetings	Interpersonal communication	Public performance	Strangers	Acquaintances	Friends	Total WTC
Oral proficiency	**.141***	-.065	-.051	-.015	-.018	.032	-.010	.001

The examination of the relationship between the oral proficiency and WTC groups mainly showed statistically insignificant correlations (Table 10). The correlation between Group Discussion and oral proficiency was the only statistically significant positive correlation ($r=.141$, $p<.05$). The strength of this correlation is also small.

5.4. Discussion

The results of the study reveal that the dominant personality trait across the sample is Openness (dominant for 44.14% participants), followed by Agreeableness (14.81% participants), and Extraversion (9.88% participants). This means that participants are prevailingly creative, original, untraditional, and have broad interests. However, a considerable number of participants (19.14%) have two dominant traits.

The dominant WTC group across the sample is Public Performance, where 30.56% of participants have high WTC. These participants feel competent and willing to give a talk to a group of strangers, friends or acquaintances. This is followed by the Communicating with Acquaintances group, where 23.15% of participants have high WTC. When it comes to the Total WTC, only 12.04% of participants have high WTC. What is rather surprising is that the highest number of participants (29.32%) has low WTC in the Interpersonal Communication group, which means that they are least willing to communicate in a one-to-one conversation. This also indicates that participants are not confident or relaxed in their interaction with teachers, regardless of whether it is part of oral examination or everyday classroom interaction. The following group is Communicating with Strangers (23.77% of participants with low WTC), followed by Group Discussion (21.91% of participants with low WTC).

As for the relationship between the personality traits and WTC, statistically significant positive correlations were found between Openness and almost all WTC groups (except Interpersonal communication, which was the least dominant trait when it comes to high level of WTC). Learners who are original, curious, ingenious, imaginative, inventive, artistic, and do not like routine are likely to have a high level of WTC. Speaking is not a problem for them; they will not feel inhibited or anxious; they will feel confident about their communicative competence. The high level of WTC in Group Discussion indicates willingness to talk freely in a group of friends or strangers. Participants who have a high score in the Communicating at Meetings group will confidently talk at meetings with friends, acquaintances, or strangers. High scorers in the Public Performance group will not mind giving a talk or presenting their thoughts or ideas to others. Extraversion correlates positively with Public Performance, Strangers, Friends, and Total WTC. Thus, learners who are talkative, full of energy, enthusiastic, assertive, outgoing, and sociable are likely to have high scores in these three WTC groups and in Total WTC. Agreeableness correlates positively with the Meetings, Public Performance, Strangers, Friends groups, and Total WTC. The learners who are helpful, forgiving, trusting, considerate, kind and cooperative are likely to have high scores in these four WTC groups and in Total WTC.

If the Public Performance group is taken to represent classroom communication, it can be concluded that learners who have high scores in Openness, Extraversion, and Agreeableness should feel confident when speaking with or in front of their classmates, and should not be intimidated by classroom communication. Since 68.83% of participants have Openness, Extraversion, or Agreeableness as their dominant traits, they should also have high scores in WTC, i.e. should feel confident about their communicating skills and oral proficiency in an FL classroom.

The only statistically significant correlation between personality traits and OLP found was a negative correlation between OLP and Agreeableness. This suggests that the high scorers in Agreeableness are likely to have low oral proficiency. Although there was a positive correlation between Agreeableness and four WTC groups and also Total WTC, the situation is different in the case of OLP. In other words, learners who are soft-hearted, good-natured, trusting, helpful, forgiving, gullible, or generous will probably have problems with communicating in L2 and will not have very high OLP. These learners probably easily fall in the shadow of other, more dominant and talkative learners, and may even concede their opportunity to express themselves to others.

When it comes to WTC and OLP, the only statistically significant correlation found was a positive correlation between Group Discussion and OLP, implying that learners who have high WTC level with regard to group discussion are likely to have high L2 OLP. In other words, learners who talk freely in a group of people, who like discussions, feel confident about their arguments, and are not easily dissuaded against their opinions, beliefs or points of view, will probably not have problems when having to speak in L2 classes. They are also likely to speak fluently, with grammatical accuracy and a lot of lexical diversity. On the other hand, learners who do not feel confident when talking in groups or in front of the whole class may have poorer class performance, and subsequently lower grades in oral expression.

6. Conclusion

The aim of this research was to explore the relationship between personality traits, WTC and OLP in L2 learning. The results of the study indicate that there is a relationship among all three research variables, so several conclusions can be deduced. The results show that if learners have high scores in extraversion (sociable, talkative), agreeableness (kind, cooperative) and openness (creative, original), their WTC will also be on a high level. As there are no significant correlations between interpersonal communication and personality traits, it can be assumed that there are probably other factors influencing this WTC group which need to be explored. When it comes to personality traits and OLP, it seems that learners who are soft-hearted, good-natured, trusting, helpful, forgiving, gullible, or straightforward will probably have problems with oral expression. Such learners probably easily adapt to others, which may have a negative side effect, i.e. they may have problems when they have to be independent. On the other hand, learners who do not have these characteristics, and who are maybe more independent and concentrated on their own success will probably have high OLP, or their oral expression will be perceived as high. Finally, if we look at the relationship between WTC and OLP, the significant positive correlation between group discussion and WTC indicates that learners who are willing to talk in groups will probably easily share their ideas, defend their beliefs with good arguments, and are not easily dissuaded from their points of view. They also usually have a high WTC level. However, learners who are not willing to talk in groups are likely to have a low degree of actual or perceived OLP.

The findings of this study have valuable theoretical and practical implications as they have confirmed that personality traits and WTC play a role in L2 oral production. Future research should set out to explore various variables and their interrelationships taking into account the effect they may exert on learners' L2 learning and performance. It is of utmost importance to investigate causal connections between the variables in order to reveal the potentials of manipulating certain variables with the aim to facilitate SLA. As for L2 teachers, they should take into consideration their learners' personality traits and WTC level when assessing their oral proficiency, when selecting teaching methods and approaches, or classroom management techniques.

Literature

Arnold, J. (1999). *Affect in Language Learning*. Cambridge: Cambridge University Press.

August, D., T. Shanahan (2006). *Developing Literacy in Second Language Learners*. New Jersey: Lawrence Erlbaum Associates, Inc.

Dörnyei, Z. (2006). Individual Differences in Second Language Acquisition. *AILA Review*, 19, 42-68.

Dörnyei, Z. (2005). *The Psychology of the Language Learner: Individual Differences in SLA*. Mahwah, New Jersey: Lawrence Erlbaum Associates, Inc.

Hu, M. L. (2004). *The Relationship Between Big Five Personality Traits, Learning Motivations and Learning Performance of the Hospitality Students in Taiwan*. Asia Pacific Tourism Association (APTA). <www.ntnu.edu.tw/acad/docmeet/a8/a802.doc>, 10.3.2011.

Iwashita, N. (2010). Features of Oral Proficiency in Task Performance by EFL and JFL Learners. Matthew T. Prior et al., ed. *Selected Proceedings of the 2008 Second Language Research Forum: Exploring SLA Perspectives, Positions, and Practices*, 32-47.

John, O. P., S. Srivastava (1999). The Big Five Trait Taxonomy: History, Measurement, and Theoretical Perspectives. Pervin, L. A., O. P. John, eds. *Handbook of Personality: Theory and Research*. New York/London: The Guilford Press, 102-138.

Kimura, M. (2000). Affective Factors of Japanese EFL Learners at Junior College in the Oral Communication Tasks. *The Society of English Studies*. 5-20. <http://www.ses-online.jp/-ronbun/30/b-kimura-5-20.pdf >, 11.3.2011.

MacIntyre, P. D., C. Charos (1996). Personality, Attitudes, and Affect as Predicators of Second Language Communication. *Journal of Language and Social Psychology* 15 (1), 3-24.

MacIntyre P. D., R. Clement, Z. Dornyei, K. A. Noels (1998). Conceptualizing willingness to communicate in a L2: A situational model of L2 confidence and affiliation. *The Modern Language Journal* 82(4), 545-562.

McCrae, R. R., O. P. John (1990). *An Introduction to the Five-Factor Model and Its Applications*. <www.bsu.edu/web/00t0holtgrav/623/ffmarticle.pdf>.

Medvedeva, M. A. (2007). *Oral Proficiency in English and Non-English Languages Among Children of Immigrants in the United States*. <cas.uchicago.edu/workshops/immigration/-.../20070328_pres.pdf>, 15.3.2011.

Mihaljević Djigunović, J. (2002). *Strah od stranog jezika: kako nastaje, kako se očituje i kako ga se osloboditi*. Zagreb: Naklada Ljevak.

Mihaljević Djigunović, J., S. Letica (2009). Willingness to communicate and foreign language learning. Pavičić Takač, V., V. Bagarić, M. Brdar, M. Omazić, eds. *Public communication linguistics: Communication in classes and communicational grammar*. Osijek: Filozofski fakultet – HDPL, 1-11.

Onwuegbuzie, A. J., P. Bailey, C. E. Daley (2000). Cognitive, Affective, Personality and Demographic Predicators of Foreign Language Achievement. *Journal of Educational Research* 94 (1), 3-15.

Pervin, L. A., D. Cervone, O. P. John (2005). *Personality: Theory and Research*. New York: The Guilford Press.

Pervin, L. A., O. P. John (1999). *Handbook of Personality: Theory and Research*. New York/London: The Guilford Press.

Simic, M., T. Tanaka (2008). *Language Context in the Willingness to Communicate Research Works: A Review.* <ousar.lib.okayama-u.ac.jp/file/14186/20090106041457/26_71.pdf>, 15.3.2011.

Yang, S. (2007). Artificial Intelligence for Integrating English Oral Practice and Writing Skills. *Sino-US English Teaching* 4 (4), 1-6.

Original scientific paper

The Challenges of Teaching English as an International Language

Irena Vodopija-Krstanović

Abstract

This paper is based on qualitative interviews with student-teachers in an MA in TEFL program. The aim of the study is to explore a) how the notion of English as an International Language is conceptualized by the student-teachers, and b) what implications EIL has on classroom practice. With the spread of English, EIL has become a new paradigm for research and practice, which has sparked much debate about the 'monocultural/monolingual' native English speaker ideal in ELT. Today, the English language is taught primarily by non-native speakers to non-native speakers; however, it seems that EIL has had little implication on ELT in Europe. In line with this view, findings in this study suggest that there is a wide gap between EIL at the theoretical level and its implications in classroom practice. It will be argued that, at present, EIL does not seem to be a viable paradigm for ELT.

Key words: EIL; native speaker; non-native speaker; English language teaching.

1. Introduction

Today, English is probably the most widely spoken and taught language across the world. The new realities in which English is taught and used have fostered linguistic and ideological inquiry into English in the international domain (Jenkins 2007, Kirkpatrick 2007, McKay and Bokhorst-Heng 2008, Seidlhofer 2000) as well as into its pedagogical implications (Canagarajah 1999, Holliday 2005, McKay 2002, Modiano 2009).

The overarching spread of English as an International Language (EIL) has sparked numerous discussions about the status and the changing "ownership of English" (Widdowson 1994: 377) and the native-speaker (NS) linguistic ideal (Jenkins 2007, Seidlhofer 2000). Hence, it has been suggested that English should no longer be exclusively linked with Inner Circle Countries and English speaking cultures (Holliday 2005, Kachru 1992, McKay 2002). It is with this perspective that EIL has been put forward as a new paradigm for research and practice (Sharifian 2009). However, the new paradigm seems to be attracting more attention among (applied) linguists than among language teachers, i.e. in classroom practice and it is evident that EIL has not yet had a significant impact on language teaching (Modiano 2009, Jenkins 2007). In fact, it does not seem to be pedagogically functional in Europe (Modiano 2009).

In line with these debates, the aim of this paper is to gain a deeper understanding into student-teachers' conceptualizations of EIL and the implications of EIL on classroom practice. Given the growing theoretical discussions on the potentials of EIL for language teaching (Modiano 2009, Sharifian 2009), it seemed appropriate to investigate student-teachers' understandings as to whether EIL actually is a viable paradigm for ELT in a higher education context in Croatia. The findings in this study are potentially interesting with respect to the current debates relative to EIL and the future trends in EFL curriculum development.

The paper is structured as follows: Section 2 gives an overview of English language teaching (ELT) and the native-speaker ideal. In section 3, EIL is discussed in the light of the changing realities of English. Section 4 gives a brief overview of the conceptual framework, and Section 5 discusses the aim of the study and the methods used. The data is analysed in section 6. And finally, section 7 closes with the concluding remarks.

2. English language teaching and the native-speaker ideal

For a long time in ELT, the native-speaker has been held up as a model for language (Davies 2003) and language teaching methodology (Holliday 1994, Holliday 2005). This is not surprising given the influence of Chomsky's (1965) characterization of the linguistic competence of the ideal native-speaker and Dell Hyme's (1971) notion of communicative competence exemplified by the contextualized use of language in line with sociolinguistic norms of appropriacy. Clearly, both placed the native-speakers and their cultural norms in the forefront. It would appear that the prestige of the NS from Inner Circle countries (Kachru 1992) has dominated TESOL and standard British and/or American and their cultural aspects have become the benchmark for language learning and teaching.

With the arrival of Communicative Language Teaching (CLT), it is posited that "learners need to engage in meaningful communication to attain communicative fluency and thus become enabled to carry out authentic communication, predominantly in ESL/L2 settings" (Savignon 2005: 632). Hence, the native-speaker linguistic and cultural norms and authenticity relevant for L2 settings became the guiding principles.

However, in recent years the native-speaker model has been increasingly criticized (Jenkins 2000, Kramsch 1998, Seidlhofer 1999, Widdowson 1994) and questions are raised as to whether Inner Circle norms are equally appropriate for non-native learners of English throughout the world. Undoubtedly, English is learned in different contexts for different purposes. Furthermore, the majority of English speakers are in the Expanding and Outer Circles (Kachru 1992) and will not be using English to communicate with NSs in Inner Circle environments. Consequently, there have been a growing number of voices expressing reservations about the way English has been traditionally taught in the world (Alptekin 1999, Holliday 1994, Holliday 2005, McKay 2010).

In brief, the emergence of EIL as a potential framework for ELT has sparked more debates on native-speakerism and has confronted language teacher education and language teaching with new demands (McKay and Bokhorst-Heng 2008, Savignon 2005). This being so, it would be useful to explore the views of future practitioners in different contexts to provide a picture as to whether and how the changing landscape of English can be incorporated into classroom practice.

3. EIL in the light of the changing realities of English

The changing face of English and the implications thereof have sparked interest in the phenomenon from different perspectives: a) English dominance in relation to other languages (e.g. Phillipson 1992, Skunabb-Kangas 2000); b) the status and competencies of non-native English language teachers (NNESTs) across the world (Braine 1999, Braine 2010, Llurda 2006, Medgyes 1994); c) ideological aspects of ELT (Cangarajah 1999, Holliday 2005, Pennycook 1994, Phan 2008); d) cultural aspects of language teaching in the postmodern reality (Kramsch 1993, McKay 2002); and e) English lingua franca and local realities (James 2008, Jenkins 2007, Kachru 1992, Kirkpatrick 2007, Seidlhofer 2000).

With the intersection of the global and local dimensions of English in the postmodern world of blurred boundaries, different terms have emerged to describe and grasp the different aspects of the phenomenon. For example, Global English, World Englishes, Inner/Outer/Expanding Circle English, International English, English as an International Language, English Lingua Franca, and post-geographic Englishes (James 2008, Jenkins 2007, Kachru 1992, Kirkpatrick 2007, Modiano 2001, Seidlhofer 1999, Seidlhofer 2000, Sharifian 2009), to name a few. The terms depict the multifacetedness of English and its varied actualizations across the world. Discussions about these concepts are beyond the scope of this paper; however, for the purpose of this study it might be useful to clarify the distinction between the notions International English (IE) and English as an International Language (EIL), as they are often used interchangeably.

According to Sharifian (2009) and Siedlhofer (2000), EIL and IE differ in that IE implies an international variety of English while EIL "does not refer to a particular variety" (Sharifian 2009: 2). In other words it is English in lingua franca use. Widdowson (1990) explains that language does not travel well and is not distributed as an unchanged franchise throughout the world (as would be the case of IE), but instead, language spreads and is actualized differently in different contexts (e.g. EIL). This distinction between IE and EIL will be later addressed in the data analysis sections.

4. Conceptual framework

The conceptual framework which guides this study is rooted in a) the notion of EIL (Holliday 2005, Jenkins 2007, McKay 2010, Seidlhofer 2000), b) the discourses on native-speakerism and native-speaker ideology (Holliday 2005, Kramsch 1998, Kubota 2002, Mahboob 2005), and c) the interpretive research framework (Patton 2000).

Mention has been made that EIL is understood as the actualization of English in different contexts where it is used as a *lingua franca* primarily by NNS speakers of English (Seidlhofer 2000).

Second, native-speaker discourse underlies conceptualizations of EIL as it is characterized by the belief that the 'native-speaker' represents an ideal figure and NESTs represent a culture which promotes the ideals of (Inner Circle) English and ELT (Holliday 2005). In this sense, the native-speaker is seen as a divisive force in TESOL, which is central to the dominant professional discourses (Kubota 2002).

And third, the basis of qualitative research lies in the interpretative framework. In a postmodern epistemology, the conception of reality is dominated by social construction through interpretation and negotiation and the understanding that "knowledge exists in the relationship between the person and the world" (Kvale and Brinkmann 2009: 53). In other words, human experiences are context bound and the interpretative understanding of human beings explores how they make sense of their reality and the meaning they attach to it.

5. The study

5.1. Aim

The study is based on a series of qualitative interviews with student-teacher's in the MA in TEFL program at Rijeka University. The aim of the study was to explore how the notion of EIL is conceptualized by the student-teachers, and what implications EIL has on classroom practice.

5.2. Method

The qualitative interview used in this study is characterized by a spontaneous generation of questions in a natural flow of interaction guided by the interviewer's agenda (Patton 2002) and is conceptually grounded in the understanding that interview responses are the "products of interpretive practice" whereby knowledge is cooperatively constructed (Holstein and Gubrium 1994: 18).

The interviews were recorded and transcribed verbatim and the analysis was conducted by coding of the salient themes which emerged from the data. All the interviews were conducted in English and the informants were asked for permission to record the interviews.

The sampling was by convenience and the participants were chosen by accessibility and self-selection, i.e. they had volunteered to tell their stories. In qualitative studies, a convenience sample is appropriate because the focus is to glean insights into the perspectives of a particular group of participants and the understandings of a phenomenon within a specific context. It is generally accepted that "[i]n qualitative interview studies, anyone who has anything to teach us is a desirable interviewee" (Weiss 1994: 29).

5.3. Participants

The study reported in this paper was conducted among twenty 5th year students in the MA in TEFL program at the Faculty of Humanities and Social Sciences at Rijeka University. Eighteen of the participants were female and two were male. All the participants had completed their fifth year of studies and had taken the ELT Methodology courses and completed their pre-service training in elementary and secondary schools. Furthermore, they had all taken two courses, English as a Global Language and Cultural Aspects of Language Teaching which examine the concept of EIL from linguistic as well as cultural and pedagogical perspectives, respectively.

6. The findings

The following four themes emerged from the data: a) varied conceptualizations of EIL, b) language learning objectives and the NS model, c) NS ideology in ELT and d) the EIL model and ELT.

The main findings can be summarized briefly as follows: First, the student-teachers are familiar with the notion of EIL; however, they have different understandings as to what EIL actually is. Second, it is important to bear in mind the purpose why English is learned and the context of learning. In other words, while the NS ideal may not be relevant or appropriate for some learners, it might be a desirable goal for EFL teachers. Third, the NS is pervasive in ELT and it is unlikely that EIL is a viable alternative. And finally, doubts are expressed as to whether there exists an EIL language model which could be used as a framework for language teaching.

Let us now examine each of the themes in more detail.

6.1. Conceptualizations of EIL

From the data it appears that one of the first challenges relative to EIL is the conceptualization of the notion itself. When the interviewees were asked to explain their understanding of EIL, it became apparent that there was no general consensus on a single definition of the term.

In the following extracts, a student-teacher, after some hesitation, describes EIL as American English used in international contexts while another defines EIL as a blend of British and American English.

> "What is EIL I … intuitively I know, we have heard of it, but If I try to explain it… I don't know. Is it more like American English that is used everywhere?" (Interview extract)

> "It is an international English that has spread and that everyone understands. In some places it sounds more like British English and in some more like American English… the variety that we are familiar with… maybe it's a mixture of British and American … Yeah like the English students speak… we are taught British but speak American because of the TV and everything … it's a bit of both" (Interview extract)

It is evident that EIL is a vague concept which is identified either as American English or a mixed-breed variety of British and American. Hence, EIL is a replica of a standard native-speaker variety in international use. As the majority of student-teachers are most familiar with American English, they see EIL as American English "distributed" (see Widdowson 1990) to different contexts around the world. It is not surprising that the student-teachers equate EIL and IE as (mis)interpretations surrounding the notions, and by implication EIL are common, and as already mentioned (Modiano 2009, Seidlhofer 2000, Widdowson 1990).

6.2. Language learning objectives and the NS model

It has been suggested that EIL is a more realistic model for learners and that it would be appropriate not to treat the NS model as the pronunciation norm (Jenkins 2007, Matsuda 2005, McKay 2002). However, it should be borne in mind that prospective EFL teachers might indeed want to sound native-like. This is probably due to the fact that, in most contexts, native-like proficiency is greatly admired in ELT professionals and negative bias exists against foreign-sounding speech (Dalton-Puffer et al. 1997, Jenkins 2007, Mahboob 2005). Despite claims that NNS pronunciation may be more realistic, attitudes about what is appropriate or desirable have a significant impact on language learning. Clearly, attitudes are closely linked to social expectations.

In line with this view, a student-teacher states her beliefs that all language teachers should attempt to achieve native-like pronunciation, and not merely an approximation of the ideal.

> Interviewer: "What do you mean by appropriate pronunciation?"
>
> Student-teacher: "We need to sound native-like. It's different ... for computer science students, history students and an English student. They have a different profession and just need English for their work. For us English is our profession and the closer we are to the native-speaker the better we are. Nobody wants a teacher who sounds like she picked up English somewhere in the street. I remember we had an old professor who had a Croatian accent and she sounded terrible. Maybe it was ok then, but today with the Internet, television ... and I don't want to learn from such a teacher who doesn't know English. If I can choose a teacher I will always choose the ones who remind me of native-speakers". (Interview extract)
>
> Student-teacher: "What is all this about not sounding like a NS and speaking some sort of pigeon English. English is my profession and I should know it. I will graduate from the English Department and everyone expects me to be excellent... We need to be more than just be understood. Maybe a tourist guide from FTHM [Faculty of Tourism and Hospitality Management] doesn't need much more... but we do". (Interview extract)

From the extracts it would appear that the student-teachers strive toward native-like proficiency and the NS model is their goal. This is not surprising as socially received expectations motivate prospective English teachers to meet professional expectations. In other words, there are particular views about the characteristics of a good EFL teacher and speaking 'second best English' is not one of them. In their opinion, NNESTs need to become native-like in English to be effective in the workplace.

6.3. Native-speaker ideology and ELT

Mention has been made that the native-speaker is an iconic figure held up as the language model in ELT (Holliday 2005). In a complementary vein, the NEST also holds high currency in most institutions across the world (Braine 1999,

Braine 2010, Llurda 2006). When the student-teachers were asked to express their views on NESTs, the majority corroborated the widespread belief that the NS is indeed the ideal, as can be seen in the extracts:

> "We need native-speakers at our institution. I heard that in the past there used to be many at the department. It's different when you speak to them because they know the language perfectly". (Interview extract)
>
> "The native-speakers are different when they talk to us it's like there is something in the air... it's the real thing." (Interview extract)

It appears that the NS is embedded in English language teaching and learning, and, at present, it would be difficult to postulate a viable alternative to the ideal.

6.4. EIL as a tentative model for ELT

A justifiable argument often voiced is that traditional approaches to ELT focus on the NS model and thus foster prescriptivism and undermine the sociolinguistic realities of English today (Modiano 2009). However, if the NS model is not appropriate, then a justifiable question is: what is the alternative?

Projects have been undertaken to establish corpora of spoken English as a lingua franca in Europe and Asia (e.g. VOICE, Vienna Oxford International Corpus of English by Seidlhofer and ACE, Asian Corpus of English by Kirkpatrick). The goal is to describe the distinctive linguistic features of English lingua franca in the respective regions. While it has been suggested that the project is significant for language learning, it is yet to be determined how relevant the corpora are for language classrooms. Indeed, one of the main arguments against EIL (English in lingua franca use) is that it does not offer a model for ELT, as the following extract indicates.

> Interviewer: "Is EIL a challenge for EFL teachers?"
>
> Student-teacher: "We cannot teach EIL as a language. Maybe we could listen to different varieties... different speakers but we need a grammar and we need tests and we need instructions about how to include EIL and what to include. Are we supposed to say that everything the learner says or writes is OK because it's EIL?" (Interview extract)

From the extract it would seem that it is difficult to conceptualize EIL as the appropriate model for ELT. This is not surprising as a) English courses at the University are closely modelled on NS norms, and b) at present, an EIL model does not seem to be available. While it has been stated that both VOICE and ACE have identified distinctive features of uses of English in Europe and Asia, direct objections to these views were raised by James (2008) who states that the new

Englishes used as lingua francas are only spoken varieties which have no distinct endonormative features. If this is the case, then it is unlikely that they can (or will) serve as a model for ELT. The existence of such varieties would, undoubtedly, pose serious problems for ELT practice (James 2008).

7. Concluding remarks

After considering the internationality of English and the theoretical aspects of EIL in the light of the findings in this study, it seems doubtful that, in this particular context, EIL is considered a viable paradigm for ELT. While the theoretical aspect of EIL seems to offer a new angle on the English language closely in tune with the postmodern realities where it is used, the practical dimension of EIL, nevertheless, seems to be more of an elusive notion than a reality. It would appear that in our particular context, the NS is perceived as the ideal and EIL as an inadequate version of standard English, at best. Furthermore, if the new Englishes used as lingua francas (EIL included) have not shown "any consistent and regular defining features" but are "aberrations [...] relative to written norms (James 2008: 99) and have no "structural regularities" (James 2008: 100), then they cannot serve as a model for language teaching. In closing, it seems fair to state that at present EIL does not seem to be perceived as a language variety model, which makes it challenging for EFL teachers to incorporate it in the EFL classroom.

References

Alptekin, Cen (1999). Towards intercultural communicative competence in ELT. *ELTJ* 56.1: 57-64.

Braine, George (1999). *Non-native Educators in English Language Teaching.* Mahwah, NJ: Erlbaum.

Braine, George (2010). *Nonnative Speaker English Teachers: Research, Pedagogy and Professional Growth.* NY: Routledge.

Canagarajah Suresh (1999). *Resisting Linguistic Imperialism in English Teaching.* Oxford: OUP.

Chomsky Noam (1965). *Aspects of the Theory of Syntax.* Cambridge, MA: MIT Press.

Dalton-Puffer, Christiane, Gunther Kaltenboeck, Ute Smit (1997). Learner attitudes and L2 pronunciation in Austria. *World Englishes* 16.1: 115-128.

Davies, Alan (2003). *The Native Speaker: Myth and Reality.* Clevedon: Multilingual Matters.

Holliday, Adrian (1994). *Appropriate Methodology in Social Context.* Cambridge: CUP.

Holliday, Adrian (2005). *The Struggle to Teaching English as an International Language.* Cambridge: CUP.

Holstein, A. James, F. Jaber, F. Gubrium (1994). *The Interactive Interview*. Thousand Oaks: Sage.

Hymes, Dell (1971). Competence and performance in linguistic theory. Huxley, Renira, Elisabeth Ingram, eds. *Language Acquisition: Models and Methods*. London: Academic Press.

James, Allan (2008). New Englishes as post-geographic Englishes in lingua franca use. *European Journal of English Studies* 12.1: 97-112.

Jenkins, Jennifer (2000). *The Phonology of English as an International Language*. Oxford: OUP.

Jenkins, Jennifer (2007). *English as a Lingua Franca: Attitude and Identity*. Oxford: OUP.

Kachru, B. Braj, ed. (1992). *The Other Tongue: English Across Cultures* (2nd edition). Urbana: University of Illinois Press.

Kirkpatrick, Andrew (2007). *World Englishes*. Cambridge: CUP.

Kramsch, Claire (1993). *Context and Culture in Language Teaching*. Oxford: OUP.

Kramsch, Claire (1998). The privilege of the intercultural speaker. Byram, Michael, Michael Fleming, eds. *Language Learning in Intercultural Perspective*. Cambridge: CUP, 3-56.

Kubota, Ryuko (2002). (Un)raveling racism in a nice field like TESOL. *TESOL Quarterly* 36.1: 84-92.

Kvale, Steinar, Svend Brinkmann (2009). *Interviews: Learning the Craft of Qualitative Research Interviewing*. Thousand Oaks: Sage.

Llurda, Enric, ed. (2006). *Non-Native Language Teachers: Perceptions, Challenges and Contributions to the Profession*. NY: Springer.

Matsuda, Aya (2005). Preparing future users of EIL. Burns, Anne, ed. *Teaching English From a Global Perspective*. Virginia: TESOL.

McKay, Sandra Lee (2002). *Teaching English as an International Language: Rethinking Goals and Approaches*. Oxford: OUP.

McKay, Sandra Lee (2010). English as an International Language. Hornberger, Nancy, Sandra Lee McKay, eds. *Sociolinguistics and Language Education*. Bristol: Multilingual Matters 89-115.

McKay, Sandra Lee, Wendy D. Bokhorst-Heng (2008). *International English in Its Sociolinguistic Context*. NY: Routledge.

Mahboob, A. (2005). Beyond the native speaker in TESOL. Zafar, S., ed. *Culture, Context, & Communication*. Abu Dhabi: Center of Excellence for Applied Research and Training & The Military Language Institute, 60-93.

Medgyes, Peter (1994). *The Non-native Teacher*. Hong Kong: McMillan.

Modiano, Marko (2009). EIL, Native-speakerism and the failure of European ELT. Sharifian, Farzad, ed. *English as an International Language: Perspectives and Pedagogical Issues*. Bristol: Multilingual Matters, 58-77.

Patton, Michael Quinn (2002). *Qualitative Research and Evaluation Methods* (3rd Edition). Thousand Oaks: Sage.

Pennycook Alastair (1994). *The Cultural Politics of English as an International Language*. London: Longman.

Phan, Le Ha (2008). *Teaching English as an International Language: Identity, Resistance and Negotiation*. Bristol. Multilingual Matters.

Phillipson, Robert (1992). *Linguistic Imperialism*. Oxford: OUP.

Savignon, Sandra (2005). Communicative language teaching. Hinkel, Eli, ed. *Handbook of Research in Second Language Teaching and Learning*. Mahwah, NJ: Lawrence Erlbaum, 635-651.

Seidlhofer, Barbara (1999). Double standards: teacher education in the expanding circle. *World Englishes* 18.2: 233-245.

Seidlhofer, Barbara (2000). English as a mother tongue vs. English as a lingua franca. *VIEWS* 9.1: 51-68. <http://www.univie.ac.at/Anglistik/ang_new/online_papers/views/VIEW00_-1.pdf>, 8.10.2008.

Sharifian, Farzad, ed. (2009). *English as an International Language: Perspectives and Pedagogical Issues*. Bristol: Multilingual Matters.

Skutnabb-Kangas, Tove (2000). Linguistic human rights and teachers of English. Hall, Joan, Kelly Hall, William Eggington, eds. *The Sociopolitics of English Language Education*, Clevedon: Multilingual Matters, 22-44.

Weiss, S. Robert (1994). *Learning from Strangers: The Art of Qualitative Interview Studies*. NY: The Free Press.

Widdowson, Henry (1994). The ownership of English. *TESOL Quarterly* 28.2, 377-389.

Widdowson, Henry (1990). *Aspects of Language Teaching*. Oxford: OUP.

Original scientific paper

Global English on Language Mode Continuum

Kristina Cergol Kovačević

Abstract

A new type of language speaker has emerged over the past few decades, namely the speaker of English as the language of globalisation or Global English. Such a speaker has a mother tongue different from English, is not bilingual, learns English as a foreign language but uses it intensively in some aspect of their life, mostly for educational or occupational purposes and possibly pastime. English is not the official language of their environment. A psycholinguistic investigation of language processing in such a speaker seems necessary for future research dealing with this (growing) group of speakers. In this study, lexical decision task has been used to study visual lexical access in Croatian speakers of Global English in three language modes: Croatian, English, and mixed. Language mode has been defined as the state of activation of languages and language processing mechanisms in a bilingual speaker at any given point in time (Grosjean 2008). The results of this research are portrayed in form of two Global English language mode continua and compared to the bilingual language mode continuum as a type of an ideal. The difference between the language mode continuum of a bilingual and a speaker of Global English are discussed.

Key words: Global English (GE); Croatian; GE language mode continua; visual lexical decision task.

1. Introduction

Along with the growing influence of the English language, a number of subdivisions of its users develop. These subdivisions vary, depending on the frequency of use, function (aspect of one's life in which they use English), proficiency, age and manner of acquisition of L2, etc. This study focuses on a proficient group of speakers using English in their everyday lives, mainly for the purpose of education as well as in their free time. A subgroup of English speakers very similar to the one investigated in this research is the group of non-native speakers of English who use it on a daily basis, at their workplace. Due to the regular language maintenance and high proficiency in the L2 required in order for one to function in the mentioned aspects of their life (education, work), the speakers of Global English (GE), as they are referred to in this paper, present an ever-growing, intriguing group of language users whose language processing should be investigated as such speakers present a certain line of development in the future of English language usage. The speakers' language processing will be investigated in three different language modes in which they find themselves on a daily basis: English, Croatian and mixed. The results of the research will be portrayed in form of a language mode continuum and compared to Grosjean's (1998) bilingual language mode continuum. The language mode continuum represents a theoretical framework used for the description of bilingual language processing. In this paper its boundaries will be widened so that the processing of GE speakers may be accommodated. In such a way, a cross-section between the description of bilinguals and speakers of GE will be outlined in order to establish the speakers of GE as a unique group of English language speakers in terms of their language processing. On the basis of a psycholinguistic experiment, the description of the processing of GE will be laid out and compared to bilingual language processing which will be used as a starting point for data analysis and interpretation.

2. Theoretical background

2.1. Who are speakers of Global English?

In this paper speakers of GE are presented as a separate group of speakers who do not fit into any of the existing main definitions of English language speakers: speakers of English as a foreign language, speakers of English as a second language, and bilinguals. In terms of sociolinguistic circumstances, none of the main groups of speakers can accommodate fully the elements which comprise the group of GE speakers. Speakers of English as a foreign language (EFL) learn it at school and do not use it in their environment (Jelaska 2005). Speakers of English as a second language (ESL) acquire and use it in their environment (ibid). According to the widely accepted Grosjean's functional definition of bilinguals (BILING), they are speakers who use both languages regularly and actively in their everyday lives (1994).[1] Speakers of GE do not acquire English, they learn it at school (like EFL), but they also use it in their environment (like ESL) as their GE use is connected to a particular aspect of their lives where the non-mother tongue is used actively and on a regular basis – at work, for education (like BILING). The cross-section between the three existing definitions of English language speakers merging in the definition of GE speakers as well as the insufficiency of any of the three definitions to fully describe the GE speakers is apparent.

1 Grosjean specifically states that he does not consider those speakers who learn their second non-mother tongue at school to be bilinguals (1982: viii).

2.2. *Language mode and language mode continuum*

At any given point during language use, the state of activation of the speaker's languages and language processing mechanisms can vary. This state of language activation has been called the *language mode* (Grosjean 1998: 136). Due to the fact that the activation of the two languages varies, it has been represented as a continuum (Graph 1). On one end of the continuum, the monolingual mode is represented, while the bilingual mode is on the other end. In the monolingual mode, only one language of the bilingual is active, while the other one is only slightly active. In the bilingual mode both languages are active. However, as one usually produces or perceives just one language at a time, that language is always more active than the other one. It is called the *base language*. The other language is called the *guest language*.

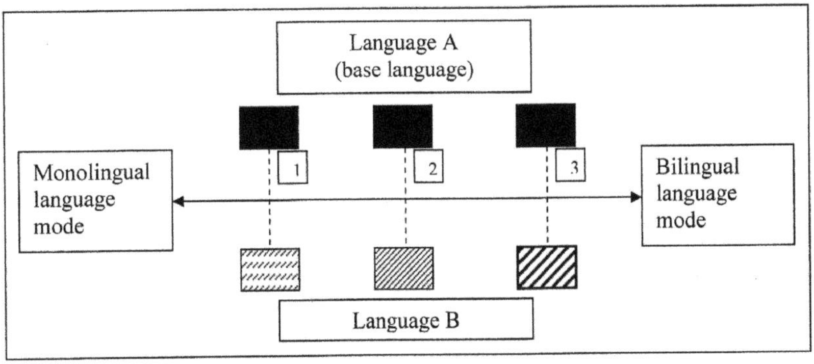

Graph 1: *The bilingual language mode continuum. The level of activation is represented by the degree of darkness of the square (Grosjean 1998: 136).*

Depending on the activation of one or another language of the speaker, three main language modes can be differentiated in Croatian speakers of GE: *the monolingual Croatian mode, the monolingual English mode*, and *the bilingual (mixed) mode*[2].

Different mode activation is reflected in the reaction times (RT) to the stimulus in the target language. RTs are faster if the language of the stimulus is activated and expected (Cheng & Howard 2008). In experimental psycholinguistic research different language modes can be achieved in speakers by using

2 In between the three, there are various intermediate modes (the middle one is represented on the graph with number 2). In this paper intermediary modes are not dealt with.

monolingual or mixed stimulus.[3] In perception, linguistic limitations are set to the current language of processing according to which phonological, morphological, syntactic and semantic structures of the expected language can only occur in the stimulus (Horga 1996: 21). In case of change in the language of the stimulus, the recognition threshold for the target stimulus is raised and is reflected in longer reaction times to the stimulus. This is called the *language switch cost*.

The proposition of this paper is that the speakers' positioning on the language mode continuum can be measured at any given point in the course of language processing. It can be measured by participants' performance (measured in milliseconds) on the lexical decision task[4] in three language modes: monolingual Croatian, monolingual English and mixed. Measuring speakers' position on the language mode continuum when different language modes are activated can provide information on the difference in language processing of speakers of GE as opposed to bilinguals. In other words, GE processing can be positioned on the language mode continuum.

3. Methodology

3.1. Research aim and hypotheses

The aim of the research was to establish any existing differences in the processing of GE in comparison with the processing of the English language in bilinguals, and to situate the activation of GE on the language mode continuum. The effect of different language modes on the erroneous answers in the experiment was examined as well. Three hypotheses were posed:

1) The RTs to the Croatian stimulus presented in the monolingual language mode will be shorter than the RTs to the same stimulus in the bilingual mode.
2) The RTs to the English stimulus presented in the monolingual mode will not differ significantly from the RTs to the same stimulus presented in the bilingual mode.

3 However, see Grosjean (1998) for more factors which need to be controlled for the purpose of achieving different language modes.

4 In the visual lexical decision task (LDT) participants are presented with words and nonwords in one or, in case of the generalized LDT, both languages. Their task is to react as quickly as possible to answer if the letter string they see is an existing word in their language(s) or not. The dependent variable is the reaction time (RT). The RT is inversely proportional to the activation of the information a certain letter string carries; the greater the activation, the faster the response (Haberlandt 1994: 15).

3) More erroneous answers will be produced in the bilingual than in the monolingual mode.

3.2. Participants

There were 64 native speakers of Croatian and speakers of GE participating in the research. The participants were between 20 and 25 years of age (M = 22.33; sd = 1.070). They had all started learning English by puberty (ages 4–11), thus fitting into the period of greater brain plasticity the consequence of which is L2 acquisition ease (Johnson and Newport 1989). They have all reported normal to corrected vision. They have been tested with Oxford Placement Test (Allan 2004) to check whether they were proficient speakers of English (levels C1 and C2 according to the CEF for languages) at the time they took part in the experiment. This was important as proficiency is considered to be one of the characteristics of GE speakers (due to the challenging and regular use).

3.3. Task

The participants carried out a visual lexical decision task (LDT) in which they were presented with Croatian and English words and pseudowords[5] and were asked to react as quickly as possible to answer whether the letter string offered was an existing word in one of their languages or not. The reaction times in milliseconds were measured. They carried out two monolingual LDTs and a generalized one. In the monolingual LDTs, the stimulus was presented in one language only (either Croatian or English), which was the language of the activated mode. In the generalized LDT the stimulus was presented in both languages, which came up on screen in random order. E-Prime psychological software tool was used to present the experiment and measure the reaction times (Schneider, Eschman and Zuccolotto 2002).

The stimulus consisted of 24 English words, 24 Croatian words and a matching number of pseudowords in each language. It was designed with respect to the factors which have been found to influence reaction times in order to ensure a balanced processing difficulty for each stimulus item. The factors controlled were word length, frequency, orthographic and phonological neighbourhoods[6], and part of speech (only nouns were used). Language-specific ortho-

5 Pseudowords are pronounceable letter strings designed to follow the phonotactic rules of a language but with no meaning attached (Erdeljac 2009: 333).

6 Orthographic neighbourhood of a word comprises all words which can be generated by replacing only one letter of the target word and at the same time keeping the position of the other letters constant (Grainger, O'Regan, Jacobs and Segui 1989). By analogy, pho-

graphic cues were avoided in the stimulus so as to avoid possible directing of processing to one or another language of the speaker on the basis of the within-language cues. Pseudowords were designed by replacing the original phoneme of the existing words used for the stimulus with a phoneme differing from the original one in four distinctive features.

The participants were seated at computers separated by booths to ensure the undisturbed completion of the experiment. Upon the presentation of each stimulus, the participants responded by pressing the specified key on the keyboard using the index and middle fingers of their right hand if they were right-handed or their left hand if left-handed. Half of the participants were instructed to press key "1" for word and "2" for pseudoword, and the other half used the opposite keys: "1" for pseudoword and "2" for word. The order of the language mode conditions was crossed as well so as to ensure that all conditions were equally represented.

4. Results and interpretation

4.1. Hypothesis 1 and 2 – results

In the statistical analysis t-test and Wilcoxon test were used depending on whether the data collected followed normal distribution or not. The first hypothesis has been confirmed as there was a statistically significant difference found in reaction times (RT) to the Croatian stimulus between the monolingual and mixed (bilingual) language mode conditions ($Z = -2.896$; $Sig. = 0.004$). Out of the total of 64 participants 41 have achieved slower reaction times to the Croatian stimulus in the bilingual mode ($M_{rank} = 35.93$; $\Sigma_{rank} = 1473.00$). Such results were expected due to the time it takes to switch between the languages in the bilingual mode as well as the greater cognitive effort one needs to invest in the processing of two languages.

The second hypothesis has been confirmed as well. There was no statistically significant difference found in RTs to the English stimulus in the monolingual and bilingual modes ($Z = 0.274$; $Sig. = 0.784$). The difference in the processing of GE and Croatian in the two language modes needs to be stressed: while there was a difference between RTs to Croatian in the two languages mode conditions (hypothesis 1), such difference was not found in RTs to the English stimulus (hypothesis 2).

nological neighbourhood of a word comprises all words which can be generated by replacing only one phoneme of the target word and at the same time keeping the position of the other phonemes constant.

4.2. Hypothesis 1 and 2 – interpretation of results

In their often cited study, Grainger and Beauvillain (1987) compared the RTs of the English-French speakers who performed a lexical decision task to the stimulus presented in monolingual and bilingual (mixed) lists (experiment 1 in their study). The hypothesis was the following: should bilingual speakers be slower to process the stimulus from the bilingual lists than the monolingual lists, this would mean that only one language was active in the monolingual condition. The prolonged RTs to the stimulus presented in the bilingual lists result from the activation of the temporarily inactive language. In other words, in the bilingual condition, while language A was being processed (the base language in Grosjean's bilingual language mode continuum), language B was temporarily inactive. There was a time cost in RT each time language B got activated (the switch cost). The results of the first hypothesis in the present research corroborate Grainger and Beuvillain's findings. However, their findings do not account for the results of the second hypothesis showing no significant difference in the processing of GE between the modes. An alternative explanation should be found, which would take into account the profile of the test subjects, namely speakers of GE as opposed to the bilingual speakers Grainger and Beauvillain as well as Grosjean dealt with.

4.3. GE activation does not "move" much along the language continuum

In bilingual processing it has been shown that while switching languages in the bilingual mode, it is more difficult to (re)activate the more proficient language of the speakers whose knowledge of their two languages is not balanced in proficiency (Meuter and Allport 1999). This is due to the fact that it takes more cognitive effort to suppress the mother tongue during the processing of the less proficient language. The authors conclude that on a switch trial, the negative priming of the L1 elements in the mental lexicon persists from the previous trial and causes slower RTs to the L1 stimuli. The results of the first two hypotheses of this research support that notion. While the processing of the Croatian language in the bilingual mode was significantly slower than the processing of the same stimulus in the monolingual condition, the results of the second hypothesis have shown that the activation of the less proficient GE does not differ significantly in the two modes. Moreover, such results suggest that GE activation does not "move" much along the language continuum as it does not change significantly in the two modes.

In Graphs 2 and 3 the data based on the RT measurements are represented. As language activation differs depending on whether the language of processing is GE or Croatian, the data is represented in two separate graphs, one representing GE as the language of processing or the base language (Graph 2), and the other one in which the base language is Croatian (Graph 3).

According to the research results, when the base language GE is activated (Graph 2), Croatian has to be suppressed (although never fully). This could be seen in the language switch condition where it took more time to activate the mother tongue as opposed to its activation in the monolingual condition. The activation of the English language did not differ significantly in the two modes. Moreover, one may suppose that when English is active in the monolingual condition, Croatian has to be as suppressed as in the bilingual condition. On the graph the level of activation is represented by the degree of darkness of the square.

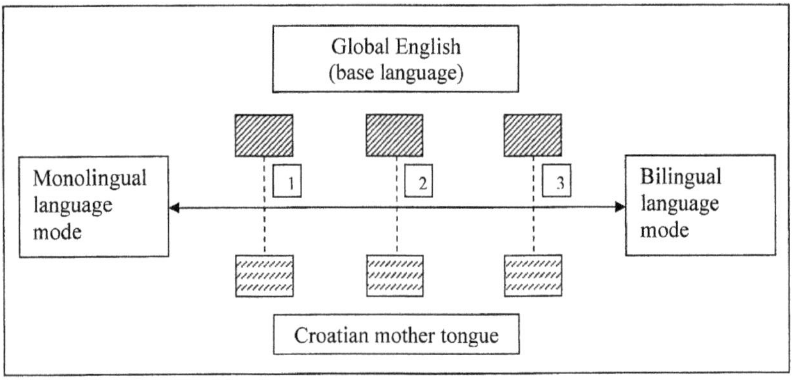

Graph 2: GE language mode continuum with English as the language of processing. The level of activation is represented by the degree of darkness of the square.

When Croatian is the base language (Graph 3), it is fully activated in the monolingual language mode. On the bilingual end, Croatian is highly active when it is the base language, but never as active as in the monolingual mode. At the same time, English is very active as well as it is prepared for the moment of language switch when it will become the base language. It is almost as active as in the monolingual English mode, when English is the base language (compare with Graph 2).

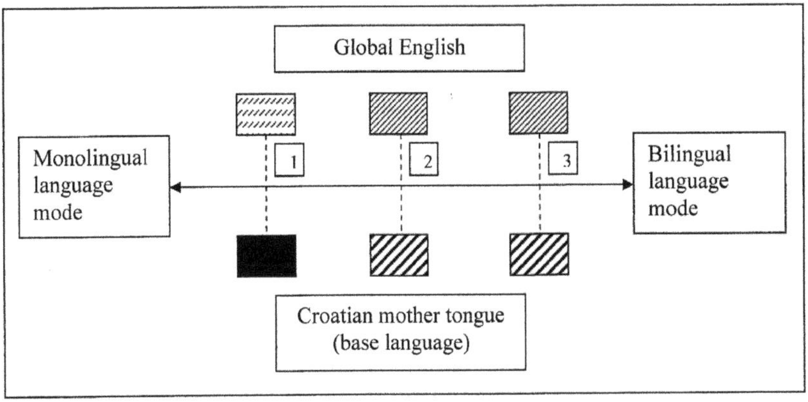

Graph 3: *GE language mode continuum with Croatian as the language of processing. The level of activation is represented by the degree of darkness of the square.*

Whether it is possible to deactivate GE fully when functioning in Croatian monolingual mode remains to be examined. In fact, Dijkstra and Van Hell's (2003) research of cognate processing in trilingual speakers has shown that it is impossible to deactivate a language a speaker knows and it may be speculated that the same stands for the speakers of GE. However, that is the question for the further research.

4.4. Language mode and RTs to words and pseudowords

More specifically, the effect of the language mode condition on RTs to words and pseudowords was examined. No significant difference was found in RTs to Croatian words ($t = 1.754$; Sig. = 0.084) between the monolingual and bilingual language modes. However, 45 out of 64 participants have achieved faster RTs to pseudowords presented in the monolingual stimulus than the ones presented in the bilingual stimulus ($M_{rank} = 33.16$; $\Sigma_{rank} = 1492.00$). RTs to the English words did not differ significantly between the modes ($Z = -0.502$; Sig. = 0.616) and there was no significant difference found in RTs to the English pseudowords in the two conditions ($Z = -0.655$; Sig. = 0.512). Thus, it can be concluded that the difference found in RTs to Croatian stimulus stems mostly from the lower reaction times to Croatian pseudowords. Grainger and Dijkstra (1992) suggest that speakers who speak two languages are slow at processing the linguistic information of the languages which share the same alphabet (as English and Croatian do)[7] as it is difficult for such speakers to distinguish which language the information belongs to. The authors find language decision to be the precondition for the reaction to the stimulus. As opposed to pseudowords, existing words have a lexical entry in the mental lexicon. This, together with the semantic information the words carry, helps speed up directing language processing to the appropriate (Croatian) elements of the mental lexicon and consequently renders faster RTs to such stimuli. In case of pseudowords, elements of both languages have to be searched in the bilingual mode in order for the pseudoword to be rejected as there is nothing to direct the processing to the elements of one or another language. This slows down the lexical decision process.

The same effect was not found in RTs to the English stimulus. This again can be explained with the similar level of activation of English in the monolingual and bilingual modes, making it easier and therefore faster to make a language decision in favour of the English language (which is a precondition for a lexical decision), thereby conditioning no difference in RTs to English pseudowords in either condition.

4.5. Hypothesis 3 – error analysis results and interpretation

Statistical methods used for the analysis of RTs of erroneous answers were t-test Independent samples (in case of the normal distribution of data) and Mann-Whitney test (when the data did not follow the normal distribution). Kolmogorov-Smirnov test was used to establish the normality of data distribution. Mean (M) and median (m) of the groups were calculated accordingly. In responses to the Croatian stimulus there were 42 erroneous answers ($m = 578.50$) in the bilingual mode (26 in words and 16 in pseudowords) and 49 mistakes ($M = 576.91$; $sd = 175.70$) in the monolingual mode (32 in words and 17 in pseudowords). In responses to the English stimulus there were 76 mistakes made while answering the English stimulus in the bilingual mode ($m = 625.50$) (24 in words and 52 in pseudowords) and 66 mistakes in the monolingual mode ($m = 697.00$) (17 in words and 49 in pseudowords).

There were no statistically significant differences found in RTs to the erroneous answers between the monolingual and bilingual modes for any of the stimulus categories: English stimulus ($Z = -1.708$; Sig. = 0.088), Croatian stimulus ($Z = -0.764$; Sig. = 0.445), English pseudowords ($Z = -1.230$; Sig. = 0.219), English words ($t = -1.211$; Sig. = 0.233), Croatian pseudowords ($t = -0.188$; Sig. = 0.852), and Croatian words ($Z = -1.892$; Sig. = 0.058). While there was no dif-

7 Words with language-specific letters (q, w, x, y for English and č, ć, đ, dž, lj, nj, š, ž for Croatian) were not included in the stimulus.

ference found in RTs of the erroneous answers to Croatian pseudowords, in the category of Croatian words there was a tendency according to which RTs in the monolingual mode were faster than the RTs to the same Croatian words in the bilingual mode ($M_{rank} = 25.72$; $\Sigma_{rank} = 823.00$). This was expected as Croatian needed to be suppressed in the bilingual mode. Croatian words are quicker to process than Croatian pseudowords and other stimulus types in the present experiment. This is true especially in the Croatian monolingual mode where processing is the fastest. This is why the RTs to Croatian words differ greatly between the monolingual and bilingual mode conditions. The opposite pattern was found in RTs to correct answers where RTs to pseudowords were significantly faster in the monolingual mode while there was no difference in RTs to Croatian words.

The third hypothesis was confirmed for the processing of the English language as there were more mistakes made in the bilingual condition than in the monolingual one. This was expected as more cognitive effort is required in the processing of two languages as opposed to only one. However, the opposite was true for Croatian as participants made more mistakes in the monolingual mode than in the bilingual one. This can be interpreted in terms of certain carelessness when dealing with the more proficient language and be referred to as the *proficiency carelessness effect*. This interpretation is supported by the fact that there were more mistakes made in Croatian words than pseudowords. It seems that the more proficient the language and the more familiar the stimulus, the more mistakes there are as participants become less careful in performing the task. The opposite was true for GE: more mistakes were made in the pseudoword group of stimuli than in the word group.

5. Conclusion

This paper presents the results of a research carried out with Croatian speakers of Global English (GE). In terms of sociolinguistic circumstances, GE is learned at school and used regularly at a proficient level in speakers' everyday lives, mostly for the purpose of education/work and possibly in their free time. In terms of psycholinguistic description of their language processing they can be said to function in three language modes: monolingual Croatian, monolingual GE and bilingual (mixed), depending on the activation level of their two languages at a particular point in language processing. While their GE activation does not "move" much along the GE language continuum and is similar in the monolingual and bilingual language modes, activation of their mother tongue Croatian differs significantly between the modes. It is greater in the monolingual than the bilingual Croatian mode. The results of the research have been represented in form of two language mode continua, one with GE and the other with Croatian as the language of processing. Finally, the effect of language proficiency and item (stimulus) familiarity has been shown to hinder performance on LDT.

References

Allan, Dave (2004). *Oxford Placement Test 2.* Oxford: Oxford University Press.

Cheng, Yu-Lin, David Howard (2008). The time cost of mixed-language processing: an investigation. *International Journal of Bilingualism* 12.3: 209-222.

Dijkstra, Ton, Janet G. Van Hell (2003). Testing the Language Mode Hypothesis Using Trilinguals. *International Journal of Bilingual Education and Bilingualism* 6.1: 2-16.

Erdeljac, Vlasta (2009). *Mentalni leksikon: modeli i činjenice.* Zagreb: Ibis grafika.

Grainger, Jonathan, Cécile Beauvillain (1987). Language blocking and lexical access in bilinguals. *The Quarterly Journal of Experimental Psychology* 39A: 295-319.

Grainger, Jonathan, J. Kevin O'Regan, Arthur M. Jacobs, Juan Segui (1989). On the role of competing word units in visual word recognition: The neighborhood frequency effect. *Perception & Psychophysics* 45.3: 189-195.

Grainger, Jonathan, Ton Dijkstra (1992). On the Representation and Use of Language Information in Bilinguals. Harris, Richard Jackson, ed. *Advances in Psychology 83: Cognitive Processing in Bilinguals.* Amsterdam: North Holland, 207-220.

Grosjean, François (1992). *Life with Two Languages: An Introduction to Bilingualism.* Cambridge, Massachusetts: Harvard University Press.

Grosjean, François (1994). Individual Bilingualism. reprint in: Lengyel, Zsolt, Judit Navracsics, Orsolya Simon, eds. (1997). *Applied linguistic Studies in Central Europe.* Vol I. Veszprém: Faculty of Foreign Langugaes, University of Veszprém, 103-113.

Grosjean, François (1998). Studying bilinguals: methodological and conceptual issues. *Bilingualism: Language and Cognition* 1: 131-149.

Grosjean, François (2008). *Studying Bilinguals.* Oxford: Oxford University Press.

Haberlandt, Karl (1994). Methods in Reading Research. Gernsbacher, Morton Ann, ed. *Handbook of Psycholinguistics.* San Diego, California: Academic Press, 1-31.

Horga, Damir (1996). *Obrada fonetskih obavijesti.* Zagreb: Znanstvena biblioteka Hrvatskog filološkog društva.

Jelaska, Zrinka (2005). Materinski, drugi, strani i ostali jezici. Jelaska, Zrinka, Vlatka Blagus, Marija Bošnjak, Lidija Cvikić, Gordana Hržica, Igor Kusin, Jasna Novak-Milić, Nives Opačić, eds. *Hrvatski kao drugi i strani jezik.* Zagreb: Hrvatska sveučilišna naklada, 24-37.

Johnson, Jacqueline S., Elissa L. Newport (1989). Critical Period Effects in Second Language Learning: The Influence of Maturational State on the Acquisition of English as a Second Language. *Cognitive Psychology* 21: 60-99.

Meuter, Renata F. I., Alan Allport (1999). Bilingual Language Switching in Naming: Asymmetrical Costs of Language Selection. *Journal of Memory and Language* 40: 25-40.

Schneider, Walter, Amy Eschman, Anthony Zuccolotto (2002). *E-Prime User's Guide*. Pittsburgh: Psychology Software Tools, Inc.

Original scientific paper

Specialized communication and culture, practice, competence and knowledge: Implications and derived insights

Jan Engberg

Summary

The focus of this paper is on four recent developments in the study of specialized communication based on methods and theories from applied linguistics. After a brief presentation of the main characteristics of traditional approaches to studies of specialized language and communication, the main trends of development are presented (enlarging the scope, including criticism, awareness of cognitive aspects, application of mixed methods). Four lines of development are described, each focusing on a different perspective of specialized communication: 1) the perspective of culture, 2) the perspective of social practice, 3) the perspective of (cognitive) competence, and 4) the perspective of knowledge. The differences between the perspectives are demonstrated by way of comparing models typically used in works in the different categories.

Keywords: specialized language; specialized communication; scope enlarging; criticism inclusion; cognitive aspects; mixed methods.

1. Introducing the topic: Where is Research in Specialized Communication today?

The purpose of this paper is to give an overview from my perspective of current trends of development in the field of research into specialized communication, which has been part of applied linguistics for a number of decades (German: *Fachsprachenforschung* or *Fachkommunikationsforschung*). Traditionally, research in this discipline has been focused upon linguistic aspects of varieties of language used in professionally and/or academically specialized settings (see section 2 below). Much emphasis has been on describing the linguistic characteristics of the language used in such settings, mainly in order to be able to teach others (e.g., ongoing professionals of the relevant branch, translators and technical writers) how to communicate in an efficient and ecologically valid way in such settings. Being still a branch of applied linguistics, the main aim of studies in this field has not changed to any considerable degree in recent years, but a clear widening and change of scope is obvious. As an example of this development process, cf. the list of talks in the program of the section for Specialized Communication at the Annual Meeting of the German Association for Applied Linguistics (GAL) in September 2010:

- **Angelika Redder (Hamburg)**
  Von der 'Bildungssprache' zur 'alltäglichen Wissenschaftssprache'
- **Catherine Jaeger (Braunschweig) / Axel Polletti (Passau)**
  Die Entwicklung von Fachkommunikationskompetenz in Fremdsprachen: Zwei Modelle im Vergleich
- **Fabienne Quennet (Marburg)**
  Räume entdecken – Sprachkompetenz fördern. Ein Best-Practice-Beispiel aus der universitären CLIL-Ausbildung für Geographen
- **Joachim Grzega (Eichstätt)**
  Lernen durch Lehren (LdL) als Konzept zur Vermittlung von Fachkommunikationskompetenzen
- **Inga Harren (Bayreuth)**
  Fachliche Zusammenhänge präzise formulieren lernen – Sprachförderung im Unterrichtsgespräch
- **Patrick Grommes, Anneke Naumann, Jens Siemon (Hamburg)**
  Fachkommunikationskompetenzen mehrsprachiger SchülerInnen
- **Uta Großmann (Leipzig)**
  Inhaltliche Inkongruenzen bei der Fachtextrezeption in DaF seitens ausländischer Studierender der Wirtschaftswissenschaften
- **Birgit Beile-Meister / Andrea Schilling (Münster)**
  Kommunikative Erfordernisse im juristischen Auslandspraktikum – Didaktische Rückschlüsse für Fachsprachkurse Englisch
- **Juliane Krause / Nora Wetzel (Göttingen)**
  Herausforderungen der Experten-Laienkommunikation im Interaktionsrahmen Verwaltung – am Beispiel des Projekts „Bürgernahe Verwaltungssprache im Landkreis Göttingen", durchgeführt von der linguistischen Unternehmensberatung Sprachwerk

Focus in all of these presentations was on communicative aspects of the specialized activity and especially on how to monitor and develop the competences of participants in this activity. So the basic idea of studies into specialized communication from an applied linguistics perspective, i.e., to enable participants (students, experts changing linguistic environment…) to engage in professional and academic communication in a broad sense, has not changed radically. But the object has changed towards aspects of the global activity of communication and the competence or the ability to cope communicatively, away from the object of more traditional studies on specialized communication, focusing upon structuralist varieties and repertoires of language used in specific settings.

In order to describe and structure this more complex and competence oriented picture of the field of studies, I suggest using a recent definition by Klaus Schubert:

> Specialized communication comprises purposeful, informative, monolingual and multilingual, oral and written communicative acts of a specialized content carried out with optimized means of communication by agents pursuing their professional duties. (Schubert 2011, original in German: Schubert 2007: 210)

On the basis of this we may set up the following model, which is adjusted towards the purposes and focus of this overview article:

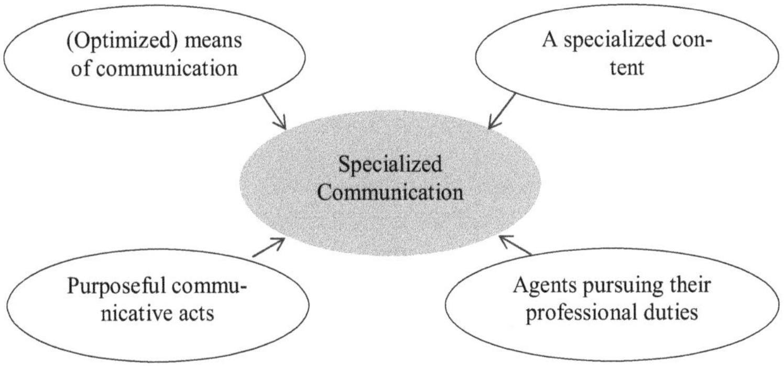

Fig. 1: Factors characterizing the object of research in specialized communication

In this view, four factors are important when characterising specialized communication:

- It is performed through means of communication that have over time become typical of the specialized constellation of communicative factors in which they are applied (the other three factors of the model). Schubert states that the optimization of means of communication for the situations in which they are applied is an important characteristic, which at first glance may look problematic in the light of the many empirical studies showing that, e.g., legal statutes are generally difficult to understand for non-lawyers and may therefore hardly be called optimal. However, the reason for including the feature of optimization is that the idea of optimizing communication in a field through optimizing the (linguistic) means applied in the field has been and still is a guiding principle for research as well as practice in the field of specialized communication. So the important thing is that the means of communication and their adaptation to the situation is one of the focal points of (the study of) specialized communication, making it an instance of applied linguistics (and not mainly a sociological venture).

- Specialized communication is seen as consisting of purposeful communicative acts, making it relevant to study the pragmatic conditions under which such acts are performed, as well as how the acts are reflected in the structuring and shaping of the means of communication.
- Specialized communication presupposes that the communication is about something which is not common knowledge to everyone, but that the treated content has been subject to some process of specialization (Aitken 2002). However, it is not important whether the communication consists of two experts from the same field talking to each other, or whether the communication runs between an expert and a non-expert on the topic. It is possible and relevant to distinguish a number of different constellations and levels in this context, but the bottom line is that the content has to be specialized (see section 2.1 below).
- Finally, specialized communication presupposes agents or communicative participants acting in pursuit of some professional duty. In a similar context, Kvam (1998: 31) talks about specialized communication as being performed "im Rahmen des übergeordneten Handlungsinteresses seiner Institution" ("in the framework of the interests of the institution", my translation). What is meant in both cases is that specialized communication presupposes that at least one agent acts not as a private individual, but as part of an (employing) institution which forms the framework of specialized and often professional activities within which the specialized communication is carried out.

Having thus set the scene for treating the field of specialized communication as a branch of applied linguistics by describing the four main factors constituting the object of study in this field, I will proceed first with a brief overview of characteristics of the traditional approaches in the field by way of some examples. The main part of the chapter, however, will focus upon the four lines of development alluded to in the title of this chapter, i.e., Culture, Practice, Competence, and Knowledge. In connection with the different lines of development presented here, I give examples of publications falling within the confines of the presented categories. My basis for the examples has been my own work and the work that I am acquainted with from this work. This criterion for selection means that works included are in my mind prototypical examples of work within the respective line of development. But I do not (necessarily) see them as exemplars in the sense of Kuhn (1970), meaning that other publications may very well exist which have a more central position than the one cited by me in the different subdisciplines. Furthermore, the examples are by no means exhaustive representations of work within the described developments. However, due to space limitations as well, I have been mainly interested in the broad picture, not in the smaller details, and, therefore, I have not intended to give more exhaustive overviews in this paper.[1]

2. Traditional approaches

Especially in German works in this field, a number of suggestions have been made concerning the division of the development of the discipline of Studies in Specialized Communication (*Fachkommunikation*) into different phases. Kalverkämper (1998: 48) divides the development of the discipline into six phases, reaching from the lexical semantic via a textual to a semiotic phase, evolving towards including an increasing level of complexity of the communication in the descriptions, whereas Roelcke (2010: 13-28) works with three different subdivisions (*systemlinguistisches Inventarmodell, pragmalinguistisches Kontextmodell, kognitionslinguistisches Funktionsmodell*), focusing on, in his view, distinctly different basic assumptions about the investigated object. Schubert (2007: 142-160) suggests four phases (*terminologische Entwicklungsstufe, systemlinguistische Entwicklungsstufe, textlinguistische Entwicklungsstufe, kognitiv-kommunikative Entwicklungsstufe*).[2] For our purposes, however, it is sufficient to distinguish between two major groups of work in the field in order to describe the traditional approaches to the study of specialized communication: Studies interested in language and linguistic choice (stylistics) from a systems point of view, on the one hand, and studies interested in text, language and linguistic choice from a pragmatic-textual point of view, on the other.

2.1. Focus upon Language

The central definition for this type of work on specialized communication is the one by Hoffmann:

---

1 Cf. instead Candlin/Crichton (2011), Roelcke (2010), Schubert (2007) for recent and more detailed presentations of developments in the past. An updated view of work in specialized communication appears in every issue of the journal Fachsprache (www.fachsprache.net) in the form of the on-going "Bibliography of Recent Publications on Specialized Communication / Kleine Bibliographie fachsprachlicher Untersuchungen" which also is accessible online from the website.

2 Cf. (Engberg 2000) for a similar division, emphasising the stylistic rather than the systematic component in studies of characteristics of specific specialised languages.

> Fachsprache – das ist die Gesamtheit aller sprachlichen Mittel, die in einem fachlich begrenzbaren Kommunikationsbereich verwendet werden, um die Verständigung zwischen den in diesem Bereich tätigen Menschen zu gewährleisten.[3] (Hoffmann 1985: 53)

Studies in this realm of thought focus either upon the specialized lexicon, the terminology, used to denote the special objects of a field or upon what linguistic elements are used with a specific frequency in texts from a specific field, and especially what such frequencies reveal about the linguistic variety applied in the studied field of communication. Typical of both types of work is that they are interested in the specialised language system, not in the constellation of communicative factors. The whole field of terminology is the central example of the first type of works (e.g., Balteiro Fernández 2010, Kristiansen 2011), whereas the second type of works consists of works focusing upon other linguistic aspects than mere reference of words to specialised objects (e.g., Bondi/Diani 2010, Engberg 2002a). All the cited examples share an interest in means of communication seen from a linguistic and systematic perspective. They thus give priority to one of the factors in fig. 1 above, viz. the (optimized) linguistic means.

2.2. Focus upon pragmatics

The high time of the systematically oriented work in the field of specialized communication was in the 1970s and 1980s, although, as is visible from the cited examples, work is still done in this line of interests. In the 1980s, a more balanced view of the relative weight of the factors contained in fig. 1 gained ground, leading to a certain shift in interests and object. Instead of keeping the priority of the linguistic system as the main factor, the text and the genre as meeting points of influences from all factors were chosen as main elements of description. The list of such works is also endless, but in order to give a brief glimpse of some directions in the field, I have chosen a few examples to be presented here.

- One field of work has been genre analysis of genres from one culture, among other fields in the field of medical research articles (e.g., Anderson/Maclean 1997 on English abstracts and Ylönen 2001 on the development of German research articles).

3 LSP – that is the totality of all linguistic means used in an area of communication specified by topics, in order to guarantee the successful communication between the people performing within this area. (my translation)

- Another field is that of contrastive genre analysis, where instances of the same genre are compared across cultural boundaries. Examples are work on court decisions (e.g., Engberg 1997 on German and Danish texts, Peotta 1998 on German and Italian texts, and Lashöfer 1992 on German, English and French texts) or work on medical texts (e.g., Busch-Lauer 1995 on advisory texts in English and German, Busch-Lauer 2001 on research articles in German and English).
- A third area is the field of popularizing science, which has also been the object of a high number of studies (e.g., Niederhauser 1999 on the general German situation, and Brünner 2011 on the popularisation of medical knowledge).

Typical of these approaches is that they have left the focus upon linguistic systems and instead have chosen to focus upon (spoken or written) texts and the pragmatic factors influencing their formulation. This line of work, too, is still very much alive and active, among other things, in the format of the line of development described in section 3.1 below. As I will describe in the following section, however, a number of further developments, of enlargements of the scope of research in specialized communication are emerging.

3. Recent developments

In this section, I will present some of the recent developments in the study of specialized communication as defined in section 1 above. The developments are a reflection of a number of overarching trends visible in other parts of applied linguistics, too. In general, the trends are natural developments stemming from the drift from a focus upon language towards a focus upon pragmatics described already in the previous section:

- *Larger scope*: There is a tendency to go for more global approaches, i.e., approaches which do not mainly look at individual factors like elements of the linguistic system or characteristics of the applied means of communication, but instead intend to depict more broadly the cooperation of the different factors and thus to describe larger parts of the communicative situation.
- *Criticism*: Where the traditional approaches were generally fairly descriptive in their outline, following the traditions of linguistics as a system-oriented branch of human research, recent developments go towards more emphasis on norms underlying specialized communication as well as factors underlying on-going changes in the (design of the) means of communication applied

in specialized communication. Where efficiency/optimization used to be the main norm, more power-oriented approaches tend to be introduced, too.

- *Awareness of cognitive aspects*: There is a growing trend to include cognitive aspects into the study of specialized communication in the way that, e.g., the factor of 'agents pursuing their professional duties' is not only looked upon from the outside as an influential factor. Instead, the cognitive processes underlying the behaviour of the agents, so to speak the inner workings of the agents are taken into account in the studies. So complementary to the enlargement of scope due to interest in the pragmatics and not merely the language of the specialized communication (sociological enlargement), the scope is enlarged by introducing the individual expert and his cognitive mechanisms in the picture (individualistic enlargement).
- *Mixed methods*: In order to encompass the intended larger scope, combinations of approaches become popular. This is partly due to the idea of downsizing the importance of the purely linguistic analysis, achieving a better balance between the relevant factors, but partly also due to the necessities in the object of study: In order to study the communicative situation in a broader sense it becomes necessary to combine approaches, perspectives and methods owing to the complexity of this object of study.

One concrete example of an approach actually demonstrating all of the four trends is the so-called *Critical Genre Analysis* presented in Bhatia (2004). He presents the following model of the intended object of study of his approach:

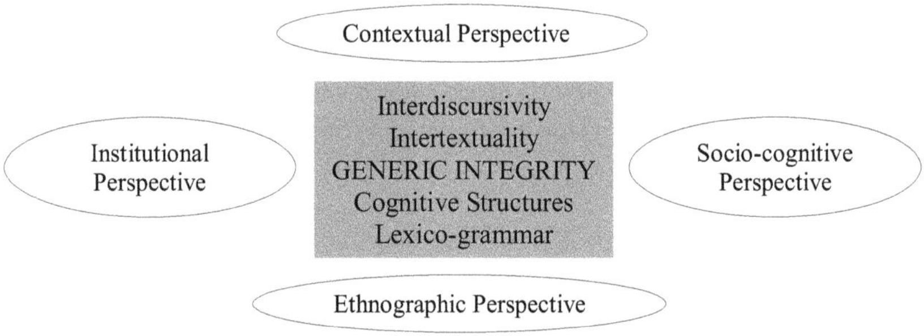

Fig. 2: Overview of Critical Genre Analysis (Bhatia 2004: 132)

We see here a complex object (square in the middle), which is supposed to be studied from four relatively different perspectives, spanning the different trends listed above: The scope is large, criticism is built into the approach (cf. the name of the approach, i.e., Critical Genre Analysis), (socio-)cognitive aspects are included, and the different perspectives require a number of different methods to be applied.

The trends outlined above are spelt out in the following subsections in the form of four different developments with their respective focal points.

3.1. Culture

One line of development is to focus upon the importance of (national or disciplinary) culture for specialized communication. This approach generally takes a fairly macro-oriented perspective on the study of the communicative situation. Focus is upon the influence of cultural systems, i.e., of sociological factors on communicative activity. This may be the influence of national languages, of national identities, of the reputation of disciplines or of other culture-bound factors. Work in this line of development tends to give priority to culture over individual characteristics of agents in the communicative situation when describing and explaining. In general, the focus is upon the linguistic and communicative behaviour in specialized settings as results of influences of culture. In this connection, one line of thought pursued is the quest for characteristics distinguishing cultures from each other. As a consequence of this focus, work in this line tends to have little focus upon the individuality of instances of linguistic activity, the micro-level descriptions of what occurs in a specific communicative situation, and much more focus upon the general factors which influence instances of communication and which may be induced from the study of a number of similar instances of communication. Quantitative studies of specialized genres play a major role here. Thus, this line of development is the one most closely related to the traditional approaches mentioned in section 2.

Kalverkämper (2004) presents a model which underlines the relations between different factors underlying this line of development:

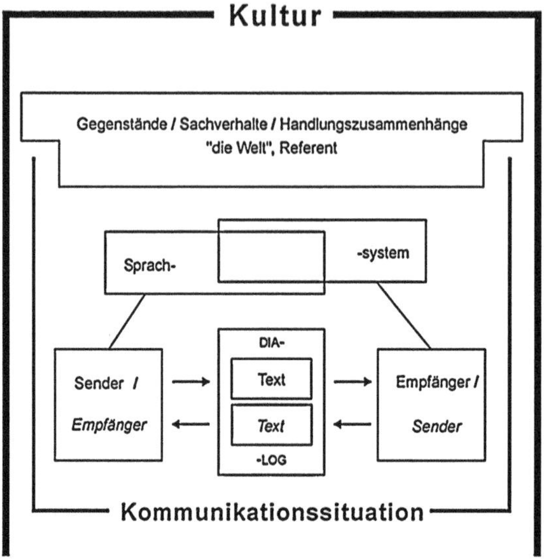

Fig. 3: *Communication Model (Kalverkämper 2004: 28)*

In this model, we see that the element of culture is conceptualized as an overarching and dominant frame around whatever activity occurs in the communicative situation. Interestingly, this model recognises the individuality of agents (*Sender*, *Empfänger*) by including in the model the fact that communication takes place on the basis of two non-identical versions of the language system (*Sprach-System*), and it also recognises the dialogical character of communication (*Sender/Empfänger*, *Dialog*). But it still tends to emphasise the importance of the culture as determinant of the dialogical process.

One example of recent work in this line of development is Kalverkämper (2008) on the influence of the predominance of English on the (scientific) cultures using English as their main vehicle for scientific communication despite English not being their mother tongue. Along the same lines, although departing from a different set of basic assumptions (i.e., the basic positions of Functional Pragmatics), Thielmann (2009) argues the idea that different languages (e.g., English and German) are so deeply structurally different that meaning-making processes in languages other than your mother tongue may hardly be understood to any great extent by non-natives, unless the reader/writer has gained very deep insights into the languages. So using English as a lingua franca, as is done a lot in scientific communication today, only creates the appearance of understanding, not actual deep understanding of the other. Again, cultural factors such as the native language are set up as factors with a much more defining power than more individual factors such as the individual experiences and characteristics of participants in the communication. Finally, Horn-Helf (2010) is a recent example of an empirically based study of a multicultural corpus of instructions. She establishes a number of contrastive genre profiles demonstrating similarities and differences across the investigated cultures (German, Russian, US, UK) and thus shows the macro picture of regularities underlying the communication with instructions in and between these cultures, with a focus upon the cultural macro-level rules.

3.2. Social Practice

Where works in the previous line of development presuppose specialized communication as a kind of object to be studied fairly objectively from outside by researchers, typically works in the line of development described in this subsection take a more interpretive approach. Researchers in this line of work discharge the idea that applied linguistics researchers may observe results of specialised communication from outside, and on this basis reach any relevant conclusions on the functioning of factors in the field. Instead, solid investigation of specialized communication in their view presupposes cooperation between researchers and practitioners in the form of cooperative interpretation of activities and joint problematization (Sarangi/Candlin 2011). Thus, the approach is more inductively oriented than the work in the line of development described above. The underlying drivers and shapers of specialized communication are here seen as some kind of tacit knowledge, which has to be transformed into explicit knowledge through mutual interpretation processes.

A characteristic of this approach is the idea that expertise, knowledge, etc. are not seen as pre-existing entities (from culture), which the participants draw upon, but as elements that are created in communicative interaction. So it is not the specialisation as an individual object, which is in focus here, but the specialization as something which emerges from the specialised social practice:

> We believe that applied linguistics can make a significant contribution to our understanding of communication processes, participants and their roles, their objectives and goals, and the communication contexts within which knowledge-based professional/organisational practice takes place (Sarangi/Candlin 2011).

Points of departure are ideally always observations of actual discursive activity in order to demonstrate how participants are 'doing expertise' (Candlin/Sarangi 2004, Candlin 2006). So there is a definite shift from seeing written texts as a central object of study to seeing such texts as just one element among many others in the process of discourse. Focus is thus upon social practices, upon overarching themes between such professional practices (like the nature of expertise and the role of communication in (doing) expertise, the extent of relevant knowledge, or the role of communication in assessing and appraising the quality of professional practice (Roberts/Sarangi 2005, Sarangi/Candlin 2011). Characteristically, in this approach, (like in the approach of Bhatia described above) the models found are frequently not of the communicative situation and its determining factors (as in the model in fig. 3), but rather of the perspectives and objectives to be applied, as is visible in the following figure 4:

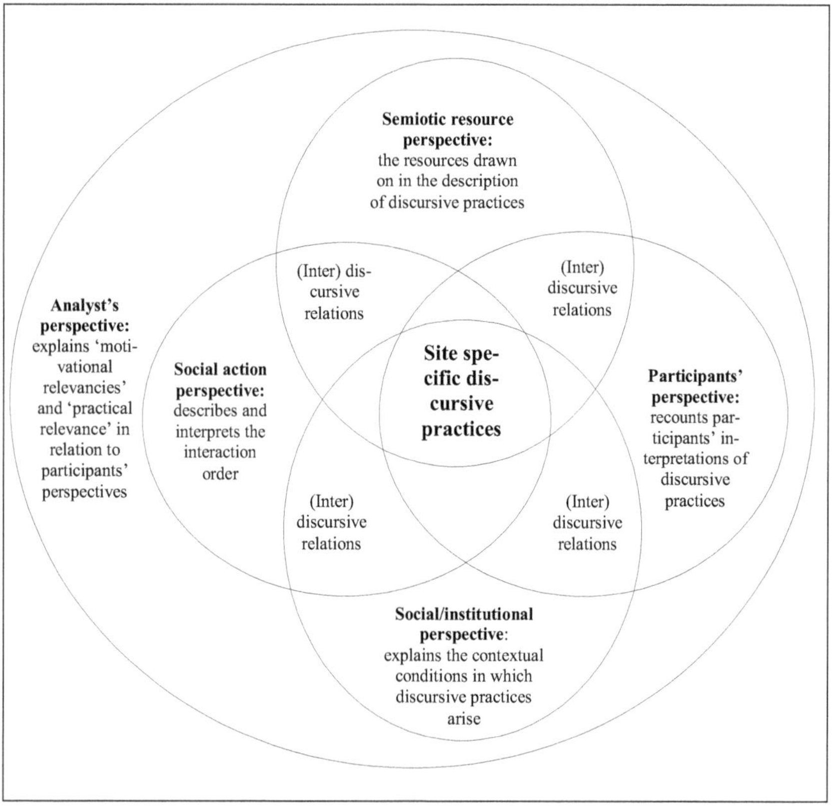

Fig. 4: Framing a multi-perspectival and interdiscursive research agenda (Candlin/Crichton 2011)

The characteristic of optimization stated in the definition by Schubert above plays a role here, too. However, in loyalty to the idea of expertise and specialisation being transactional rather than a (static) object, researchers in this line of development try to optimize the actual practice through cooperation between researchers and practitioners on the basis of joint problematizations: researchers and practitioners (e.g., medical doctors) observe the practice of the practitioners together and jointly try to find out where the (social) practice is deficient, where the professional does actually not reach the intended goal and where thus the communicative activity constituting the professional practice could be amended.

The approach is closely related to approaches from (critical) discourse analysis like Reisigl/Wodak (2009). Such approaches share an interest especially in fields such as law and medicine where the work of experts is of direct importance to the daily life of citizens. In the same direction, the book by Latour (2010) on the sociological knowledge processes in the French governmental procedure of creating statutes shares many basic assumptions with the other work cited here and also sees the specialized communication as a specific type of social practice. In the field of academic writing, we find related work in, e.g., Hyland (2009), who understands academic writing as a type of social interaction leading not only to the creation and mediation of scientific knowledge, but also to the creation of specific social roles and relations in society. Finally, in the field of business communication, the work like Brünner (1998, 2000) falls into this category, too. This line of work is based upon methods from conversational analysis and thus shares with the presented position a highly inductive orientation and an interest in the actual interactions on specialized setting.

Interestingly, Schubert (2007), whose definition of specialized communication was cited in section 1, is also interested in the practice within which specialized communication in professional settings takes place. However, his basic idea is different from the ones presented here. Schubert is not interested in the practical setting as a social practice, i.e., he is not interested in the creation of the specialized setting. Instead, he wants to describe the factors in the communicative situation influencing the texts that emerge from that situation. Schubert counts among other things the technical medium in which the texts are created and the collaborative work processes in which writers participate to these factors. He is thus interested in the practice *as context of communication*, but not in the social creation of the practice. This is visible in the kind of model Schubert establishes (Schubert 2007: 243-326): It is a communication model more related to the kind of model presented in fig. 3 (culture) than the one in fig. 4 (social practice), although oriented towards describing the factors of specific importance to professional, specialized communication as defined here in section 1 above. An important difference between approaches described in section 3.1 and 3.2 becomes visible here.

3.3. Competence

The lines of development described in the previous two subsections tend to be more interested in communication from an external perspective in the way that they concentrate upon culture (as a macro determiner of communication) or upon the (empirically verifiable and interpretable) outcome or result of communicative interactions. A third line of development gives more priority to the cognitive capacities of the human agents of the communication and thus takes the step into the minds of the people involved in communication, in other words, puts more focus upon the internal perspective. This step is visible in an example of a model from work in this line of development:

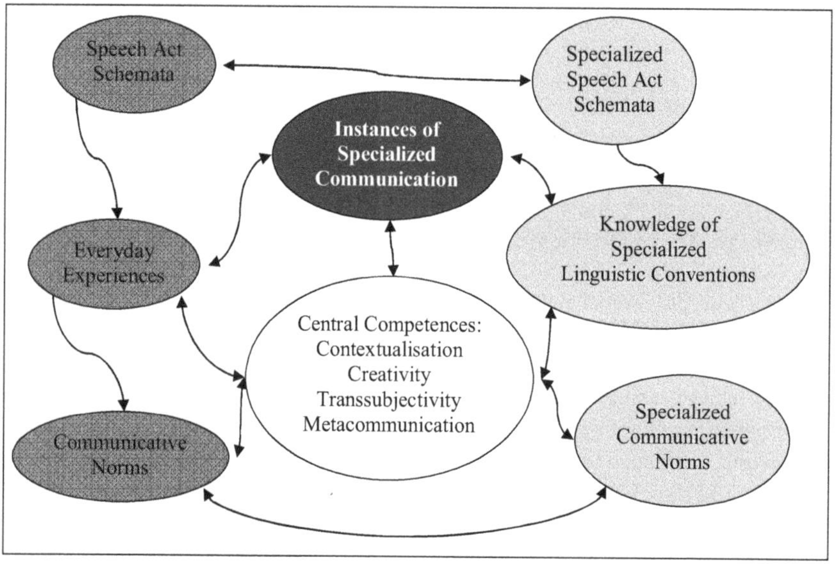

Fig. 5: Elements of competence in specialized communication (Engberg/Janich 2007)

The focus of approaches in this category is upon the knowledge and competences that individuals must have developed in order for them to participate professionally in specialized settings. Emphasis is thus on language teaching and the education of emerging experts. The basic idea of the model in fig. 5 is that instances of specialized communication (e.g., texts) are written and understood on the basis of at least three different types of knowledge and competences:

1) Knowledge about coping communicatively in everyday communication (darkest grey circles)

2) Knowledge about coping communicatively in specialized communication (lighter grey circles)
3) Central competences on how to combine and use communicative knowledge in solving communicative tasks

The specialized communicative knowledge is, at individual level, developed on the basis of everyday communicative knowledge, and experiences in specialized settings act back on the knowledge of everyday communication. Knowledge and competences guide communicative behaviour, but are at the same time constantly developed through experience with such instances of communication. So it is a basic assumption in the model that a constant process of interaction is going on between all parts of knowledge and competence, and that every knowledge and competence is open to modification on the basis of experience. So the system is inherently dynamic.

In this line of development, focus is less on specific linguistic means as characteristics of a specific culture, as is tendentially the case in culture-oriented works. Knowledge of the specific linguistic means and especially their functions is part of the model in fig. 5, but only one part, as focus is upon the individual and the knowledge and competences underlying his or her communicative activity (Engberg 2002b). Consequently, what we want to study, the specialized language, is defined in terms of a competence, not in terms of a structural variety:

> **Specialized language as linguistic competence related to a domain**
>
> A specialized text is typically formulated taking into consideration a set of rules of formulation and interpretation specific to a domain and oriented towards fulfilling domain-specific communicative goals. Specialized language understood as a domain-specific competence consists of knowledge of the functioning of such a set of rules. (cf. Engberg 2002c)

A similar idea is behind the concept of *Alltägliche Wissenschaftssprache* as developed by Ehlich (cf., e.g., Ehlich 1999) and presented by Redder in the presentation at the GAL session presented in section 1. Redder's paper gave reasons for why it is more relevant when training school children to cope with the challenges of communication in the present knowledge societies, to leave the idea of teaching them a specific variety of (scientific) language and to adopt instead the idea of teaching school children how to navigate in contexts of research and science on the basis of insights into the communicative acts and settings and a general competence in processing abstract communication through a knowledge of frequently used linguistic structures and their relations to communicative actions. Thus, we need knowledge about the structural characteristics of, e.g., academic language. But when teaching, we should concentrate on teaching them not as structures, but as integral parts of a competence. This concept is widely used in other work on ensuring general access to scientific knowledge as well.

3.4. Knowledge

A fourth and last emerging line of development in my view concentrates fully on the fact that treating specialized knowledge is the central characteristic of any kind of specialized communication. A prototypical example is the work emerging from the Research Group on Knowledge Communication at Aarhus University, to which I belong myself.[4] This research group intends to open the discipline of applied linguistics studies of specialized communication to deeper cooperation with other disciplines. The basic idea is to create a framework for interdisciplinary cooperation, which is less tied to (written) texts and structural varieties as is the case in traditional applied linguistic studies of specialized communication (Kastberg 2010). The background idea is thus akin to the one underlying the lines of development presented in 3.2 and 3.3, but is more radical concerning interdisciplinary cooperation. In the construction of this framework, the concept of knowledge and its communication is used as a potential meeting point, as many disciplines with interest in the communication of specialized knowledge (like Sociology of Knowledge, Science and Technology Studies, Expertise Studies, Public Understanding of Science, Knowledge Management, Law, Medicine or Management Studies, just to mention a few) share the interest in knowledge and its (communicative) construction. The following is a basic definition of knowledge communication underlying much of the work of the above-mentioned research group:

> Knowledge communication is strategic communication. As 'strategic' it is deliberately goal-oriented, the goal being the mediation of understanding across knowledge asymmetries. As 'communication' it is participative (interactive) and the communicative 'positions' converge on the (co-)construction of (specialized) knowledge. (Kastberg 2007)

Additionally, Knowledge Communication is seen as a third order discipline, i.e., one which is not held together neither by a specific object nor by specific methods, but by agreement upon relevant problems to be solved (Kastberg 2007).

On this basis, three perspectives are seen as central for looking at specialized communication as an applied linguist with a view to opening up the scope of studies towards the interests of other disciplines (Kastberg 2010, Ditlevsen 2011):

---

4 http://www.asb.dk/knowledge

- Construction of knowledge (e.g., cognitive and linguistic structures of individuals)
- Representation of knowledge (e.g., texts and genres, signs)
- Communication of knowledge (e.g., interaction, sociology, setting)

Knowledge is seen as being inherently tied to individual human beings as the actual carriers of (specialized) knowledge and the empirical source for studies of knowledge, and interest is basically in knowledge in its actual complexity (Kastberg 2007, 2010). Here there is an overlap of interests with the competence-oriented approaches presented in the previous section. The implications of the definition and the suggested perspectives for the conceptualisation of knowledge communication are represented in the following model by Ditlevsen of the so-called 'arena of communication':

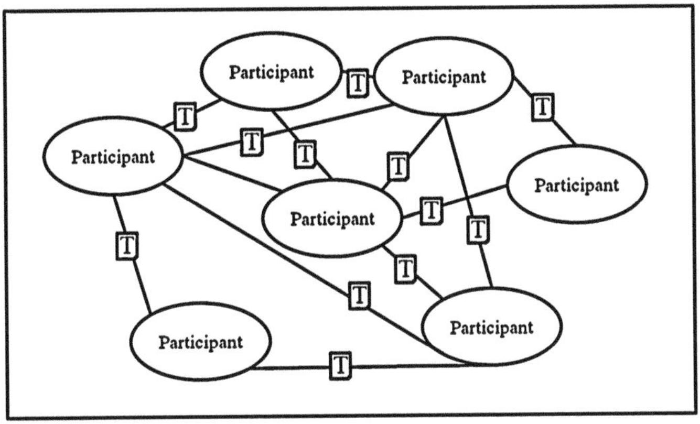

Fig. 6: The arena of communication (Ditlevsen 2011)

The model stresses that knowledge communication is interested in the communicative relations and interactions between individual participants using texts (T) as their leading vehicle for the communication. This way of modelling demonstrates the point of departure in the (knowledge of the) individual and the possible focus either on the perspective of construction of knowledge (in individual participants) or on representation of knowledge (in texts). The third possible perspective, the communication of knowledge, is modelled by the delimiting line around the interacting participants, representing the setting and the conditioning of the interactions by factors in the (sociological, ...) context of the interaction.

However, one aspect which maybe does not stand out so clearly in the model is the fact that knowledge must here same as in the line of development concentrating upon competences be seen as always being simultaneously individual and social (cf. double arrows in fig. 5). This is due to the fact that the (specialized) knowledge which an individual has stored and can use is the result of interactive communicative processes of acquisition and is thus inherently dependent upon social factors and processes (Engberg 2009). Furthermore, the social character of specialized knowledge is also a prerequisite for its utility in communicative settings: Only personal insights that are accepted by others, possibly on the basis of communicative interactions, are actually relevant within a discipline. So, social aspects of knowledge must also be seen as part of the frame surrounding the arena of communication.

Although I have here described this line of development on the basis of works from the Research Group on Knowledge Communication, it is naturally not restricted to this group of people. A number of works in the field of describing the processes of communicating knowledge in specialized settings with a view to widening the scope from traditional applied linguistics emerge in these years, such as Eppler (2005, 2006), Faber (2011), Felder/Müller (2009), Fløttum/Dahl (2011), Harren (2009), Kerremans et al. (2008), Risku et al. (2011), Ziem (2008), just to mention a few recent works. All take a multidisciplinary approach to the study of the communication of specialized knowledge, and all emphasise the importance of texts in a broad sense as vehicles of the process of communicating knowledge.

4. Summing up

What I have intended to show in this chapter has been mainly four lines of development in the field of studies of specialized communication rooted in applied linguistics, although with differences in the vision concerning the degree of intended interdisciplinary cooperation. In order to sum up the possible developments, it is interesting to compare the three models included in each of the sections 3.1-3.4 in order to make the differences between the lines of development clear:

- *Specialized communication and culture*: Fig. 3 shows an emphasis upon the communicative situation and the factors influencing the formulation of texts in such situations. Linguistic systems play a role, as well as do the determining factors in the context. A macro perspective is taken.

- *Specialized communication and social practice*: Fig. 4 shows an emphasis upon the researcher and the perspectives he or she must take into consideration in order to grasp the complexity of the construction of expertise and specialization as a social practice. This is in accordance with a focus upon the specialization as something dynamic rather than something given and objectively describable. Inductive methods and a focus upon the individual instance of communication is typical.
- *Specialized communication and competence*: Fig. 5 shows elements of the competence supposed to be relevant for formulating and understanding texts in specialized settings or domains. Focus is here on the internal workings of the minds of the individuals, but like in the first line of development, interest is in the general competences of individuals and less in the description of individual instances of communication.
- *Specialized communication and knowledge*: Fig. 6 shows the basic elements of knowledge communication, i.e., the *participants carrying the knowledge* interacting through *texts* within the limits of a *communicative setting*. Perhaps the strongest relations are here to the model of the communicative situation in fig. 3, but focus in fig. 6 is upon the interaction and the fact that knowledge emerges out of this type of interaction.

It will be interesting to see how the different lines will develop in the upcoming years.

References

Aitken, Martin (2002). Language in specialised contexts: Towards a pragmatics of LSP. *Fachsprache* 24. 3/4: 90-106.

Anderson, Kenneth, Joan Maclean (1997). A genre analysis study of 80 medical abstracts. *Edinburgh Working Papers in Applied Linguistics*. 8: 1-23.

Balteiro Fernández, Mª Isabel (2010). Foreign Words in the English of Textiles. Linde López, Angeles, Rosalía Crespo Jiménez, eds. *Professional English in the European Context: The EHEA Challenge*. Bern etc.: Lang, 127-50.

Bhatia, Vijay K. (2004). *Worlds of written discourse: a genre-based view*. New York: Continuum.

Bondi, Marina, Giuliana Diani (2010). Conveying Deontic Values in English and Italian Contracts: A Cross-Cultural Analysis. *ESP across Cultures* 7: 7-24.

Brünner, Gisela (1998). Fachkommunikation im Betrieb – am Beispiel der Stadtwerke einer Großstadt. Hoffmann, Lothar, Hartwig Kalverkämper and Herbert Ernst Wiegand, eds. *Fachsprachen. Ein internationales Handbuch zur Fachsprachenforschung und Terminologiewissenschaft*. Berlin u.a.: de Gruyter, 634-48.

Brünner, Gisela (2000). *Wirtschaftskommunikation. Linguistische Analyse ihrer mündlichen Formen.* Tübingen: Niemeyer.

Brünner, Gisela (2011). *Gesundheit durchs Fernsehen. Linguistische Untersuchungen zur Vermittlung medizinischen Wissens und Aufklärung in Gesundheitssendungen.* Duisburg: Universitätsverlag Rhein-Ruhr.

Busch-Lauer, Ines-A. (1995). 'A Pill For Every Illness' – Englische und deutsche Ratgebertexte für Patienten. *Fachsprache* 17. 3/4: 127-39.

Busch-Lauer, Ines-A. (2001). Kulturspezifik in englischen und deutschen Originalarbeiten – Medizin und Linguistik im Vergleich. Fix, Ulla, Stefan Habscheid and Josef Klein, eds. *Kulturspezifik von Textsorten.* Tübingen: Stauffenburg, 51-67.

Candlin, Christopher N. (2006). Accounting for interdiscursivity: Challenges to professional expertise. Gotti, Maurizio, Davide S. Giannoni, eds. *New Trends in Specialized Discourse.* Bern: Peter Lang, 21-45.

Candlin, Christopher N., Srikant Sarangi (2004). Making Applied Linguistics Matter. *Journal of Applied Linguistics* 1.1: 1-8.

Candlin, Christopher N., Jonathan Crichton (2011). Emergent Themes and Research Challenges: Reconceptualising LSP. Petersen, Margrethe, Jan Engberg, eds. *Current Issues in Specialized Communication.* Bern: Lang.

Ditlevsen, Marianne Grove (2011). Towards a Methodological Framework for Knowledge Communication. Petersen, Margrethe, Jan Engberg, eds. *Current Issues in Specialized Communication.* Bern: Lang.

Ehlich, Konrad (1999). Alltägliche Wissenschaftssprache. *Info DaF* 26: 3-24.

Engberg, Jan (1997). *Konventionen von Fachtextsorten. Kontrastive Analysen zu deutschen und dänischen Gerichtsurteilen.* Forum für Fachsprachenforschung 36. Tübingen: Narr.

Engberg, Jan (2000). Einführung in die Fachsprachenlinguistik – Konzeption eines Lehrwerks. Stegu, Martin, Jan Engberg, eds. *Fachkommunikation 2000.* München IDV, 44-53.

Engberg, Jan (2002a). Sollen in Gesetzestexten. Fabricius-Hansen, Cathrine, Oddleif Leirbukt and Ole Letnes, eds. *Modus, Modalverben, Modalpartikel.* Trier: Wissenschaftlicher Verlag Trier, 121-41.

Engberg, Jan (2002b). Fachsprachlichkeit – eine Frage des Wissens. Schmidt, Christopher, ed. *Wirtschaftsalltag und Interkulturalität. Fachkommunikation als interdisziplinäre Herausforderung.* Wiesbaden: DUV, 219-38.

Engberg, Jan (2002c). Fachsprachen – Grundlagen ihrer (kognitionslinguistischen) Beschreibung. Koskela, Merja et al., eds. *Porta Scientiae,* I. Vasa: University of Vasa, 161-73.

Engberg, Jan (2009). Individual Conceptual Structure and Legal Experts' Efficient Communication. *International Journal for the Semiotics of Law* 22. 2: 223-43.

Engberg, Jan, Nina Janich (2007). Über die Komplexität fachkommunikativer Sprachkompetenz und ihrer Beschreibung. Heller, Dorothee, Konrad Ehlich, eds. *Studien zur Rechtskommunikation.* Bern et al.: Lang, 209-34.

USI Research Note.

Eppler, Martin (2006). Knowledge Communication. Schwartz, David G., ed. *Encyclopedia of Knowledge Management.* Hershey, UK: Idea Group Publishing, 317-25.

Faber, Pamela (2011). The dynamics of specialized knowledge representation: Simulational reconstruction or the perception-action interface. *Terminology* 17. 1: 9-29.

Felder, Ekkehard, Marcus Müller (2009). *Wissen durch Sprache. Theorie, Praxis und Erkenntnisinteresse des Forschungsnetzwerks ,Sprache und Wissen'.* Sprache und Wissen 3. Berlin: de Gruyter.

Fløttum, Kjersti, Trine Dahl (2011). Climate change discourse: scientific claims in a policy setting. *Fachsprache* 33. 3-4: xx-xx.

Harren, Inga (2009). Die Verbalisierung komplexer Zusammenhänge im Unterrichtsgespräch. Krelle Michael, Carmen Spiegel, eds. *Sprechen und Kommunizieren. Entwicklungslinien, Diagnosemöglichkeiten und Lernszenarien in Deutschunterricht und Deutschdidaktik.* Baltmannsweiler: Schneider Hohengehren, 220-42.

Hoffmann, Lothar (1985). *Kommunikationsmittel Fachsprache: eine Einführung.* 2 edn. Forum für Fachsprachenforschung 1. Tübingen: Narr.

Horn-Helf, Brigitte (2010). *Konventionen technischer Kommunikation : makro- und mikrokulturelle Kontraste in Anleitungen.* Forum für Fachsprachen-Forschung 91. Berlin: Frank & Timme.

Hyland, Ken (2009). *Academic Discourse: English In A Global Context.* London: Continuum.

Kalverkämper, Hartwig (1998). Fachsprache und Fachsprachenforschung. Hoffmann, Lothar, Hartwig Kalverkämper and Herbert Ernst Wiegand, eds. *Fachsprachen. Ein internationales Handbuch zur Fachsprachenforschung und Terminologiewissenschaft.* Berlin u.a.: de Gruyter, 48-59.

Kalverkämper, Hartwig (2004). Translation – Anforderungen an eine Inter-Kunst. Rega, Lorenza, Marella Magris, eds. *Übersetzen in der Fachkommunikation / Comunicazione specialistica e traduzione.* Forum für Fachsprachen-Forschung 64. Tübingen: Narr, 21-73.

Kalverkämper, Hartwig (2008). Kampf der Kulturen als Konkurrenz der Sprachkulturen. Anglophonie im globalen Spannungsfeld von Protest, Prestige und Gleichgültigkeit. *trans-kom* 1 (2). <http://www.trans-kom.eu/ihv_01_02_2008.html>, 15.4.2011.

Kastberg, Peter (2007). Knowledge Communication: The emergence of a third order discipline. Villiger, Claudia, Heidrun Gerzymisch-Arbogast, eds. *Kommunikation in Bewegung : Multimedialer und multilingualer Wissenstransfer in der Experten-Laien-Kommunikation. Festschrift für Annely Rothkegel.* Berlin: Lang, 7-24.

Kastberg, Peter (2010). Knowledge Communication. Formative Ideas and Research Impetus. *Pragmatic Perspectives* 2. 1: 59-71.

Kerremans, Koen, Rita Temmerman Peter De Baer (2008). Construing domain knowledge via terminological understanding. *Linguistica Antverpiensia* 7: 177-91.

Kristiansen, Marita (2011). Domain dynamics in scholarly areas: How external pressure may cause concept and term changes. *Terminology* 17. 1: 30-48.

Kuhn, Thomas S. (1970). *The Structure of Scientific Revolutions* 2nd edn. Chicago: University of Chicago Press.

Kvam, Sigmund (1998). Fachkommunikation und Klassifizierung von Fachtexten. *Fachsprache* 20. 1/2: 29-36.

Lashöfer, Jutta (1992). *Zum Stilwandel in richterlichen Entscheidungen. Über stilistiche Veränderungen in englischen, französischen und deutschen zivilrechtlichen Urteilen und in Entscheidungen des Gerichtshofs der Europäischen Gemeinschaften.* Münster/New York: Waxmann.

Latour, Bruno (2010). *The making of law : an ethnography of the Conseil d'Etat*. Cambridge, UK: Polity.

Niederhauser, Jürg (1999). *Wissenschaftssprache und populärwissenschaftliche Vermittlung*. Forum für Fachsprachen-Forschung 53. Tübingen: Narr.

Peotta, Luana (1998). *Kontrastive Fachtextpragmatik. Deutsche und italienische Gerichtsurteile im Vergleich*. Frankfurt a. M. etc.: Peter Lang.

Reisigl, Martin, Ruth Wodak (2009). The Discourse-Historical Approache (DHA). Wodak, Ruth, Michael Meyer, eds. *Methods of Critical Discourse Analysis*. 2nd edition. Los Angeles: Sage, 87-121.

Risku, Hanna, et al. (2011). An Extended Model of Knowledge Communication Management: The Situational View of Dealing with Asymmetries. *Fachsprache* 33. 3-4: xx-xx.

Roberts, Celia, Srikant Sarangi (2005). Theme-Oriented Discourse Analysis of medical encounters. *Medical Education* 39: 632-40.

Roelcke, Thorsten (2010). *Fachsprachen* 3., neu bearbeitete Auflage edn. Grundlagen der Germanistik 37. Berlin: Schmidt.

Sarangi, Srikant, Christopher N. Candlin (2011). Professional and Organisational Practice: A Discourse/Communication Perspective. Candlin, Christopher N., Srikant Sarangi, eds. *Handbook of Communication in Professions and Organizations*. Berlin: Mouton de Gruyter, 3-59.

Schubert, Klaus (2007). *Wissen, Sprache, Medium, Arbeit*. Forum für Fachsprachenforschung 76. Tübingen: Narr.

Schubert, Klaus (2011 (in press)). Specialized Communication Studies: An Expanding Discipline. Petersen, Margrethe, Jan Engberg, eds. *Current Issues in LSP Research: Aims and Methods*. Bern etc.: Peter Lang.

Thielmann, Winfried (2009). *Deutsche und englische Wissenschaftssprache im Vergleich: Hinführen – Verknüpfen – Benennen*. Wissenschaftskommunikation 3. Heidelberg: Synchron.

Ylönen, Sabine (2001). *Entwicklung von Textsortenkonventionen am Beispiel von ‚Originalarbeiten' der Deutschen Medizinischen Wochenschrift (DMW)*. Frankfurt am Main: Lang.

Ziem, Alexander (2008). *Frames und sprachliches Wissen: Kognitive Aspekte der semantischen Kompetenz*. Berlin, New York: de Gruyter.

Originaler Forschungsbeitrag

Rechtsmedizinische Terminologie in der Befunderhebung von Weichgewebeverletzungen. Eine korpusgestützte Analyse des Terminusgebrauchs in Ungarn und in Deutschland

Katalin Fogarasi

Zusammenfassung

Bei Unfällen und Körperverletzungen werden die Spuren der Gewalteinwirkung vom behandelnden Arzt in einem nummerierten Protokoll ausführlich beschrieben. Rechtsmediziner können ausschließlich anhand dieser Beschreibung die durch das Gericht gestellten Fragen bezüglich Ausmaß und Ursache der Verletzungen beantworten.

Dieses Protokoll des so genannten Schaubefundes stellt in der Diskursgemeinschaft zwischen Medizinern und Gerichtsmedizinern ein eigenes Genre dar, welches durch strenge sprachliche Regeln (hinsichtlich Menge der Information, Valenz und Terminologie) charakterisiert ist.

Wird der Schaubefund nicht diesen Regeln entsprechend ausgefüllt, können die Entstehungsumstände der Verletzung und die Tatwaffe nicht rekonstruiert werden, was in Ungarn sehr häufig der Fall ist.

Der Beitrag fasst die Ergebnisse einer Korpusanalyse an 343 ungarischen und 56 deutschen rechtsmedizinischen Akten zusammen und vergleicht den Terminusgebrauch mit dem in der jeweiligen Fachliteratur. Da die Terminologie vieler Fachbereiche in Ungarn traditionell an das deutsche Muster angelehnt ist, wird für die Standardisierung der ungarischen Terminologie die deutsche Fachsprache der Rechtsmedizin als mögliches Vorbild herangezogen. Der Terminologisierungsgrad der Fachwörter in Ungarn und in Deutschland wird in diesem Zusammenhang vergleichend geprüft. Das Ziel der Forschung besteht darin, die sprachlichen Besonderheiten dieses Genres zu beschreiben, die terminologischen Abweichungen aufzudecken, die Eignung des deutschen Vorbildes zu prüfen.

Schlüsselwörter: Schaubefund Rechtsmedizin; medizinische Terminologie; Terminologisierung; Genre; Diskursgemeinschaft.

1. Einleitung

Die ärztliche Befunderhebung bei Unfällen und Körperverletzungen bedeutet eine besondere Form der Kommunikation zwischen behandelnden Ärzten und Rechtsmedizinern. Unfallchirurgen oder seltener Hausärzte müssen die Verletzungen so exakt wie möglich beschreiben, damit im Falle eines Gerichtsprozesses der Rechtsmediziner später anhand der Beschreibung auf den Entstehungsmechanismus und auf die Tatwaffe schließen kann. Im Rahmen des Faches „Rechtsmedizin" lernen deshalb Medizinstudenten, nach welchen Prinzipien

Verletzungen beschrieben werden sollen. In Ungarn werden die Richtlinien der Befunderhebung sogar in der Auslegungsvorschrift des Ungarischen Institutes für Rechtsmedizin (Országos Igazságügyi Orvostani Intézet 1998) geregelt, zu der auch ein Formular (Látlelet = Schaubefund) vorgegeben ist. Dieses mit der Hand auszufüllende Formular wird aber in der Praxis oft nicht verwendet, sondern die Befunde werden als Word-Dokumente am Computer erstellt, wobei das digitale Format immer die Struktur des ursprünglichen Formulars behält. Die Kommunikation zwischen behandelnden Ärzten und Rechtsmedizinern kann als eine selbständige Textsorte innerhalb der medizinischen Fachkommunikation aufgefasst werden, geht man von Swales' Definition (1990: 24-27) des Genres aus.

In Deutschland existiert hingegen kein vorgegebenes Formular für diese Verletzungsfälle, sondern die normalen Krankenblätter der Unfallchirurgie dienen als Vorlagen. In manchen Bundesländern (wie z. B. Rheinland-Pfalz) werden die Formulare mit der Hand ausgefüllt, was die Lesbarkeit der Dokumente oft beeinträchtigt. In anderen Bundesländern (wie z. B. Hessen) wird die digitale Form bevorzugt, ähnlich wie in Ungarn. Ein weiterer Unterschied zum ungarischen System besteht darin, dass die Diagnosen vorwiegend nur auf Deutsch angegeben werden, während in Ungarn die Diagnose sowohl in Ungarisch als auch in lateinischer Sprache aufzuführen ist.

Die ersten Beobachtungen von Kommunikationsproblemen mit diesem Genre, welche der vorliegenden Analyse zugrunde liegen, stammen aus medizinischen Zeitschriften (Szabó 2008) und aus persönlichen Gesprächen mit Rechtsmedizinern. Sie beschweren sich oft über unklare Formulierung, Vernachlässigung wichtiger Informationen und inkonsequenten Terminusgebrauch, wodurch die nachträgliche Beurteilung von Verletzungen vor Gericht häufig erschwert und manchmal unmöglich wird. Manchmal stimmen die Diagnosen mit den beschriebenen Verletzungen gar nicht überein, was an eine zufällige Verwendung der Diagnosen eines vorangegangenen Falles als Vorlage denken lässt. In solchen Fällen hilft bei Verletzungen von Weichgeweben auch keine nachträgliche Untersuchung mehr, weil Wunden im Laufe der Zeit verheilen und Blutunterlaufungen ausbleichen. Die Folgen sind dann dreierlei: finanziell, wegen der erneuten Untersuchung, rechtlich, weil die Verletzung nicht nachgewiesen werden kann, und ethisch, weil dem Opfer keine Gerechtigkeit verschaffen wird.

In Deutschland wird die Situation dadurch erleichtert, dass eine rechtsmedizinische Untersuchung des Opfers oft am Tag der Verletzung ermöglicht wird. Problematisch sind deshalb nur Fälle, in denen dies nicht passiert, oder wo eine sofortige Operation bzw. Wundversorgung nötig ist, und die Charakteristika der Verletzungen infolge der medizinischen Behandlung nicht mehr zu erkennen sind.

Die bisherigen Untersuchungen bezüglich des Terminusgebrauchs in Ungarn haben bereits einige weiterführende Ergebnisse gebracht. Es wurde nachgewiesen, dass die Kommunikationsprobleme tatsächlich auf sprachlichen Hindernissen beruhen, wie der unterschiedlichen Valenz des Wortes *seb* (*Wunde*) in dieser Textsorte (Fogarasi 2010a) oder inkonsequentem Terminusgebrauch (Fogarasi 2010b). Danach wurden die ungarischen Grundlagenwerke der Rechtsmedizin analysiert, und es konnte festgestellt werden, dass die Terminologie der Rechtsmedizin auch in der Fachliteratur nicht einheitlich gebraucht wird (Fogarasi 2010c).

Das Ziel der vorliegenden Studie war also, die verschiedenen Systeme beziehungsweise die Terminologie der Befunderhebung in Ungarn und Deutschland zu vergleichen. Der Terminologie der rechtsmedizinischen Befunderhebung steht in Ungarn eine Vereinheitlichung bevor, welche (laut ungarischen Rechtsmedizinern) durch einen Vergleich mit dem deutschsprachigen Terminusgebrauch als Orientierungspunkt unterstützt werden könnte. Hierfür wurden Befunde aus dem deutschsprachigen Gebiet gesammelt, und nach den gleichen Prinzipien wie die ungarischen analysiert.

Ein weiteres Ziel der Untersuchung war, die Terminologisierung der Begriffe in beiden Sprachen zu prüfen, da dieses Genre innerhalb der medizinischen Fachsprache beider Länder eine besondere Stellung einnimmt.

2. Materialien und Methoden

Aus dem ungarischen Raum standen 343 rechtsmedizinische Akten über Weichgewebeverletzungen zur Verfügung, welche aus verschiedenen Rechtsmedizininstituten nach dem Zufallsprinzip gesammelt wurden: 60 Stück von der Universität Debrecen, 57 vom Institut für Rechtsmedizin und Forensische Forschung Szekszárd, 66 vom Institut für Rechtsmedizin und Forensische Forschung Győr, 51 vom Institut für Rechtsmedizin und Forensische Forschung Kaposvár, 58 von der Universität Pécs und 51 vom Institut für Rechtsmedizin und Forensische Forschung Veszprém.

Aus dem deutschsprachigen Raum gab es 56 forensische Akten mit dem gleichen Inhalt, aus dem Institut für Rechtsmedizin der Johannes Gutenberg Universität Mainz. Es wurden aus anderen deutschsprachigen Instituten noch weitere Akten gesammelt, deren statistische Analyse aber noch nicht abgeschlossen worden ist.

Jede Akte enthält die detaillierte Beschreibung der Verletzung durch den Arzt (im Weiteren **Teil A**), die Diagnosen durch den Arzt (**Teil B** – bei ungarischen Akten auf Ungarisch und in lateinischer Sprache), und das Gutachten des

Rechtsmediziners (**Teil C**). Die Dreiteilung der Akten war nötig, um auch die einzelnen Einheiten innerhalb des ganzen Korpus vergleichen zu können. Die ermittelten Termini wurden nach der Häufigkeit des Vorkommens analysiert und der Verwendung in der Fachliteratur des jeweiligen Landes gegenübergestellt.

Es war notwendig, auch die Terminologisierungsprozesse zu prüfen, da diese besonderen Termini der medizinischen Fachsprache in keinem der beiden Länder genormt sind. Solange eine Normung nicht stattfindet, ist nicht zu erwarten, dass die Begriffe den zuerst von Wüster formulierten Kriterien der Eineindeutigkeit, Exaktheit und Selbstdeutigkeit (Wüster 1974: 84, zitiert von Muráth 2002: 81) entsprechen. Bei dem Vergleich der Termini zweier Sprachen wird man jedoch mit der Schwierigkeit konfrontiert, dass einige Fachbegriffe keine wortwörtliche Entsprechung, sondere eine andere Ausdrucksform in der anderen Sprache haben. Bei der Prüfung der Terminologisierung werden deshalb die einzelnen Termini nicht als Eins-zu-eins-Entsprechungen aufgefasst, sondern sie werden immer im jeweiligen Kontext der gegebenen Sprache betrachtet. Als Grundlage dieser Betrachtung berufe ich mich auf die Auffassung von Judit Muráth: „die sachgerechte kontrastive Umsetzung von fachlichen Texten kann nur geleistet werden, wenn die Termini im Kontext **begrifflich** erschlossen werden“ (2002: 139). Deshalb werden also die Beschreibungen auf der begrifflichen Ebene verglichen, und ihr Terminologisierungsgrad anhand des Modells von Felber/Schaeder (1999: 1733, zitiert von Muráth 2002: 83) analysiert. In diesem Beitrag werden die deutschen Bedeutungen ungarischer Termini ausschließlich als wortwörtliche Übersetzungen, aber keinesfalls als begriffliche Übereinstimmungen in Klammern angegeben.

3. Ergebnisse

3.1. Termini in den ungarischen Akten

In den ungarischsprachigen Akten (343) wurde in der detaillierten Beschreibung der Verletzungen (**Teil A)** als häufigster Befund der Terminus *duzzanat* (Schwellung) ermittelt, insgesamt 183-mal erwähnt. Diesem Fachbegriff folgten in der Häufigkeit *nyomásérzékenység* (Druckempfindlichkeit) 119-mal, *horzsolás* (Abschürfung) 89-mal bzw. ihre lateinische Entsprechung *Abrasio* 45-mal und das Partizip Perfekt aus dem gleichen ungarischen Wortstamm *horzsolt seb* (Schürfwunde) je 77-mal. Weitere häufige Bezeichnungen waren *seb* (Wunde) 72-mal und *repesztett seb* (Platzwunde) 70-mal. Bei den Diagnosen (**Teil B**), welche die Schlussfolgerungen zu den detaillierten Beschreibungen darstellen, wurden bei den ungarischen Bezeichnungen *zúzódás* (Quetschung) 339-mal, *zúzott seb* (Quetschwunde) 72-mal und *horzsolás* (Abschürfung) 56-mal als die häufigsten gefunden. Bei den zu den gleichen Diagnosen gehörenden lateinischen Diagnosen zeigten sich *contusio* (Quetschung) 184-mal und *vulnus contusum* (Quetschwunde) 103-mal. Da die lateinischen Diagnosen eigentlich die Übersetzungen der ungarischen sein sollten, zeugt der Unterschied in der Vorkommenshäufigkeit der Termini *zúzódás* und deren lateinischer Entsprechung *contusio* von einer inkonsequenten Diagnoseangabe.

Die Analyse des dritten Teiles, der rechtsmedizinischen Gutachten über die gleichen Verletzungen (**Teil C**), zeigte, dass die meisten Veränderungen des Weichgewebes als *zúzódás* (Quetschung) – 257-mal – klassifiziert wurden, gefolgt von *repesztett seb* (Platzwunde) 116-mal und *horzsolás* (Abschürfung) ebenfalls 116-mal. Der Terminus *zúzott seb* (Quetschwunde) wurde bloß 29-mal verwendet.

3.2. Termini in der ungarischsprachigen Fachliteratur

Der Fachausdruck *duzzanat* (Schwellung) bei den sichtbaren Symptomen wird in der Fachliteratur im Zusammenhang mit *zúzódás* (Quetschung) als Diagnose infolge einer stumpfen Gewalteinwirkung erwähnt. Bei Quetschungen soll es durch die Zusammenpressung der Blutgefäße zu einem druckbedingten Blutmangel kommen, welcher von Überdurchblutung und Schwellung gefolgt wird (Sótonyi 1996: 113). Das andere Grundwerk der ungarischen Rechtsmedizin betont den Blutungseffekt, welcher eventuell mit Gewebeschwellung einhergehen könne (Buris 1991: 81). Der Definition nach kann also eine Schwellung ohne Überdurchblutung nicht als Quetschung aufgefasst werden. Dadurch kann erklärt werden, warum Rechtsmediziner die meisten Fälle, in denen *duzzanat* bei der Verletzungsbeschreibung an sich ohne weitere sichtbare Merkmale aufgeführt war, außer Acht gelassen und die daraus folgende Diagnose einer Quetschung nicht akzeptiert haben.

Der Terminus *nyomásérzékenység* (Druckempfindlichkeit) wurde in den rechtsmedizinischen Gutachten ähnlich wie der seltenere Terminus *fájdalmas* (schmerzhaft) an sich gar nicht als Verletzungsspur aufgefasst, und zwar in einigen Akten mit der Begründung, dass es sich bei diesen Ausdrücken um die subjektiven Symptome des Patienten, nicht aber um objektiv sichtbare Veränderungen handelt.

Unter *horzsolás* (Abschürfung) versteht die Fachliteratur eine ebenfalls stumpfe Gewalteinwirkung, welche die obersten Hautschichten betrifft, und mit der Abtragung der oberen Epithelschicht einhergeht (Buris 1991: 78-79). Wenn es infolge einer stumpfen Gewalteinwirkung zur Unterbrechung der Kontinuität der Haut kommt, spricht die Fachliteratur (Buris 1991: 85, Sótonyi 1996: 115) von einer *repesztett seb* (Platzwunde). So kommt der Ausdruck *horzsolt seb* (Schürfwunde) in der Fachliteratur nie vor. Ebenso wenig lässt sich der Ausdruck *seb* (Wunde) an sich ohne ein adjektivisches Attribut in der Fachliteratur auffinden. Dieses Phänomen kann die eigenartigen nominalen Valenzverhältnisse dieses Genres erklären (Fogarasi 2010a), welche das Wort *Wunde* im Gegensatz zur allgemeinen medizinischen Terminologie nicht als selbständigen Terminus gelten lassen. Die im Teil B in hoher Anzahl vertretene Bezeichnung *zúzott seb* oder *vulnus contusum* (Quetschwunde) findet ebenfalls kaum Erwähnung in der Fachliteratur.

Eine vergleichende Studie mit der Klassifikation der Weichgewebeverletzungen in der Chirurgie hat jedoch ergeben, dass der Terminus *zúzott seb* (Quetschwunde) in der Chirurgie mit der in den Akten aufgefundenen lateinischen Übersetzung in der Bedeutung mit dem rechtsmedizinischen Terminus *repesztett seb* (Platzwunde) gleichgesetzt und allein in dieser Form gebraucht wird (Fogarasi 2010b). Da sich Unfallchirurgen auf Grund ihrer Spezialisierung eher mit der Terminologie der Chirurgie auseinandersetzen, ist das Einschleichen dieses „Lehnterminus" in das Genre des Schaubefundes nachvollziehbar.

Vergleicht man die Vorkommenshäufigkeit verschiedener Wundtypen in den Beschreibungen von behandelnden Ärzten (Grafik 1) mit denen, die von Rechtsmedizinern für die gleichen Verletzungen gegeben wurden (Grafik 2), ist der festzustellende Unterschied bemerkenswert. (Die ungarischen Termini wurden wortwörtlich ins Deutsche übertragen, entsprechen begrifflich aber nicht den deutschsprachigen Äquivalenten.).

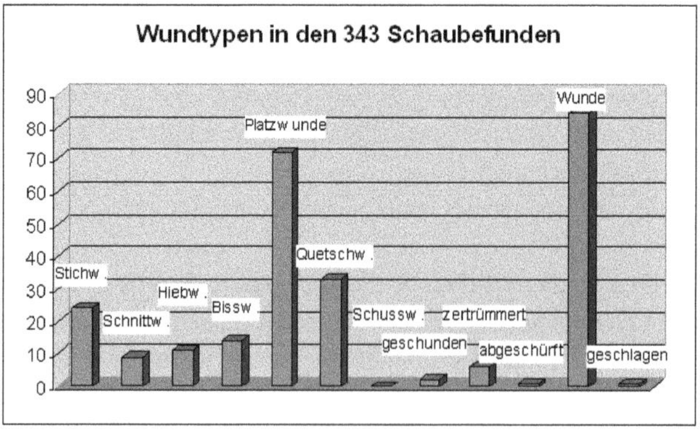

Grafik 1: Vorkommenshäufigkeit verschiedener Wundtypen in den ungarischen Verletzungsbeschreibungen (Teil A)

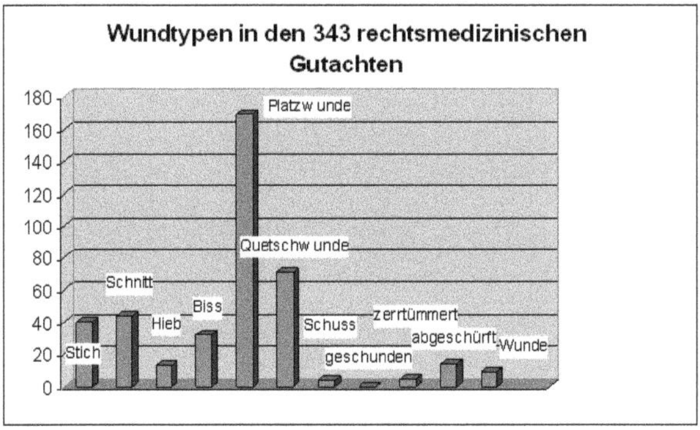

Grafik 2: *Vorkommenshäufigkeit verschiedener Wundtypen in den ungarischen rechtsmedizinischen Gutachten (Teil C)*

Rechtsmediziner verwenden den Terminus *seb* (Wunde) nie an sich, allerdings kommt der Ausdruck *zúzott seb* (Quetschwunde) fast mit der gleichen Häufigkeit wie bei Unfallchirurgen und Hausärzten vor. Das Verhältnis von Hieb- und Schnittwunden ist bei den Experten auch unterschiedlich, was für die unklare Interpretation der Definitionen der beiden Termini bei den behandelnden Ärzten spricht.

3.3. Rechtsmedizinische Beurteilbarkeit ungarischer Befunderhebungen

Anhand der oben schon beschriebenen terminologischen Uneindeutigkeiten war zu erwarten, dass Rechtsmediziner im Nachhinein nicht alle Verletzungen beurteilen können. Grafik 3 zeigt, dass 15,28% der Verletzungsbeschreibungen von Rechtsmedizinern nicht beurteilt werden konnten und so wurden Verletzungen als nicht existierend ignoriert. Bei 5,6% der Verletzungen war der Verletzungstyp zwar beurteilbar, aber wegen des Fehlens wichtiger Merkmale konnte nur eine teilweise Beurteilung formuliert werden.

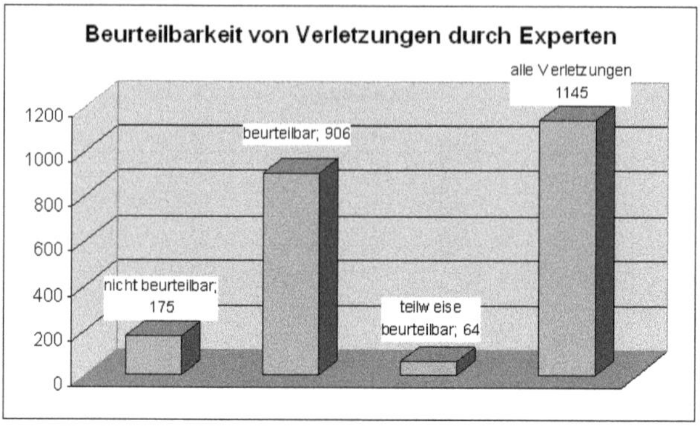

Grafik 3: *Beurteilbarkeit aller beschriebenen Verletzungen durch Rechtsmediziner in den ungarischen Akten*

3.4. Termini in den deutschen Akten

In den detaillierten Beschreibungen durch behandelnde Ärzte (**Teil A**) kommen die Termini *Hämatom/Einblutung* (56-mal), *Schwellung* (12-mal), *Petechien* (10-mal), *Platzwunde* (9-mal), *Rötung* (5-mal) und *Hautverfärbung* (5-mal) am häufigsten vor.

Bei den Diagnosen (**Teil B**) waren *Hämatom* (16), *Platzwunde* (7), *Verletzung* (5) und *Blutung* (4) die häufigsten Bezeichnungen, die einigermaßen mit den Beschreibungen korrelieren. In den rechtsmedizinischen Gutachten (**Teil C**) waren hingegen *Hautverfärbung* (100), *(Ab)Schürfung* (39), *Hautrötung* (37), *(an)geschwollen* (37) und *Hautdurchtrennung* (35) vertreten. Der Terminus *geschwollen* kommt dabei normalerweise in der Umgebung anderer Verletzungsmerkmale vor, z. B. „gerötet und auch deutlich geschwollen".

3.5. Termini in der deutschsprachigen Fachliteratur

Während Hämatome in der ungarischen Fachliteratur nicht mit diesem griechischen Terminus, sondern als „Unterhautblutung" bezeichnet und in der Befunderhebung vernachlässigt werden, scheint in Deutschland die Einblutung auch in der ärztlichen Praxis als Hauptmerkmal einer stumpfen Gewalteinwirkung aufgefasst zu werden. In der deutschsprachigen Fachliteratur werden die Bezeichnungen *Blutunterlaufung*, *Hämatom*, *Suffusion*, *Sugillation* (Schwerd 1986: 36) und *Bluterguss* (Brinkmann/Madea 2004: 362) gleichgesetzt. Ihre Definition entspricht der ungarischen Definition der „Unterhautblutung" bei Gewebequetschungen. Der Terminus *Petechie* wird als „kleinste, punktförmige bis stecknadelkopfgroße Blutung auf der Basis umschriebener Kapillardefekte im oberen Haut- oder Schleimhautniveau" (Brinkmann/Madea 2004: 361) definiert. Rötungen werden mit dem Terminus *Erythem* gleichgesetzt und als „eine mehr oder weniger umschriebene Hautrötung infolge Erweiterung und vermehrter Füllung der Blutgefäße bei leichten stumpfen Gewalteinwirkungen" (Brinkmann/Madea 2004: 361) gedeutet. In der ungarischen Fachliteratur findet sich keine derartige Definition, bloß bei der Erklärung der Quetschung kommt das Wort *bővérűség* (Überdurchblutung) vor (Sótonyi 1996: 113).

Platzwunde mag aufgrund der Definition dem ungarischen gleichbedeutenden Terminus *repesztett seb* entsprechen. In der älteren deutschsprachigen Fachliteratur wird der Terminus *Platzwunde* verwendet, das aktuelle Nachschlagewerk plädiert jedoch für den Terminus *Riss-Quetschwunde* (Brinkmann/Madea 2004: 1282), mit der Begründung, *Platzwunde* entspräche „eigentlich nicht den tatsächlichen physikalischen Vorgängen bei der Entstehung der Verletzung. Platzen, im eigentlichen Wortsinn, kann nur ein Behältnis bei hohem Innendruck (…). Tatsächlich wird die Haut jedoch zwischen dem Gegenstand und knöchernen Unterlage gequetscht. Durch zentrifugale Kraftfaktoren kommt es im Zentrum der Gewalteinwirkung zur Überdehnung der Haut über die Elastizitätsgrenze hinaus mit dem Resultat einer Risswunde. Demzufolge handelt es sich bei Platzwunden eigentlich um eine Kombination von Quetsch- und Risswunden" (Brinkmann/Madea 2004: 364). Zur zitierten etymologischen Erklärung der Bezeichnungen kann festgestellt werden, dass die in der ungarischen Fachliteratur vorkommende Bezeichnung für den gleichen Wundtyp (*repesztett seb*) in der wortwörtlichen Bedeutung dem Terminus *Risswunde* gleichgesetzt werden kann. Die ungarische Entsprechung der *Quetschwunde* (*zúzott seb*) wird in Ungarn zwar verwendet, kann aber nur in der Fachliteratur der Chirurgie als offizieller Terminus aufgefunden werden.

Der Terminus *Verfärbung* kommt in der Fachliteratur in jeglichem Zusammenhang mit Körperverletzungen vor. Besonders betont wird aber das Fachwort als *Hämatomverfärbung*, da Blutergüsse ihre Farben mit der Zeit ändern. In den rechtsmedizinischen Gutachten des untersuchten Korpus kommt das Wort *Verfärbung* auch immer in Verbindung mit einer Farbbezeichnung vor (z. B. grünliche, rötliche, blau-violette (Haut-)Verfärbung usw.), und bezieht sich auf ärztliche Diagnosen wie *Blutunterlaufung* und *Hämatom*. Es kann also angenommen werden, dass deutsche Gutachter die Termini *Verfärbung* bzw. *Hautdurchtrennung* vorziehen, weil sie Verletzungen nicht aufgrund medizinischer Schaubefunde beurteilen, sondern den Patienten im Auftrag der Staatsanwaltschaft selber untersuchen. So wissen sie genau um den Adressaten ihrer Gutachten und vermeiden vermutlich deshalb die Verwendung komplizierter medizinischer Fachwörter. Behandelnde Ärzte benutzen wahrscheinlich darum eher medizinische Termini, da ihre unmittelbaren Adressaten ausschließlich weitere Mediziner sein können. Hierzu sei noch bemerkt, dass im Falle von Gewebequetschungen in Ungarn mit dem Fachwort *zúzódás* (Quetschung) der Entstehungsmechanismus der Verletzung beschrieben wird, während in Deutschland mit den Termini *Hämatom* oder *Bluterguss* das Resultat der Gewebequetschung betont wird. Das könnte als ein wesentlicher Aspektunterschied zwischen den rechtsmedizinischen Terminologien der beiden Sprachen angesehen werden.

3.6. Rechtsmedizinische Beurteilbarkeit deutschsprachiger Befunderhebungen

Wie schon erwähnt, ist die Beurteilbarkeit der medizinischen Befunde nur in den Fällen von Bedeutung, in denen der Rechtsmediziner wegen der medizinischen Behandlung keine Spuren der Verletzungen mehr sehen kann. Von 56 Befunden waren 44 beurteilbar, 10 teilweise beurteilbar (z. B. war ein Wundmerkmal nicht beurteilbar), und 2 gar nicht beurteilbar (das wichtigste, entscheidende Wundmerkmal war nicht mehr zu sehen).

Was die Wundmerkmale betrifft, muss hier gesagt werden, dass weder die ungarischen noch die deutschen Befunde genügend Wundmerkmale nennen. Eine vergleichende Studie mit weiteren 100 deutschsprachigen Befunden wird gerade vorbereitet.

4. Terminologisierungsgrad der häufigsten Termini in beiden Sprachen

Da es sich hierbei um eine spezifische Textsorte handelt, welche von einer gesonderten Diskursgemeinschaft der medizinischen Fachsprache gebraucht wird, und da es mit den Termini zahlreiche Verwendungsprobleme gibt, soll hier untersucht werden, inwieweit diese Terminologie im linguistischen Sinne „terminologisiert“ ist. Im Folgenden sollen die einzelnen obigen Termini anhand des Modells von Felber/Schaeder vorgestellt werden (Grafik 4), das nach Judit Muráth „dem tatsächlichen lexikalischen Bestand der Fachsprachen am nächsten steht“ (2002: 83).

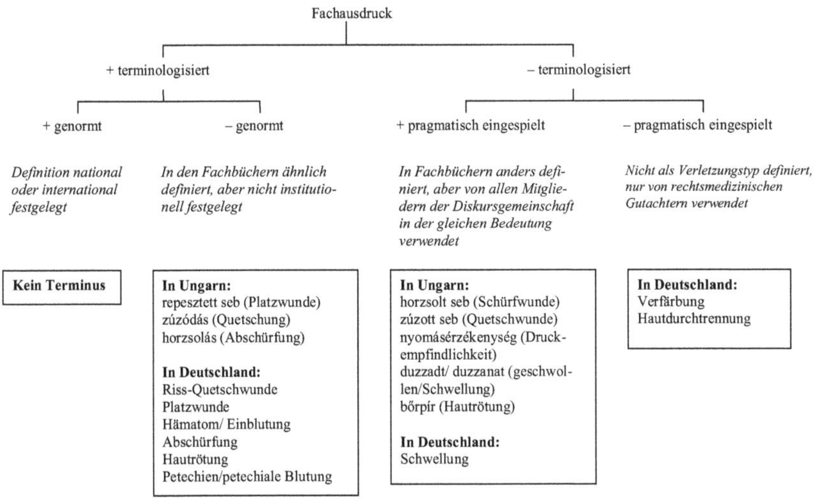

Grafik 4. *Grad der Terminologisierung der häufigsten ungarischen und deutschen Termini in beiden Korpora*

„Terminologisiert meint, dass der Begriff definiert und seiner Benennung fest zugeordnet ist. Genormt meint, dass der entsprechende Terminus durch eine dazu befugte Institution national oder international festgelegt ist. Pragmatisch eingespielt meint, dass der entsprechende Begriff hinreichend definiert und seine Benennung weithin akzeptiert ist." (Felber/Schaeder 1999: 1733 ff., zitiert nach Muráth 2002: 83). „Als vierte Kategorie werden in der Abbildung auch diejenigen Fachausdrücke dargestellt, die weder definiert noch pragmatisch eingespielt sind, aber dennoch als Fachausdrücke zu bezeichnen sind" (Muráth 2002: 84).

In Ungarn wird die Normung, wie schon erwähnt, gerade vorbereitet. Die einzigen Quellen sind deshalb Lehrbücher und Nachschlagewerke. In Deutschland findet man aber eine ähnliche Situation, obwohl es dort neuerdings zur Herausgabe eines zweibändigen aktuellen Nachschlagewerks gekommen ist, welches sogar Benennungsprobleme thematisiert. Auf internationaler Ebene steht aber auch keine genormte Terminologie zur Verfügung. Die internationale Kodierung verschiedener Krankheits- und Verletzungsdiagnosen namens ICD-10-GM Version 2011 (aktuelle Variante) wurde nach statistischen Aspekten zusammengestellt und gruppiert Verletzungen nicht nach ihren Entstehungsmechanismen wie die Rechtsmedizin, sondern nach verletzten Körperteilen. So kommt es zu Bezeichnungen, welche aus rechtsmedizinischem Aspekt nicht als relevant betrachtet werden können, z. B. *offene Wunde* und *Verletzung nicht näher bezeichnet* (ICD 2011).

Zusammenfassend kann aber festgestellt werden, dass in den Akten der beiden Sprachgebiete vorwiegend die gleichen Verletzungsarten vorgekommen sind, die in Deutschland mehr terminologisierte Bezeichnungen haben. In Ungarn gibt es mehr pragmatisch eingespielte Termini ohne Definition als im Mainzer Sprachgebiet in Deutschland. In Mainz gab es hingegen zwei Fachwörter in den rechtsmedizinischen Gutachten, welche als pragmatisch nicht eingespielte Termini eingestuft werden können, da sie von behandelnden Ärzten nicht verwendet werden.

5. Zusammenfassung

Zusammenfassend kann festgestellt werden, dass die Terminologie für Verletzungen des Weichgewebes weder in Deutschland noch in Ungarn der Wichtigkeit dieser Textsorte entsprechend genormt ist. Tendenzen zur Vereinheitlichung zeigen sich mittlerweile in der deutschsprachigen Fachliteratur, in Ungarn wurde vom Institut für Rechtsmedizin der Universität Pécs die Erstellung eines Wortregisters angeregt, welches aus dem für die beschriebene Forschung zusammengestellten Korpus resultiert.

Dieses Wortregister soll die Grundlage für eine geplante Software bilden, mit deren Hilfe die Befunderhebung von Verletzungen erleichtert und standardisiert werden kann. Experten werden aus dem Wortregister die von ihnen für angemessen gehaltenen Bezeichnungen für die Verwendung der Software auswählen, wobei sie sich nach den deutschen und englischen Termini richten. Da die Terminologie im englischsprachigen Raum auch nicht standardisiert ist (Fogarasi 2010c), soll wegen der Tendenz zur Verwendung inhaltlich und in der Bedeutung ähnlicher Nominalphrasen (z. B. *éles szélű metszett seb* = Schnittwunde mit scharfen Wundrändern) in erster Linie die deutschsprachige Terminologie als Vorbild für die Vereinheitlichung dienen. In der Zukunft bietet sich demzufolge an, der Bedeutung und Funktion von Nominalphrasen in dieser besonderen Textsorte auch im deutschsprachigen Gebiet nachzugehen.

Literatur

Brinkmann, Berndt, Burkhard Madea (2004). *Handbuch gerichtliche Medizin*. Berlin, Heidelberg: Springer.

Buris, László (1991). *Az igazságügyi orvostan kézikönyve*. Budapest: Medicina.

DIMDI /=Deutsches Institut für Medizinische Dokumentation und Information/ (2011). Verletzungen, Vergiftungen und bestimmte andere Folgen äußerer Ursachen (S00-T98). *ICD (International Classification of Diseases. Internationale statistische Klassifikation der*

Krankheiten und verwandter Gesundheitsprobleme). 10. Revision, German Modification, Version 2012. Kapitel XIX. <http://www.dimdi.de/static/de/klassi/diagnosen/icd10/html-gm2012/index.htm>, 30.9.2011.

Felber, Helmut, Burkhard Schaeder (1999). Typologie der Fachwörterbücher. Hoffmann, L., H. Kalverkämper, H. E. Wiegand, Hrsg. *Fachsprachen: ein internationales Handbuch zur Fachsprachenforschung und Terminologiewissenschaft = Languages for special purposes.* Bd. 14. Berlin/New York: de Gruyter, 1725-1743.

Fogarasi, Katalin (2010a). A nominális valencia szerepe traumatológiai sérülésleírások értelmezésében. *Alknyelvdok. A Magyar Tudományos Akadémia Alkalmazott Nyelvészeti Doktorandusz Konferenciájának online kötete*, 31-45. <http://www.nytud.hu/alknyelvdok10/proceedings10.pdf>, 30.9.2011.

Fogarasi, Katalin (2010b). Sebtípusok, sebleírások terminológiai problémái traumatológiai látleleteken. *Porta Lingua. Tudományterületek és nyelvhasználat.* Debrecen: Szaknyelvoktatók -és Kutatók Országos Egyesülete, 121-138.

Fogarasi, Katalin (2010c). Terminology of Wounds. A Contrastive Survey on Terms in the Technical Literature of Forensic Medicine in Hungary. *ACTA MEDICA MARISIENSIS (Official Publication of the UNIVERSITY OF MEDICINE AND PHARMACY OF TARGU MURES).* Volume 56, Number 6, 2010, 587-597.

Muráth, Judit (2002). *Zweisprachige Lexikographie.* Budapest: Nemzeti Tankönyvkiadó.

Országos Igazságügyi Orvostani Intézet (1998). *16-os számú módszertani levél.* Eü.K. 7/1998. 619. <http://www.igaz.sote.hu/>, 30.9.2011.

Schwerd, Wolfgang, Hrsg. (1986). *Rechtsmedizin. Lehrbuch für Mediziner und Juristen.* 4. Auflage. Köln: Deutscher Ärzte-Verlag.

Sótonyi, Péter (1996). *Igazságügyi Orvostan.* Budapest: Semmelweis.

Swales, John Malcolm (1990). *Genre Analysis. English in Academic and Research Settings.* CUP: Cambridge.

Wüster, Eugen (1974). Die allgemeine Terminologielehre – Ein Grenzgebiet zwischen Sprachwissenschaft, Logik, Ontologie, Informatik und Sachwissenschaften. *Linguistics* Nr. 119, 61-106.

Szabó Árpád (2008). Látlelet a látleletről. *Házi jogorvos.* 12/2008. <http://www.hazijogorvos.hu/content/view/413/81>, 30.9.2011.

Originaler Forschungsbeitrag

Funktionsverbgefüge im Wirtschaftsdeutsch

Borislav Marušić

Zusammenfassung

Diese Arbeit hat zum Ziel, die Unterschiede der Funktionsverbgefüge des Sachgebiets Wirtschaftsdeutsch gegenüber den FVG in der Standardsprache und in der Verwaltungssprache nach der Häufigkeit ihres Vorkommens festzustellen. Die FVG in diesen Bereichen der deutschen Sprache werden sowohl nach der Häufigkeit des Vorkommens von Funktionsverben als auch nach ihren Präpositional- oder Nominalphrasen analysiert und verglichen. Das aus ca. 1000 Belegen bestehende Korpus wurde verschiedensten Texten und Webseiten des Sachgebiets Wirtschaftsdeutsch entnommen. Die Gebiete der Untersuchungen sind: Mikro- und Makroökonomie, Wirtschaftspolitik, Finanzwissenschaft, Betriebswirtschaft, Bank-, Börsen- und Versicherungsgeschäfte. Die Arbeit aktualisiert auch das Vorkommen dieser Konstrukte in deutschen Wörterbüchern: sowohl in einsprachigen Standardwörterbüchern der deutschen Sprache (auch online Wörterbüchern) als auch in zweisprachigen deutsch-kroatischen Fachwörterbüchern. Die Analyse und der Vergleich von FVG werden sowohl den Germanistikstudenten, die sich insbesondere im Studium der Translatologie Kenntnisse im Rahmen einiger Wahlfächer dieses Gebiets aneignen können, als auch Linguisten behilflich sein.

Schlüsselwörter: Funktionsverbgefüge; FVG in der Standardsprache und in Fachsprachen; FVG im Wirtschaftsdeutsch; FVG im Verwaltungsrechtsdeutsch.

1. Zu diesem Beitrag

Der Terminus *Funktionsverbgefüge* wurde zuerst 1963 in einem Beitrag von Peter von Polenz „Funktionsverben im heutigen Deutsch" erwähnt. Seitdem wurde er in der germanistischen Linguistik unter verschiedenen Gesichtspunkten analysiert und bearbeitet. Jedoch fehlt es meiner Erkenntnis nach an einer Analyse der Funktionsverbgefüge in einem Bereich der deutschen Fachsprache, namentlich im Wirtschaftsdeutsch. Der Beitrag hat zum Ziel, sich umfangreich mit der Problematik von Funktionsverbgefügen des Sachgebiets Wirtschaftsdeutsch zu beschäftigen. Das Korpus für diesen Beitrag besteht aus 1061 Belegen. Die ermittelten Funktionsverbgefüge des Sachgebiets Wirtschaftsdeutsch wurden nach verschiedenen Kriterien mit jenen aus der Standard- und Verwaltungsrechtssprache verglichen. Zusätzlich wurden die häufigsten Funktionsverben und Nominalteile der Funktionsverbgefüge nach ihrem Vorkommen in ein- und zweisprachigen Fachwörterbüchern überprüft. Die Arbeit soll dazu beitragen, Germanisten, Germanistikstudenten und Lernenden der deutschen Wirtschaftssprache zu helfen, sich besser auf diesem Gebiet zu orientieren.

2. Das Phänomen des zweiteiligen Prädikats

Mit dem Terminus Funktionsverbgefüge (FVG) bezeichnet man im Allgemeinen eine Verknüpfung von einem Funktionsverb (FV) und einer Nominal- oder Präpositionalphrase: *Wachstum bringen, zur Ausschüttung gelangen.* Dabei hat das FV seine ursprüngliche Bedeutung eingebüßt, wobei der Nominalteil des Konstruktes zum Bedeutungsträger des Prädikats geworden ist: „Das Funktionsverb hat durchweg nur grammatische Funktion: Es trägt zwar alle Merkmale des Finitums (Tempus, Modus, Genus, Person, Numerus), hat aber seine Wortbedeutung mehr oder weniger verloren; als Hauptsinnträger des Prädikats dient das Akkusativobjekt bzw. die Präpositionalgruppe." (Eisenberg 1995: 206) Das ganze Konstrukt wird als zweiteiliges Prädikat betrachtet. „Eine klare, eindeutige Definition für Funktionsverbgefüge (FVG) ist in der Literatur nicht zu finden, obwohl der Begriff FVG gerade in der traditionellen Grammatik des Deutschen eine wichtige Rolle spielt. Aus den verschiedenen Definitionsansätzen lassen sich einige zentrale Kriterien extrahieren, die zur Eingrenzung der oft intuitiven Bestimmung einer Nomen-Verb-Kombination als FVG verwendet werden." (Winhart 2005: 1)

Vor dem Jahre 1963 wurde dieses Konstrukt mit verschiedenen Namen benannt und meistens als überflüssig, sprachfremd und stilistisch missraten betrachtet. Mit dem schon erwähnten Beitrag von Peter von Polenz hat diese Auffassung dieser Problematik gegenüber eine grundlegende Veränderung erfahren. Als Erster schuf er den Terminus FVG. Außerdem bietet sein Beitrag die Möglichkeit, die FVG als eine zusätzliche Ausdrucksmöglichkeit in der Sprache zu betrachten und nicht als etwas stilistisch Unakzeptables. Dennoch bleibt der stilistische Wert der FVG umstritten. Seit eh und je haben sich viele Germanisten und Grammatikverfasser dazu geäußert, dass es beim Gebrauch von FVG um stilistisch missratenes Deutsch, eine Art der „Substantivitis" geht, trotz der Tatsache, dass das Konstrukt ziemlich stark in der gesprochenen Sprache und in Fachsprachen vertreten ist. Deswegen empfehlen sie statt dieser Konstrukte ihnen konkurrierende Vollverben zu gebrauchen (vgl. Götze/Hess-Lüttich 2002: 95).

Die Zahl der Funktionsverben bleibt weiterhin ungewiss. Die Autoren geben verschiedene Kriterien zur Abgrenzung dieser Verbart an. Als Ergebnis gibt es viele Listen von Funktionsverben die miteinander in keiner Übereinstimmung stehen. Hier seien nur einige Meinungen über die Zahl der Funktionsverben aufgeführt: „Es gibt mehr als hundert Funktionsverben. Die meisten von ihnen regieren eine akkusativische Nominalphrase (*Überlegungen anstellen*), einige Dutzend, darunter die häufigst gebrauchten, regieren eine Präpositionalphrase (*in Anrechnung bringen*)." (Engel 2004: 211) Im Anhang ihrer Diplomarbeit „Entwurf und Realisierung von Lexikoneinträgen für Funktionsverbgefüge der deutschen Sprache" erstellte Bruker (2008) eine Liste von 93 FV aufgrund des TIGER- und DWDS-Korpus, mit Beispielen aus der Literatur, dem Internet und aus einer eigenen Sammlung. Heine (2008) gibt die häufigsten 93 FVG an, deren Verbalteile dennoch mit der Liste von Bruker nicht völlig korrespondieren. Helbig/Buscha (1993) führen eine Liste von insgesamt 38 FV auf.

Kamber führt die von Anne Hofstetter (1999) erstellte Liste der am häufigsten gebrauchten Funktionsverben in deutscher Standardsprache auf: *bringen* (15,74%), *sein* (12,46%), *kommen* (11,62%), *sich befinden* (7,78%), *stehen* (7,5%), *geraten* (6,14%), *nehmen* (3,44%), *stellen* (3,3%), *bleiben* (3,21%), *setzen* (3,16%), *gehen* (2,66%), *halten* (2,6%), *versetzen* (2,2%), *haben* (1,97%), *treten* (1,7%), *gelangen* (1,3%), *liegen* (1,24%), *geben* (1,13%), *begriffen sein* (1,07%), *verfallen* (0,96%), *fallen* (0,96%), *führen* (0,9%), *ziehen* (0,85%), *stürzen* (0,79%), *lassen* (0,73%), *ergehen* (0,73%), *legen* (0,68%), *ausbrechen* (0,56%), *schreiten* (0,51%), *treiben* (0,45%), *stoßen* (0,34%), *schweben* (0,28%), *versinken* (0,23%), *sinken* (0,17%), *stecken* (0,11%), *schlagen* (0,11%), *jagen* (0,11%), *fassen* (0,11%), *werfen* (0,06%), *tragen* (0,06%) (Kamber 2006: 110).

Für das beste Modell zur Abgrenzung der Funktionsverben von Vollverben (s. Marušić 2009) wird das der umrahmten Schnittmengen von Alain Kamber gehalten. „Das Modell der ‚umrahmten Schnittmengen' weist indessen auch mehrere Vorzüge auf, unter anderem die beiden folgenden: Zum einen werden die Ergebnisse der bisherigen Forschung berücksichtigt (indem periphere Phänomene nicht einfach ausgeschlossen werden). Zum andern führt es zumindest teilweise aus der terminologischen Sackgasse heraus, indem es unterschiedlichen, aber doch verwandten Phänomenen ein gemeinsames ‚Dach' bietet." (Kamber 2008: 30). Seine schematische Darstellung erklärt er folgenderweise: „Der ‚Bedeutungsverlust' des Verbs ist m. E. das grundlegende Kriterium [hier Kriterium A], da ein Verb keineswegs *per se* Funktionsverb ist. Neben dem Basis-Kriterium [A], das allen Mitgliedern der Kategorie gemeinsam ist, können in diesem Repräsentationsmodell nun weitere Kriterien berücksichtigt werden, welche nicht immer erfüllt sind. Die Anzahl von Definitionskriterien innerhalb des Rahmens ist im Prinzip nicht begrenzt. Unter den verschiedenen Möglichkeiten der Kategorisierung habe ich drei herangezogen:

1) Ist das Substantiv ein Verbalabstraktum oder nicht? [Kriterium B]

2) Ist das Verb ein Bewegungs- bzw. Zustandsverb oder nicht? (*nehmen, geben, bringen, kommen, setzen, stellen, stehen* usw.)? [Kriterium C]

3) Enthält das Syntagma eine Präpositionalgruppe oder nicht? [Kriterium D]" (Kamber 2008: 113)

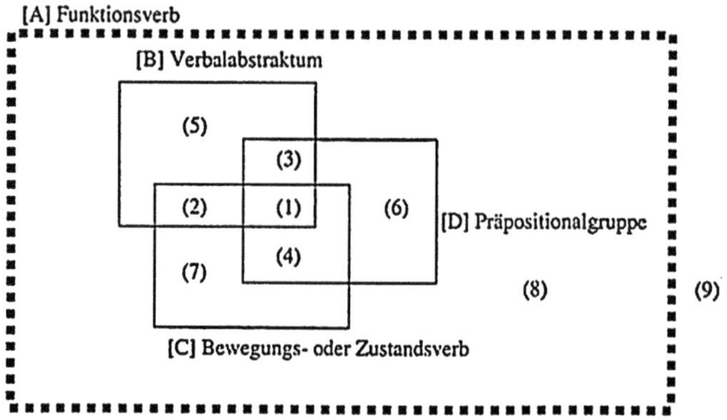

Abbildung 1: Subklassifizierung der FVG im Modell der umrahmten Schnittmengen

Diese Kombination von semantischen, morphologischen und syntaktischen Kriterien ist nach Kamber (2006: 113) „die einzige Möglichkeit, ein komplexes Phänomen einzugrenzen und ihm letztendlich gerecht zu werden". Dabei ergeben sich 9 mögliche Fälle, die aus diesen Kriterien hervorgehen können:

1) zum Ausdruck kommen
2) Stellung nehmen
3) in Besitz haben
4) zur Welt kommen
5) Ordnung schaffen
6) in Angst halten
7) Platz nehmen
8) Lust haben / Licht machen
9) zur Geburtstagsfeier gehen / Zucker nehmen / Kuchen essen (Kamber 2006: 113f).

Das Syntagma unter 1 stellt nach dieser Auffassung ein typisches FVG dar, weil es allen 4 festgelegten Kriterien entspricht. Die Syntagmen 2-8 weisen die Merkmale des FVG auf, jedoch mit fallender Tendenz. Die Syntagmen unter 9 sind außerhalb des Definitionsrahmens der Funktionsverben, denn es geht um Vollverben mit ihren Argumenten (Nomen im Akkusativ).

Das Nomen als Teil des zweiteiligen Prädikats ist entweder eine deverbale oder deadjektivische Nominalisierung (*abschließen → zum Abschluss bringen, fähig (sein) → die Fähigkeit besitzen*) oder ein Nomen actionis (*unterstützt werden → Unterstützung bekommen*).

Mit einem FVG konkurriert oft ein einfaches Vollverb (*Ersatz leisten ↔ ersetzen*). Das FV beeinflusst in gewissem Grade die Bedeutung des Prädikats und macht das ganze Konstrukt semantisch präziser als das mit ihm konkurrierende finite Verb. „Es drückt einen Zustand [dur], eine Zustandsveränderung [incho] oder das Bewirken einer Zustandsveränderung (bzw. eines Zustands) [caus] aus – mitunter bei denselben nominalen Bestandteilen im FVG:

sich in Abhängigkeit *befinden*	[dur]
in Abhängigkeit *kommen / geraten*	[incho]
in Abhängigkeit *bringen*	[caus]“ (Helbig 1993: 80).

Diese drei Variationen sind insgesamt bedeutungsreicher als das mit ihnen konkurrierende Vollverb *abhängen*, denn die FV sind auch Träger der im obigen Zitat angegebenen semantischen Funktionen.

3. Funktionsverbgefüge in der (deutschen) Fachsprache

Die FVG stellen nicht nur ein wesentliches Kennzeichen in der deutschen Standardsprache dar, sondern auch in der Fachsprache. Hier werden nur einige Anhaltspunkte zum Thema präsentiert: „Obwohl die FVG in allen Kommunikationssphären vertreten sind, ist es eine unabänderliche Tatsache, dass sie am häufigsten in der Fachsprache vorkommen.“ (Blažević 1995: 343) (Übersetzung Marušić). „Die Funktionsverbgefüge (FVG) nehmen einen wichtigen Platz in der Fachsprache ein, weil sie hohe Informationsdichte haben. Sie werden besonders häufig in Texten zur Informationsvermittlung verwendet. Man benutzt sie meistens in der geschriebenen Sprache, besonders der Sprache der Verwaltung, der Presse und der wissenschaftlichen Texte.“ (Kordulová 2007: 3). Helbig und Buscha (1993) erklären das Phänomen des Gebrauchs von FVG in der Fachsprache folgenderweise: „Da die FVG *formelhaft* sind und *Modellcharakter* haben, werden sie bevorzugt in solchen Textsorten (z. B. Fach- und Wissenschaftssprache) verwendet, in denen eine Art Dispositionsausdruck vorherrscht. Ein solcher Dispositionsausdruck arbeitet stärker mit vorgeformten Fertigteilen, die Denkarbeit erleichtern können.“ (Helbig 1993: 105).

Was die Vorkommenshäufigkeit der FV in der deutschen Fachsprache betrifft, ist Kordulová in ihrer Diplomarbeit zu folgendem Schluss gekommen: „Die FVG enthalten am häufigsten diese Funktionsverben: *bringen, führen, kommen, nehmen, setzen, stehen, stellen, sein.*“ (Kordulová 2007: 56).

4. Funktionsverbgefüge im Wirtschaftsdeutsch

Um die FVG des Sachgebiets Wirtschaftsdeutsch so präzise wie möglich abgrenzen zu können, bedarf es eines Korpus, das m. E. folgenden Gebieten des Wirtschaftsdeutsch entnommen werden soll: Mikro- und Makroökonomie, Wirtschaftspolitik, Finanzwissenschaft, Betriebswirtschaft, Bank-, Börsen- und Versicherungsgeschäfte. Diese Bereiche machen nach Ansicht mancher Autoren die Grundlage des Wirtschaftsdeutsch aus (vgl. Pollert et al. 2008). Nur auf diese Weise können wir uns einen klaren und (relativ) objektiven Überblick über das Konstrukt im Wirtschaftsdeutsch im Ganzen verschaffen.

Das aus 1061 Belegen bestehende Korpus wurde folgendermaßen zusammengestellt: Einerseits wurden die Texte aus den Lehrbüchern des Sachgebiets Wirtschaftsdeutsch analysiert. Andererseits wurden Texte aus Investor-Relations-Sektionen deutscher DAX-, M-DAX- und S-DAX-Unternehmen hinzugezogen. Zusätzlich wurden die Online-Ausgaben etablierter deutscher Geschäfts- und Börsenmagazine nach FVG-n durchsucht. Die vollständige Liste des im Korpus durchgenommenen FV lautet (alphabetisch geordnet): *anstellen, aufnehmen, ausüben, befinden, bekommen, besitzen, bleiben, bringen, erhalten, erheben, erteilen, finden, führen, geben, gehen, gelangen, geraten, haben, halten, kommen, leisten, liegen, machen, nehmen, sein, setzen, stehen, stellen, treffen, treten, unternehmen, versetzen, vornehmen, ziehen.*

Die ersten zehn Funktionsverben im Korpus nach dem Häufigkeitsgrad ihres Vorkommens lauten: *haben* (16.87%), *stehen* (9.61%), *erhalten* (7.35%), *kommen* (7.16%), *führen* (6.59%), *machen* (5.93%), *treffen* (5.18%), *stellen* (4.9%), *sein* (4.42%), *nehmen* (3.58%). Die Angaben in Tabelle 1 stammen aus Kamber (2006: 110) für Standardsprache und Marušić (2009: 248) für Verwaltungssprache.

Tabelle 1: Funktionsverben nach der Häufigkeit ihres Vorkommens

	FV im Wirtschaftsdeutsch		**FV in Standardsprache**		**FV in Verwaltungssprache**	
1.	haben	16.87%	bringen	15.74%	haben	15.86%
2.	stehen	9.61%	sein	12.46%	treffen	12.41%
3.	erhalten	7.35%	kommen	11.62%	vornehmen	7.93%
4.	kommen	7.16%	sich befinden	7.78%	finden	6.55%
5.	führen	6.59%	stehen	7.50%	erteilen	5.52%
6.	machen	5.93%	geraten	6.14%	leisten	4.83%
7.	treffen	5.18%	nehmen	3.44%	erheben	4.48%
8.	stellen	4.90%	stellen	3.30%	treten	4.48%

9.	sein	4.42%	bleiben	3.21%	stehen	4.14%
10.	nehmen	3.58%	setzen	3.16%	ausüben	3.79%

Das Korpus des Wirtschaftsdeutsch ist im Gegensatz zum Korpus der Standardsprache eher spezifisch. Es ist kennzeichnend, dass das erste Verb in Korpora des Wirtschaftsdeutsch und der Verwaltungsrechtssprache (vgl. Marušić 2009) das FV *haben* ist. Dieses Verb ist in der Standardsprache unter den ersten zehn überhaupt nicht verzeichnet. Der Anteil der ersten zehn nach ihrem Vorkommen erscheinenden FV im Wirtschaftsdeutsch ist kleiner (71.59%), verglichen mit denjenigen aus der Standardsprache (74.35%), bzw. größer als derjenige für die FV aus der Verwaltungsrechtssprache (69.99%). Dabei ist noch hinzuzufügen, dass nach Kordulová (2007) die häufigsten FV der deutschen allgemeinen Fachsprache *bringen, führen, kommen, nehmen, setzen, stehen, stellen, sein* sind. Die häufigsten FV der allgemeinen Fachsprache stimmen stark mit denjenigen der Standardsprache überein, denn diese FV befinden sich unter den häufigsten in beiden Gruppen: *bringen, kommen, nehmen, setzen, stehen, stellen, sein.* Dasselbe gilt für die häufigsten FV im Wirtschaftsdeutsch.

Im Korpus befinden sich die folgenden FV, die nur mit einer Präpositionalgruppe vorkommen: *sich befinden, bleiben, bringen, gehen, gelangen, geraten, kommen, liegen, sein, setzen, stehen, treten, versetzen.* Die im Korpus befindlichen FV, die nur mit NP im Akkusativ vorkommen, lauten: *anstellen, aufnehmen, ausüben, bekommen, besitzen, erhalten, erheben, erteilen, finden, leisten, machen, treffen, unternehmen, vornehmen.* Den Rest macht die größte Gruppe aus, deren FV sowohl mit einer Präpositionalgruppe als auch mit einer NP im Akkusativ vorkommen können: *führen, geben, haben, halten, nehmen, stellen, ziehen.*

Der Anteil der FV mit einer PP beträgt 339 Belege oder 31.95%, der Anteil der FV mit NP 316 Belege oder 29.78% und der Anteil derjenigen, die sowohl mit einer Präpositionalgruppe als auch mit einem Akkusativ vorkommen, 406 Belege oder 38.27%. Da der Anteil der FV mit Nomen im Akkusativ im Korpus des Sachgebiets Verwaltungsrechtssprache mehr als dreimal so groß ist wie der Anteil der FV mit Präpositionalgruppe, unterscheidet sich die obige Verteilung stark von derjenigen der Verwaltungsrechtssprache (vgl. Marušić 2009).

Die folgenden Präpositionen dienen als Kopf der Präpositionalphrasen: *auf, außer, in, zu, unter, von, vor.* Dabei sind *in* (44%) und *zu* (42%) auch in ihren mit bestimmtem Artikel zusammengezogenen Formen *im, ins, zum, zur* sehr produktiv. Die anderen sind schwach vertreten *unter* (7%), *von* (6%), *vor, außer, auf, an* (zusammen < 1%) und kommen nur vereinzelt in Verbindung mit FV *bleiben, bringen, geraten, halten, sein, setzen, stehen, stellen* vor, in FVG wie:

vor Veränderungen stehen, unter Beweis stellen, unter Druck stehen, unter Druck setzen, außer Kraft setzen, von Vorteil/Interesse/Bedeutung sein, auf Trab halten, unter Druck geraten, unter Druck bringen, unter Verwaltung bleiben. Einige dieser FVG kommen im Korpus nur einmal vor: *unter Verwaltung bleiben, außer Kraft setzen, auf Trab halten, unter Druck sein/stehen, vor Veränderungen stehen. Aus, bei, hinter* und *um* sind binnen einer Präpositionalgruppe im Korpus nicht vertreten.

Am produktivsten im Korpus, was die Bindung der Nomina an sich betrifft, sind die FV, die mehr als 10 verschiedene Nomina an sich binden: *haben* – 57 Nomina, *machen* – 25 Nomina, *führen* – 20 Nomina, *kommen* – 20 Nomina, *stehen* – 20 Nomina, *erhalten* – 19 Nomina, *bringen* – 17 Nomina, *geben* – 17 Nomina, *finden* – 11 Nomina, *setzen* – 11 Nomina. Dabei erweisen sich die FV des Sachgebiets Wirtschaftsdeutsch, was die Bindungsfähigkeit der Nomina betrifft, als viel produktiver als diejenigen aus der Verwaltungsrechtssprache (vgl. Marušić 2009).

Die häufigsten zehn Nomina in FVG-n aus dem Korpus sind: *Verfügung* – 57, *Anspruch* – 39, *Bedeutung* – 38, *Einfluss* – 28, *Druck* – 18, *Möglichkeit* – 18, *Entscheidung* – 15, *Ziel* – 12, *Ausdruck* – 12, *Gewinn* – 8. Semantisch weisen sie eine starke Verbindung mit dem Bereich Wirtschaftsdeutsch auf.

Ein weiteres zu analysierendes Merkmal der FVG ist ihre Festigkeit (das Ergebnis von sowohl *Grammatikalisierung* der FV – Verwandlung der ursprünglich lexikalischen Wörter zu grammatischen Wörtern – als auch *Lexikalisierung* der FVG – Entstehung einer neuen semantischen Einheit, die als solche ein Prädikat bildet). Helbig (1993: 95) führt diese zwei Klassen der FVG an:

1) *eigentliche* oder *lexikalisierte FVG,* die einen hohen Grad von Festigkeit haben:
   zur Durchführung bringen, in Gebrauch haben
2) *uneigentliche* oder *nicht-lexikalisierte FVG,* die nur einen geringen Grad von Festigkeit haben:
   Anspruch erheben, Verhandlungen aufnehmen.

Im Korpus des Sachgebiets Wirtschaftsdeutsch gibt es eine relativ kleine Anzahl der lexikalisierten FVG, wie sie Helbig klassifiziert hat (vgl. Helbig 1993), wie: *zur Verfügung stehen/stellen, zum Ausdruck kommen, zur Ausschüttung gelangen.* Es handelt sich meistens um FVG mit einer Präpositionalgruppe, denn die Präpositionalgruppe innerhalb eines FVG-s trägt zu einem höheren Grade der Lexikalisierung des ganzen Konstruktes bei.

Die nicht-lexikalisierten FVG des Sachgebiets Wirtschaftsdeutsch sind im Korpus stark vertreten. Sie sind meistens diejenigen FVG, bei denen das FV ein Nomen an sich bindet. Die typischen Merkmale solcher FVG sind:

1. Erweiterung des Substantivs durch *adjektivische Attribute* mit unterschiedlicher Anzahl von Elementen:

die *finanzielle* Basis haben	www.deutz.de (23.05.2011)
eine *neue dezentrale* Struktur erhalten	www.metrogroup.de (28.05.2011)

2. Häufiger Gebrauch der Komposita im nominalen Bereich des FVG:

eine einmalige *Sonderzahlung* erhalten	www.daimler.com/investor-relations (28.05.2011)
Sicherungsentscheidungen treffen	www.daimler.com/investor-relations (28.05.2011)

3. Willkürlicher Gebrauch der Artikel (der unbestimmte Artikel anstatt des bestimmten):

zu *einer* Unterschreitung der Mindestbeteiligung führen	www.deutz.de (23.05.2011)
eine Kontrolle besitzen	http://group.hugoboss.com (21.04.2011)

4. Häufiger Gebrauch des Nomens im Plural anstatt des Singulars:

organisatorische *Vorkehrungen* treffen	www.daimler.com/investor-relations (28.05.2011)
zu *Gewinnmitnahmen* kommen	www.allianzglobalinvestors.de (30.05.2011)

5. Anknüpfung des Attributsatzes ans Substantiv im FVG:

...*Produktion, die* wir im April 2010 *aufgenommen haben*	www.daimler.com/investor-relations (28.05.2011)

Die häufigsten zehn Syntagmen aus dem Korpus des Sachgebiets Wirtschaftsdeutsch sind:

Tabelle 2: Die häufigsten zehn Syntagmen aus dem Korpus des Wirtschaftsdeutsch

Rangierung	FVG	#
1.	von Bedeutung sein	34
2.	zur Verfügung stehen	31
3.	in Anspruch nehmen	26
4.	zur Verfügung stellen	23

5.	(k)einen Einfluss haben	21
6.	Auswirkungen haben	15
7.	Entscheidung treffen	14
8.	die Möglichkeit haben	11
9.	Anspruch haben	8
10.	zum Ausdruck kommen	7

Es gibt im Korpus eine Reihe von FVG-n, die aufgrund ihrer semantischen Merkmale für das Wirtschaftsdeutsch typisch sind: *in Abzug bringen, Anhebungen geben, zur Ausschüttung gelangen, in den Handel kommen, zur Herabsetzung kommen, im Kurs stehen, in Rechnung stellen, einen Rückzieher machen, in Schwung kommen, Umsatz machen, eine Verschuldung haben, eine Verzinsung haben, Wachstum bringen, eine Zahlung leisten.*

Um festzustellen, wie viel Bedeutung den FVG des Sachgebiets Wirtschaftsdeutsch in deutschen Wörterbüchern beigemessen wird, habe ich die zehn am häufigsten im Korpus vorkommenden FVG mit den Kodifizierungen in folgenden Wörterbüchern verglichen: in einem umfangreichen online Wörterbuch, *Das Digitale Wörterbuch der deutschen Sprache des 20. Jh.*, in zwei Standardwörterbüchern der deutschen Sprache, *Langenscheidts Großwörterbuch Deutsch als Fremdsprache*, Wahrigs *Deutsches Wörterbuch*, und in einem deutsch-kroatischen Fachwörterbuch *Deutsch-kroatisches Wirtschafts- und Rechtswörterbuch* von Damjan Brandić. Es wurde zunächst nach dem jeweiligen Verb und danach nach dem jeweiligen Nomen gesucht, zumal einige FVG in Wörterbüchern unter dem Verb und/oder unter dem Nomen gebucht werden können.

Tabelle 3: Die zehn häufigsten FVG in vier verschiedenen deutschen Wörterbüchern nach dem Verbalteil

	Das Digitale Wörterbuch der deutschen Sprache des 20. Jh.	Langenscheidts Großwörterbuch	Deutsches Wörterbuch Gerhard Wahrig	Deutsch-kroatisches Wirtschafts- und Rechtswörterbuch
von Bedeutung sein	+	–	–	–
zur Verfügung stehen	+	–	–	+
in Anspruch nehmen	+	+	–	–
zur Verfügung stellen	+	+	–	–

(k)einen Einfluss haben	–	–	–	–
Auswirkungen haben	–	–	–	–
Entscheidung treffen	+	+	–	–
die Möglichkeit haben	–	–	–	–
Anspruch haben	–	–	–	–
zum Ausdruck kommen	–	–	–	–

Tabelle 4: Die zehn häufigsten FVG in vier verschiedenen deutschen Wörterbüchern nach dem Nominalteil

	Das Digitale Wörterbuch der deutschen Sprache des 20. Jh.	Langenscheidts Großwörterbuch	Deutsches Wörterbuch Gerhard Wahrig	Deutsch-kroatisches Wirtschafts- und Rechtswörterbuch
von Bedeutung sein	+	+	+	–
zur Verfügung stehen	+	–	+	–
in Anspruch nehmen	+	+	+	+
zur Verfügung stellen	+	+	+	+
(k)einen Einfluss haben	+	+	+	+
Auswirkungen haben	+	–	–	–
Entscheidung treffen	+	+	+	–
die Möglichkeit haben	+	+	+	–
Anspruch haben	+	+	–	–
zum Ausdruck kommen	+	+	–	–

Die Buchungen unter den jeweiligen Nomina sind in deutschen Wörterbüchern (sowohl in ein- als auch in zweisprachigen) viel stärker vertreten. Das untermauert die These, dass es bei einem FVG um eine Bedeutungsverschiebung vom FV Richtung Nomen geht. Da das Nomen der Bedeutungsträger des Gefüges ist, wird dies in Wörterbüchern meistens unter dem Nomen gebucht. Die größte Anzahl von Buchungen hat in beiden Fällen (5 bzw. 10) *Das Digitale Wörterbuch der deutschen Sprache des 20. Jh.*, das sich damit als bestes Wörterbuch zur Ermittlung der FVG des Sachgebiets Wirtschaftsdeutsch erweist. Am wenigsten brauchbar haben sich das *Deutsche Wörterbuch* von Gerhard Wahrig (keine Buchung nach Verbalteil) und das zweisprachige *Deutsch-kroatische Wirtschafts- und Rechtswörterbuch* (vier Buchungen nach Nominalteil) herausgestellt.

5. Fazit

Obwohl die FVG als zweiteilige Prädikate bei manchen Germanisten keinen guten und sogar keinen anerkannten Status haben (vgl. Van Pottelberge 2001), sind sie nicht nur in der deutschen Standardsprache, sondern auch in Fachsprachen sehr produktiv. Da sie semantisch einen Zustand [dur], eine Zustandsveränderung [incho] oder das Bewirken einer Zustandsveränderung [caus] signalisieren können, sind sie in ihrer Ausdruckweise präziser als die einfachen Verben. Meistens werden sie in der Fachsprache wegen ihrer Informationsdichte gegenüber den mit ihnen konkurrierenden finiten Verben bevorzugt. Die 10 häufigsten FV aus dem Korpus des Sachgebiets Wirtschaftsdeutsch sind: haben (16.87%), stehen (9.61%), erhalten (7.35%), kommen (7.16%), führen (6.59%), machen (5.93%), treffen (5.18%), stellen (4.9%), sein (4.42%), nehmen (3.58%).

Es gibt sieben unter den ersten zehn FV aus dem Korpus, *führen*, *kommen*, *nehmen*, *sein*, *stehen*, *stellen*, die mit den häufigsten FV der deutschen allgemeinen Fachsprache übereinstimmen.

Es gibt im Korpus insgesamt 10 FV, die mehr als 10 verschiedene Nomen an sich binden: *haben* – 57, *machen* – 25, *führen* – 20, *kommen* – 20, *stehen* – 20, *erhalten* – 19, *bringen* – 17, *geben* – 17, *finden* – 11, *setzen* – 11.

Die häufigsten zehn Nomina innerhalb FVG-n aus dem Korpus, *Verfügung* – 57, *Anspruch* – 39, *Bedeutung* – 38, *Einfluss* – 28, *Druck* – 18, *Möglichkeit* – 18, *Entscheidung* – 15, *Ziel* – 12, *Ausdruck* – 12, *Gewinn* – 8, weisen semantisch eine starke Verbindung mit dem Bereich Wirtschaftsdeutsch auf.

Wenn es um die Lexikalisierung von FVG geht, handelt es sich im Korpus meistens um nicht-lexikalisierte FVG. Sie kommen in der Wirtschaftssprache häufiger als lexikalisierte FVG vor, denn sie eignen sich besser zur Informationsvermittlung, die in der Fachsprache unentbehrlich ist.

Bei der Untersuchung der im Korpus am stärksten vertretenen FVG in drei deutschen und einem deutsch-kroatischen Wörterbuch wurde festgestellt, dass die FVG häufiger unter den nominalen als unter den jeweiligen verbalen Lemmata gebucht sind. Unter den drei gängigen deutschen Wörterbüchern hat sich

Das Digitale Wörterbuch der deutschen Sprache des 20. Jh. als weit am besten erwiesen. Auf Platz zwei landete *Langenscheidts Großwörterbuch*. Das *Deutsche Wörterbuch* von Gerhard Wahrig erwies sich als am wenigsten brauchbar.

Quellen

<ag.sixt.de>, 16.5.2011.

Čičin-Šain Buljan, Mira, Jasenka Kosanović, Alka Štampalija (1999). *Poslovni njemački 1.* Zagreb: Ekonomski fakultet, Mikrorad.

Čičin-Šain Buljan, Mira, Jasenka Kosanović, Alka Štampalija (1999). *Poslovni njemački 2.* Zagreb: Ekonomski fakultet, Mikrorad.

<group.hugoboss.com>, 21.4.2011.

Nicolas, Gerd et. al. (1999). *Wirtschaft – auf Deutsch: Wirtschaftsdeutsch für die Mittelstufe.* Stuttgart – München – Düsseldorf – Leipzig: Ernst Klett Verlag.

Pollert, Achim, Bernd Kirchner, Javier Morato Polzin (2008). *Wirtschaft von A bis Z, Grundlagenwissen für Schule und Studium, Beruf und Alltag.* (3. Aufl.). Mannheim – Leipzig – Wien – Zürich: Dudenverlag.

<retro.dwds.de>, 10.6.2011.

<www.allianzglobalinvestors.de>, 30.5.2011.

<www.boerse-online.de>, 26.3.2011; 8.4.2011.

<www.brenntag.com>, 15.4.2011.

<www.comdirect.de>, 26.5.2011.

<www.daimler.com/investor-relations>, 28.5.2011.

<www.deraktionaer.de>, 3.4.2011; 6.4.2011.

<www.deutz.de>, 23.5.2011.

<www.elringklinger.de>, 10.5.2011.

<www.finanzen.net>, 24.3.2011; 25.3.2011.

<www.handelsblatt.com>, 25.3.2011.

<www.metrogroup.de>, 28.5.2011.

<www.n-tv.de>, 27.3.2011.

<www.teleboerse.de>, 28.3.2011; 1.4.2011.

Literatur

Blažević, Nevenka (1995). Sintagme s funkcionalnim glagolima u njemačkom poslovnom dopisivanju u turizmu i njihovi ekvivalenti u hrvatskom. Mihaljević Djigunović, Jelena, Neda Pintarić, Hrsg. *Prevođenje: Suvremena strujanja i tendencije.* Zagreb: HDPL, 343-358.

Brandić, Damjan (1996). *Deutsch-kroatisches Wirtschafts- und Rechtswörterbuch.* Zagreb: Informator.

Bruker, Astrid (2008). *Entwurf und Realisierung von Lexikoneinträgen für Funktionsverbgefüge der deutschen Sprache.* Diplomarbeit. Hagen: FernUniversität, Fakultät für Mathematik und Informatik.

Das Digitale Wörterbuch der deutschen Sprache des 20. Jh. Berlin: Berlin-Brandenburgische Akademie der Wissenschaften. <http://www.dwds.de/>.

Eisenberg et. al. (1995). *Der Duden: Grammatik der deutschen Gegenwartssprache.* (4. Bd.). Mannheim: Bibliographisches Institut & F. A. Brockhaus AG.

Engel, Urlich (2004). *Deutsche Grammatik.* (2. Aufl.). München: IUDICIUM Verlag GmbH.

Götz, Dieter, Günther Haensch, Hans Wellmann (1993). *Langenscheidts Großwörterbuch Deutsch als Fremdsprache.* (5. Aufl.). Berlin – München: Langenscheidt KG.

Götze, Lutz, Ernest W. B. Hess-Lüttich (2002). *Grammatik der deutschen Sprache.* München: Bertelsmann Lexikon Verlag.

Heine, Antje (2008). *Funktionsverbgefüge richtig verstehen und verwenden: Ein korpusbasierter Leitfaden mit finnischen Äquivalenten.* Frankfurt am Main/Berlin/Bern/Bruxelles/New York/Oxford/Wien: Peter Lang – International Academic Publishers.

Helbig, Gerhard, Joachim Buscha (1993). *Deutsche Grammatik: Ein Handbuch für den Ausländerunterricht.* (15. Ausgabe). Leipzig – Berlin – München: Langenscheidt Verlag.

Heringer, Hans Jürgen (1968). *Die Opposition von „kommen" und „bringen" als Funktionsverben: Untersuchungen zur grammatischen Wertigkeit und Aktionsart.* (1. Ausgabe). Düsseldorf: Pädagogischer Verlag Schwann.

Kamber, Alain (2006). *Funktionsverbgefüge – empirisch (am Beispiel von kommen).* Linguistik online 28, 3/06.

Kamber, Alain (2008). *Funktionsverbgefüge – empirisch: Eine korpusbasierte Untersuchung zu den nominalen Prädikaten des Deutschen.* Tübingen: Max Niemeyer Verlag.

Kordulová, Martina (2007). *Funktionsverbgefüge in der Fachsprache.* Brünn: Pädagogische Fakultät.

Marušić, Borislav (2009). Das Funktionsverbgefüge in der deutschen Verwaltungsrechtssprache. Lelija Sočanac, Christopher Goddard, Ludger Kremer, Hrsg. *Curriculum, Multilingualism and the Law.* Zagreb: Nakladni zavod Globus, 243-260.

Polenz, Peter (1963). *Funktionsverben im heutigen Deutsch: Sprache in der rationalisierten Welt.* (1. Ausgabe). Düsseldorf: Pädagogischer Verlag Schwann.

Pollert, Achim, Bernd Kirchner, Javier Morato Polzin (2008). *Wirtschaft von A bis Z, Grundlagenwissen für Schule und Studium, Beruf und Alltag.* (3. Ausgabe). Mannheim – Leipzig – Wien – Zürich: Dudenverlag

Van Pottelberge, Jeroen (2001). *Verbonominale Konstruktionen, Funktionsverbgefüge. Vom Sinn und Unsinn eines Untersuchungsgegenstandes.* Heidelberg: Universitätsverlag Winter.

Wahrig, Gerhard (1991). *Deutsches Wörterbuch.* (5. Ausgabe). Gütersloh – München: Bertelsmann Lexikon Verlag.

Winhart, Heike (2005). *Funktionsverbgefüge im Deutschen: Zur Verbindung von Verben und Nominalisierungen.* Tübingen: Neuphilologische Fakultät.

Original scientific paper

A Boom in the Figurative Language Market: The Conceptualization of the global economic crisis in American public discourse

Sanja Berberović, Nihada Delibegović Džanić

Abstract:

The conceptualization of economy as an abstract concept primarily relies on conceptual metaphors. The global economic crisis has for months been the topic of the highest importance in American public discourse. In this paper, we will examine the use of creative figurative language used in relation to the economic crisis in American public discourse. The aim of this paper is to show that conventional metaphors can be creatively stretched through conceptual blending producing instances of creative figurative language which contributes to achieving different discourse goals and discourse coherence. Specifically, applying conceptual integration theory, we will analyze innovative conceptual blends, motivated by conventional metaphors.

Key words: figurative creativity; conceptual integration theory; public discourse; discourse goals; intratextual coherence.

1. Introduction

Several last decades have seen an explosion of studies examining figurative language in different types of discourse within the frameworks of conceptual metaphor theory and blending theory. Some of the studies applying these two theories aim to uncover how metaphor and conceptual integration as basic cognitive mechanism are used in order to promote certain viewpoints and express rhetorical goals in discourse.[1] In addition, some of them investigate the role of metaphor in shaping discourse, that is, achieving discourse coherence.[2] Nevertheless, surprisingly, in an enormous body of valuable literature on figurative language in discourse, only several studies address the issue of figurative creativity and the rhetorical potential it may have, as well as the ways in which figurative crea-

1 Some of the papers that have shown the rhetorical potential of metaphor in discourse are Lakoff (1992, 2003), Semino and Masci (1996), Semino (2008), and Musolff (2000, 2004). In addition, in a series of papers Coulson and associates study persuasive force of blending (cf. Coulson and Oakley (2006), Coulson (2006), Oakley and Coulson (2008)).

2 Furthermore, investigating metaphor in discourse, many cognitive linguists (Charteris-Black 2004, Eubanks 2000, Koller 2003, 2004a, Kövecses 2009c, 2010, Musolff 2000, 2004, Semino 2008) have uncovered that an important function of metaphor is providing intratextual and intertextual coherence.

tivity can contribute to discourse coherence.[3] The phenomenon of figurative creativity is defined by Kövecses (2005) as creativity arising through the cognitive mechanisms of metonymy, metaphor, and blending.

This paper examines the use of creative figurative language used in relation to the recent economic crisis in American public discourse. The aim of this paper is to show that conventional metaphors can be creatively stretched through conceptual blending, producing instances of creative figurative language which contribute to achieving different discourse goals and discourse coherence. Specifically, applying conceptual integration theory, we will analyze innovative conceptual blends, motivated by conventional metaphors, which are used to achieve different discourse goals. In addition, such creative metaphorical blends also provide discourse coherence at the intratextual level.

2. Conceptual integration theory and cognitive metaphor theory

Cognitive metaphor theory (henceforth CMT) and conceptual integration theory, or blending theory (henceforth BT), are cognitive linguistic theories that have acquired prominent status within the cognitive linguistic framework over the course of the past several decades. Their primary goal is to uncover meaning construction and thus account for complexities of the human mind. CMT, first discussed at length in Lakoff and Johnson's (1980) *Metaphors We Live By*, has been successfully used in the study of language for the past several decades, producing evidence that metaphor and metonymy are cognitive mechanisms of the utmost importance in the human conceptualization of the world. In 1993, Fauconnier and Turner built BT on the foundations of Fauconnier's mental space theory. This theory has been successfully used to account for a wide range of phenomena of human thought and action, from counterfactuals to metaphors, proving blending to be present in the simplest kinds of human thinking.

CMT and BT share some common features; both are basic cognitive operations, which are pervasive in human thought and action, involve mappings, and are guided by certain constraints. However, differences which can be regarded as their defining properties between the two theories exist. The basic and most obvious difference between CMT and BT is that the former operates over two conceptual domains, while the latter deals with four mental spaces. Furthermore, compared to domains employed in CMT, defined as "any coherent organization of experience" (Kövecses 2002: 4), mental spaces are smaller conceptual pack-

3 Cf. Semino (2002, 2008), Koller (2004a, 2004b), Musolff (2000, 2004), Kövecses (2005, 2009a, 2009b, 2009c, 2010).

ets, which are usually more specific and comprise knowledge from many different domains. Fauconnier and Turner (2002: 40) define mental spaces as "small conceptual packets constructed as we think and talk, for purposes of local understanding and action". Direction of mappings is another difference between these two theories. Mappings in CMT proceed from a concrete source domain onto an abstract target domain. In BT, mappings are established between mental spaces, generic space, and blended space. In metaphorical blends, conceptual material is projected from both input spaces into the blended space. In addition, the reconceptualization of the target input space by projections of inferences from the blended space is possible in BT.

The proponents of BT point out that the theory was designed to account for a wider range of phenomena of human thought and action than CMT, such as counterfactuals, analogy, concept combination, including metaphor and metonymy (Coulson and Oakley 2000, Turner and Fauconnier 2003). In numerous papers, the proponents of BT claim that, apart from metaphoric projections from source to target domains, complex integration processes construct blended spaces, which have often gone unnoticed in the two-domain model (cf. Fauconnier and Turner 2008, Turner and Fauconnier 1995, 2003, Coulson 1996). "The many-space model explains a range of phenomena invisible or untreatable under the two-domain model and reveals previously unrecognized aspects of even the most familiar basic metaphors" (Turner and Fauconnier 1995: 184). To support this claim, Turner and Fauconnier offer a wealth of examples of metaphorical blends in which inferences in the blended space cannot be explained by simple source to target mappings. Therefore, they propose BT as an alternative and comprehensive approach, which can account for the complex cognitive processes taking place in the construction of meaning, prompting cognitive linguists to "rethink metaphor", as the title of one of Fauconnier and Turner's (2008) papers states.

However, metaphor does play an important role in conceptual integration. As pointed out, metaphor as a cognitive mechanism is presupposed in BT. As Grady et al. (1999: 111) argue, conventional metaphors serve as triggers for launching the blends by providing counterpart mappings between input spaces (cf. Grady et al. 1999, Turner and Fauconnier 2003, Fauconnier and Turner [1998] 2006, [1998] 2001).

> If conceptual metaphor theory is primarily concerned with well-established metaphoric associations between concepts, and blending theory focuses on the ability to combine elements from familiar conceptualizations into new and meaningful ones, then conceptual metaphors are among the stable structures available for exploitation by the blending process. (Grady et al. 1999: 110)

From this view, "conventional metaphors feed the blending process by establishing links between elements in distinct domains and spaces" (Grady et al. 1999: 110). They further point out that metaphorical associations of this sort are part of human conceptual repertoires. BT can benefit from the findings of CMT, as counterpart mappings between concepts have been the focus of CMT investigations for a long time.

Fauconnier and Turner ([1998] 2001) further point out that blending is always available once a conventional metaphor is activated. Therefore, as previously mentioned, conventional metaphors are available for the elaboration in the blending process. However, it must be kept in mind that conceptual integration does not have to be based on metaphors, but it can involve other types of relations. Nevertheless, conventional metaphors do have a significant role in conceptual integration. As Fauconnier and Turner ([1998] 2006: 360) summarize it,

> a counterpart mapping is needed to launch on-line blending, and that counterpart structure is often supplied by activating a conventional metaphor, and the counterpart structure may have been created by the basic metaphor projection rather than merely picked out as a template for the projection.

Considering the above-mentioned claims, CMT and BT are closely related and can interact with each other in various ways. We believe that combining the findings of these two theories can explain complex cognitive processes involved in the construction of meaning, especially figurative creativity in discourse.

3. Figurative creativity in times of crisis

The conceptualization of ECONOMY as an abstract concept primarily relies on conceptual metaphors. In that sense, many cognitive linguists (Boers 1999, Charteris-Black 2004, Eubanks 2000, Koller 2003, 2004a, 2004b) have devoted their attention to investigating conceptual metaphors in financial reporting. One of the valuable findings of these studies is that they have revealed that human beings use many different conceptual metaphors for the conceptualization of the target domain ECONOMY. Some of these metaphors include ECONOMY IS MACHINERY (A MOVING VEHICLE OR AN ENGINE), ECONOMY IS A PERSON (PHYSICAL AND MENTAL HEALTH OF A PERSON), ECONOMIC PROBLEMS ARE NATURAL DISASTERS, ECONOMY IS A BUILDING, ECONOMY IS A PLANT, ECONOMY IS A JOURNEY, ECONOMY IS SPORT, ECONOMY IS WAR, MARKET CHANGES ARE PHYSICAL MOVEMENTS.

However, apart from conventional metaphorical expressions, in times of economic crisis, *Obama's Katrina, an economic Pearl Harbor, financial Arma-*

geddon, as the crisis was named in the United States, the use of creative figurative language has boomed. In that sense, politicians, financial experts, and journalists have used different figurative language, varying in the degree of conventionality or creativity, not only to talk about the crisis but also to achieve different discourse goals. The majority of the examples of figurative creativity analyzed in this paper come from articles written by journalists who specialize in financial reporting. Considering the fact that figurative language is extensively used in such articles, it can be assumed that the authors of these articles indeed think and talk about economic crisis in metaphorical terms. In addition, creative figurative language seems to contribute to achieving discourse coherence at the intratextual level. In order to illustrate this boom in the figurative language market, we will present several examples of figurative creativity produced in metaphorical blends motivated by conventional metaphors.

One of the metaphors commonly used for the conceptualization of economic crisis is ECONOMY IS PHYSICAL/MENTAL HEALTH OF A PERSON, which is a product of the ECONOMY IS A PERSON and THE STATE IS A HUMAN metaphors. In that sense, economy and markets can suffer from *paralysis*, *arthritis*, *cancer*, *or chronic diseases*, they can be *crippled*, companies can *hemorrhage money and jobs*, be *sickly*, but also suffer from mental diseases such as *depression*. Attempting to restore the health of economy and markets, politicians and economists try *to diagnose the economic illness*, *find a cure for the ailing economy*, *administer the right economic remedy and financial injections*, in a nutshell, provide plans for *economic revival*.

However, economy and markets can suffer from specific diseases such as congestive heart failure in (1) a., or can be conceptualized as cancer patients. Such examples are not unusual considering the fact that PHYSICAL HEALTH is a domain with which humans have direct experience and possess encyclopedic knowledge about different diseases, their causes, consequences, symptoms, and treatment.

1) a. To paraphrase chairman Bernanke, *the arteries of the patient*, our financial system, *are clogged and the patient will get a heart attack*. We don't know if it will be tomorrow or six months from now or a year from now. ... so we must come together and work in a bipartisan way *to unclog those arteries*. [Sen. Charles Schumer, September, 2008]

b. No doubt, 2009 was going to be an extraordinarily difficult year. Our nation was *a cancer patient hit by a bus on her way to begin chemotherapy*. The first stages of reform thus had to be *trauma care, at least to stabilize the patient until more fundamental treatment could begin*. [Lawrence Lessig, *How to Get Our Democracy Back*, the Nation, February 3, 2010]

In addition, the examples in (1) can be viewed as metaphorical blends in which the source input space is PHYSICAL HEALTH and the target input space is ECONOMY. The generic space, which comprises problems, dangers, assessment of problems, and successful or unsuccessful solutions to problems which in turn produce certain consequences, licenses the mappings between the input spaces. In addition, projected into the blend are marginal portions of encyclopedic knowledge, which are not usually used in metaphorical mappings such as clogged arteries, heart attack, chemotherapy and trauma care. Creative stretching of the conventional conceptual metaphor ECONOMY IS THE PHYSICAL HEALTH OF A PERSON in which ancillary elements of the encyclopedic knowledge about the source are projected to the blend, enriches the image created in the blend. Therefore, projecting marginal aspects of the source input into the blended space contributes to creating creative conceptual blends, that is, figurative creativity. However, this is not surprising considering the encyclopedic and experiential knowledge humans possess about health.

In addition, figurative creativity in discourse can have rhetorical potential. In that sense, the use of creative figurative language in (1) a. is aimed at drawing attention to the crisis and proposing solutions for it. Furthermore, in a highly creative and imaginative blend, the author of the text in (1) b. vividly explains the state of affairs in the country and implicitly justifies the financial reform. It can be claimed that the creativity of these blends additionally boosts the argumentative potential of the texts by making them memorable.

Furthermore, economy is often conceptualized in terms of the source domain ENGINE. In that sense, when economy experiences troubles operating properly, politicians and economists try to *fix*, *restart*, *jump-start*, *overhaul*, *or repair the sputtering financial engine*. However, apart from these conventional expressions, the ECONOMY IS AN ENGINE metaphor can be creatively stretched through conceptual blending to produce even more creative expressions and conceptually richer images. In that sense, in example (2), an economic engine is not an ordinary engine, but a lawnmower engine, which, after a period of inactivity, produces spluttering and false firings before it starts operating properly.

> 2) Historically, the path to any economic recovery isn't a straight line. It's often marked by lurches both forward and backward. "I liken it to *a lawnmower engine that hasn't been started in a while*," said Richard Yamarone, economist at Argus Research Corp. "*You're going to get some sputtering of activity, and you'll get a couple of false firings as well.*" [Jeannine Aversa, *Retail sales data deepen concern*, Associated Press, April 15, 2009]

Another metaphor used for the conceptualization of economy is ECONOMY IS A MOVING VEHICLE. In that sense, economy can *slow down*, *crash*, *go off track*, *be derailed*, and *sink*. In times of crisis, economy is a means of transportation which either slows down and eventually stops or is involved in some sort of accident. Economy can be conceptualized as a bobsled or a snowmobile darting downhill at great speeds as in (3).

> 3) We were already on *a bobsled going downhill fast* and this administration moved us into *a snowmobile, still pointed downhill, except now at blazing speeds. Grab your backside with both hands*, I am afraid. [a reader's comment on James Srodes, *The Great Recession of 2011-2012*, the American Spectator, February 2010]

The target domain of economy is often conceptualized in terms of the source domain of natural disasters. In that sense, economy and markets can *meltdown*, *overheat*, suffer "*financial nuclear winter*", *financial shakeout*, experience *aftershocks* and *tremors*, are swept by *financial blizzards*, *maelstroms*, *hurricanes*, *perfect storms* or destroyed in *fires*. In addition to these conventional expressions, during the financial crisis, the economy in trouble can be creatively conceptualized as an earthquake shaking the economic landscape and creating a different economic climate as in (4).

> 4) *A tectonic shift is occurring beneath our feet and the world's economic climate has shifted.* [James Srodes, *The Great Recession of 2011-2012*, the American Spectator, February 2010]

Although this is just a small portion of creative figurative language used during the crisis, this short preview clearly illustrates the extent to which human beings rely on various conceptual metaphors in order to think and talk about the global economic crisis. Furthermore, these examples show that figurative language ranges from the use of conventional metaphorical expressions to the use of highly creative language produced by exploiting conventional metaphors through blending. In such cases, the image in the blend is enriched by projecting additional, ancillary bits of encyclopedic knowledge about the source domain, producing creative and imaginative scenarios in the blend. However, even in the most creative and imaginative examples of figurative creativity, a common conceptual basis provided by the existing conventional metaphors allows speakers to use their creative potential to the full extent, creating imaginative figurative language still understandable to the members of a discourse community. In addition, relying on the familiar concepts shared by the discourse community, these highly imaginative blends are used for different argumentative purposes such as to draw attention to the scope, dangers, and consequences of an economic crisis, to suggest appropriate solutions for it, as well as to defend different stances and criticize opponents and their ideas and proposals. In that sense, the creativity of these blends additionally boosts the argumentative potential of the texts by making them memorable.

In addition, these examples show that a single conceptual metaphor, creatively exploited through blending, can structure stretches of text providing internal coherence of a text. In these cases, activating a source domain or a source space also enables the exploitation of the encyclopedic knowledge about that particular source domain producing chains of metaphorical expressions and figurative creativity through blending. In addition, projecting marginal portions of conceptual material from the source space to the blend enriches the image in the blend, which can be further developed, enriched, extended, and intensified throughout a stretch of text, contributing to intratextual coherence.

Apart from single texts structured by single metaphors or their creative elaboration through blending, even relatively short stretches of texts can be structured by mixed metaphors or figurative creativity produced through blending. In that sense, in the text in (5), different conceptual metaphors in which the target domain is ECONOMY, as well as their creative elaboration through blending, form clusters of relatively high density throughout the text. In (5) along with other metaphorical expressions which can be identified in middle portion of the text, two metaphors that dominate the initial and final parts of the excerpt are ECONOMY IS HEALTH OF A PERSON and ECONOMY IS A MOVING VEHICLE.

> 5) Judging by the recent *mood swings*, the global economy can be *diagnosed as manic-depressive*. Through the haze around the markets last week, a clear reason for *this bipolar condition* emerges. On the one hand, the United States, the world's largest economy and the destination of many of the world's exports, may be on the brink of recession. But at the same time, the global economy – after a remarkable five-year period in which almost every major economy has been growing in concert – is showing signs of what economists call "decoupling." What *decoupling* means is this: even as *the globe's economic engine*, the United States, *has stalled*, optimists believe *the train cars it has been pulling* for the last several decades – especially emerging markets like India and China – may finally be able *to chug along under their own power*. [Daniel Gross, *The U.S. Economy Faces the Guillotine*, Newsweek, January 26, 2008]

However, considering that these parts of the text are not structured by conventional metaphorical expressions, this figurative language can be treated as a product of metaphorical blends triggered by the above-mentioned conventional metaphors. The generic space contains elements such as problems, evaluation of problems, successful or unsuccessful problem solving, or the unpredictability of the situation. The source input space projects to the blend characteristics of bipolar disorder, mania and depression and their characteristics, as well as the unpredictability of these states. The market and different characteristics of sudden changes in the market are projected from the target input space to the blend. In the blend, the global economy suffers from a mental disease, namely bipolar condition, showing signs of mania and depression. Therefore, the behavior of the market including positive and negative market trends is conceptualized in terms of mood swings of a mental patient. In addition, the global economy is also conceptualized as a train composed of an engine, with the US economy pulling the train cars and economies of other countries. In this conceptual blend, the generic space contains changes, goals, problems, activities with a specific goal or way of reaching the goal and the consequences of different actions. The source input space projects the train and characteristics of the composition and manner of movement. From the target input space the blend inherits elements of knowledge about the global economy and the economies of different countries. In the blend, the global economy is a train composed of the locomotive, the American economy, pulling a composition of trains, the economies of other countries. However, the situation in the global market shows signs of decoupling train cars which continue moving on their own without engine power. However, in the real world and the source space, train cars are usually not able to chug along on their own without being pulled by an engine. In that sense, the blend contains a scenario which is impossible in the real world and opposes the logic of the source input. Therefore, the causal structure is projected to the blend from the target input logic in which an emerging economy has developed so much that it no longer depends on the US economy to continue its growth. Therefore, in the blend, the train cars, that is to say other world economies, are able to move on their own despite the fact the engine, the US economy, has stalled.

Furthermore, in a fairly short text in (6), composed of only four sentences, the density of figurative language is rather high. There are three different conceptual metaphors employed, producing either conventional metaphorical expressions or figurative creativity through metaphorical blends. The conventional metaphorical expressions of metaphors ECONOMY IS SPORT and THE BEHAVIOR OF THE MARKET IS THE BEHAVIOR OF THE GAS are used in the first two sentences. In the last two sentences, economy is conceptualized in terms of a moving vehicle.

6) Central bankers will be *on the ropes*. They must find exit strategies for their monetary largess as *asset bubbles inflate. Tap on the brakes too much and markets might crash. Apply them too timidly and inflation may accelerate.* [William Pesek, *Black Swans Abound as Year of Tiger Shows Teeth*, Bloomberg, January 6, 2010]

In this conceptual blend, the generic space contains changes, goals, problems, activities with a specific goal or way of reaching the goal and the consequences of action. The source input space projects a manner of driving or braking characteristics and consequences of emergency braking, as well as the conditions under which the vehicle is accelerating. From the target input space, the blend inherits the causes and consequences of negative behavior of the market, a sudden drop in prices or inflation, as well as the causes and consequences of this situation. Thus, the blend receives marginal parts of the conceptual material, which contributes to creating figurative creativity. However, the elements projected to the blend are not conventional portions of the conceptual material, but rather marginal portions, enriching the blend and producing creative figurative language. In this blend, slamming on the brakes too hard can result in serious consequences, an economic crash, while not hitting the brakes hard enough can accelerate inflation. However, the logic of the behavior of the market under certain circumstances is projected from the target domain because the logic of the source domain implies that hitting the brakes is an action usually performed in order to slow down, not to accelerate the vehicle and, generally, in order to avoid accidents.

As these examples illustrate, combining and mixing metaphorical expressions, along with figurative creativity through blending, is not uncommon. Metaphors and metaphorical blends are embedded within one another and extended throughout the text in relatively high density. Although at first glance such figurative expressions can strike us as incompatible, still they can be incorporated into the same general scenario, that of economy in crisis and the negative aspects of various economic processes. Nevertheless, as Semino (2008: 26f) claims, such incongruous combinations and mixed incompatible metaphors often go unnoticed. Furthermore, such use of figurative language in relatively short texts may also seem enforced and not natural. Still, such slightly exaggerated vividness and playfulness of language can intensify argumentative potential of such formulations.

4. Conclusion

The examples presented in this paper portray a wealth of conceptual metaphors used for the conceptualization of economic crisis as well as the richness of encyclopedic knowledge about source domains available for creative elaboration of such metaphors in conceptual blending. One of the key operations that contributes to the creativity of the blends is the exploitation of the background knowledge of the source input, which creates conceptually richer images in the blend. The creativity of these blends additionally boosts the argumentative potential of the texts by making them memorable, but also provides intratextual coherence.

The variety of figurative expressions used to refer to the negative economic trends motivated the author of an article to question the use of various figurative expressions. Mocking the boom of the use of different figurative language, the journalist poses a question, "*Is bailing out Wall Street more akin to taking your Grand Am to the mechanic or your grandma to the Mayo Clinic?*" [Michael M. Phillips, the Wall Street Journal, September 27, 2008]. This question, as well as the examples presented above, vividly sums up the reality of public discourse in America, where struggling to act against the crisis and stimulate economic growth, politicians have also been struggling to find appropriate words to describe it. However, it should be noted that the choice of figurative language in political discourse is neither accidental nor insignificant. Rather, the use of figurative language may uncover possibly hidden ideas and viewpoints, or generally speaking, ideology and rhetoric behind the figurative language use. Therefore, the choice of a metaphor for the conceptualization of economic crisis depends not only on the viewpoint and discourse goals but also general ideological and rhetorical goals of the speaker.

References

Boers, Frank (1999). When a bodily source domain becomes prominent: The joy of counting metaphors in the socio-economic domain. Gibbs, Raymond W. Jr., Gerard J. Steen, eds. *Metaphor in Cognitive Linguistics*. Amsterdam – Philadelphia: John Benjamins, 47-56.

Charteris-Black, Jonathan (2004). *Corpus Approaches to Critical Metaphor Analysis*. Basingstoke: Palgrave-Macmillan.

Coulson, Seana (1996). The Menendez Brothers Virus: Analogical mapping in blended spaces. Goldberg, Adele, ed. *Conceptual Structure, Discourse, and Language*. Stanford: CSLI, 67-81.

Coulson, Seana (2006). Conceptual blending in thought, rhetoric, and ideology. Kristiansen, Gitte, Michel Achard, René Dirven, Francisco J. Ruiz de Mendoza Ibáñez, eds. *Cognitive Linguistics: Current Applications and Future Perspectives*. Berlin – New York: Mouton de Gruyter, 187-210.

Coulson, Seana, Todd Oakley (2000). Blending basics. *Cognitive Linguistics* 11.3-4: 175-196.

Coulson, Seana, Todd Oakley (2006). Purple persuasion: Conceptual blending and deliberative rhetoric. Luchenbroers, June, ed. *Cognitive Linguistics Investigations: Across languages, fields and philosophical boundaries*. Amsterdam – Philadelphia: John Benjamins, 47-65.

Eubanks, Philip (2000). *A War of Words in the Discourse of Trade: The Rhetorical Constitution of Metaphor*. Carbondale: Southern Illinois University Press.

Fauconnier, Gilles, Mark Turner (2001). Conceptual integration networks. Expanded web version of "Conceptual integration networks". (1998). *Cognitive Science* 22.2: 133-187 <www.markturner.org/cin.web/cin.html>, 20.5.2009.

Fauconnier, Gilles, Mark Turner (2002). *The Way We Think: Conceptual Blending and the Mind's Hidden Complexities*. New York: Basic Books.

Fauconnier, Gilles, Mark Turner (2006). Conceptual integration networks. Geeraerts, Dirk, ed. *Cognitive Linguistics: Basic Readings*. Berlin: Mouton de Gruyter, 303-371. Reprint of "Conceptual integration networks". (1998). *Cognitive Science* 22.2: 133-187.

Fauconnier, Gilles, Mark Turner (2008). Rethinking metaphor. Gibbs, Raymond W. Jr., ed. *The Cambridge Handbook of Metaphor and Thought*. New York: Cambridge University Press, 53-66.

Grady, Joseph, Todd Oakley, Seana Coulson (1999). Conceptual blending and metaphor. Gibbs, Raymond W. Jr., Gerard J. Steen, eds. *Metaphor in Cognitive Linguistics*. Amsterdam – Philadelphia: John Benjamins, 101-124.

Koller, Veronika (2003). Metaphor clusters, metaphor chains: Analyzing the multifunctionality of metaphor in text. *metaphorik.de* 5: 115-134.

Koller, Veronika (2004a). *Metaphor and Gender in Business Media Discourse: A Critical Cognitive Study*. Basingstoke – New York: Palgrave.

Koller, Veronika (2004b). Businesswomen and war metaphors: "Possessive, jealous and pugnacious"? *Journal of Sociolinguistics* 8.1: 3-23.

Kövecses, Zoltán (2002). *Metaphor: A Practical Introduction*. New York: Oxford University Press.

Kövecses, Zoltán (2005). *Metaphor in Culture. Universality and Variation*. New York: Cambridge University Press.

Kövecses, Zoltán (2009a). Metaphor, culture, and discourse: The pressure of coherence. Musolff, Andreas, Jörg Zinken, eds. *Metaphor and Discourse*, Basingstoke: Palgrave-Macmillan, 11-24.

Kövecses, Zoltán (2009b). The effect of context on the use of metaphor in discourse. *Ibérica* 17: 11-24.

Kövecses, Zoltán (2009c). Aspects of metaphor in discourse. *Belgrade English Language and Literature Studies (Belgrade BELLS)* 1: 81-95.

Kövecses, Zoltán (2010). *Metaphor: A Practical Introduction* (2nd edn.). New York: Oxford University Press.

Lakoff, George (1992). Metaphor and war: The metaphor system used to justify war in the Gulf. Pütz, Martin, ed. *Thirty Years of Linguistic Evolution: Studies in Honour of René Dirven on the Occasion of his 60th Birthday*. Amsterdam – Philadelphia: John Benjamins, 463-482.

Lakoff, George (2003). "Metaphor and war, again". <www.alternet.org/story/15414> 20.5. 2009.

Lakoff, George, Mark Johnson (1980). *Metaphors We Live by*. Chicago – London: University of Chicago Press.

Musolff, Andreas (2000). Political imagery of Europe: A house without exit doors? *Journal of Multilingual and Multicultural Development* 21.3: 216-229.

Musolff, Andreas (2004). *Metaphor and Political Discourse: Analogical Reasoning in Debates about Europe*. London: Palgrave-Macmillan.

Oakley, Todd, Seana Coulson (2008). Connecting the dots: Mental spaces and metaphoric language in discourse. Oakley, Todd, Andres Hougaard, eds. *Mental Spaces in Discourse and Interaction*. Amsterdam – Philadelphia: John Benjamins, 27-50.

Semino, Elena (2002). A sturdy baby or a derailing train? Metaphorical representations of the Euro in British and Italian newspapers. *Text* 22.1: 107-139.
Semino, Elena (2008). *Metaphor in Discourse.* Cambridge: Cambridge University Press.
Semino, Elena, Michela Masci (1996). Politics is football: Metaphor in the discourse of Silvio Berlusconi in Italy. *Discourse and Society* 72: 243-269.
Turner, Mark, Gilles Fauconnier (1995). Conceptual integration and formal expression. *Metaphor and Symbolic Activity* 10.3: 183-204.
Turner, Mark, Gilles Fauconnier (2003). Metaphor, metonymy, and binding. Dirven, René, Ralf Pörings, eds. *Metaphor and Metonymy in Comparison and Contrast.* Berlin: Mouton de Gruyter, 469-487.

Phraseologismen mit der somatischen Komponente *Kopf* im Deutschen und *huvud* im Schwedischen

Annette Đurović, Zorica Mančić, Branislav Ivanović

Zusammenfassung

Diese Korpusstudie soll eine kontrastive Darstellung von Somatismen des Deutschen und des Schwedischen mit der Komponente *Kopf/huvud* vornehmen. Ausgangspunkt der Studie ist die Annahme, dass somatische Phraseologismen meist die Form von Verbalphrasen aufweisen. Aufgrund der Sprachverwandschaft des Deutschen und des Schwedischen ist davon auszugehen, dass bei Vorhandensein des Phraseologismus in beiden Sprachen in morphosyntaktischer Hinsicht ähnliche Merkmale darstellbar sind: bei Vollidiomen und bei Teilidiomen zumeist in Form von VP, wie auch bei festen Phrasen, viel seltener jedoch bei anderen phraseologischen Subklassen, sodass auf der Ebene der syntaktischen Struktur bei den untersuchten phraseologischen Formativen kein hoher Differenzierungsgrad zu erwarten ist. Daher sollen hier vor allem folgende Fragen beantwortet und anhand des Korpus demonstriert werden: Kann diese morphosyntaktische Ähnlichkeit auch auf die semantische Ebene erweitert werden? Wird in beiden Sprachen mit derselben Bildhaftigkeit operiert oder ist diese sprachkontextuell auf eine Kommunikationsgemeinschaft beschränkt? Entspricht einem deutschen Somatismus immer ein schwedischer? Sind somatische Phraseologismen in der Sprachgrenzen überschreitenden Kommunikation aufgrund ihrer relativen partiellen oder totalen semantischen Undurchsichtigkeit übersetzbar oder sind hier die Grenzen der Übersetzbarkeit erreicht? Sind Expressivität und Konnotationen der Somatismen in beiden Sprachen bei gleicher Bildhaftigkeit identisch? Ausgehend davon, dass Phraseologismen eine mehr oder weniger ausgeprägte Variabilität kennzeichnet und somit Abwandlungen verschiedene semantische Konsequenzen nach sich ziehen können, bleibt dann bei Sprachenwechsel die Bedeutung unverändert, oder wird sie mehr oder weniger stark variiert bzw. aufgelöst? Diese auf der Methode der kontrastiven Untersuchung beruhende Studie versteht sich als Beitrag zur angewandten Linguistik und Translationswissenschaft ebenso wie zur konstrastiven germanischen Phraseologie, da sie einen bisher kaum bearbeiteten Aspekt der Phraseologie an einem konkreten Korpus darstellt.

Schlüsselwörter: Phraseologismen mit somatischer Komponente; Lexikografie; Translationswissenschaft; Textbearbeitungsnotwendigkeiten.

1. Einleitung

Wenngleich die kontrastive Phraseologie des Deutschen mit anderen Sprachen in den letzten zwei Jahrzehnten immer stärker das Interesse der Linguisten weckt, was sich in einer wachsenden Anzahl von Arbeiten auf diesem Gebiet manifestiert, muss auch heute festgestellt werden, dass sie im Schatten der kontrastiven Untersuchungen des morphologischen und syntaktischen Systems der deutschen Sprache mit anderen Sprachen steht und eher fragmentarisch sowie ohne klar definierten methodologischen Rahmen und eindeutiges theoretisches, konsequent in den theoretischen Arbeiten auf diesem Gebiet Anwendung findendes Modell durchgeführt wird.

Die Ursachen für eine derartige Situation müssen in erster Linie in der Komplexität der Phraseologismen[1] als sprachliche Zeichen gesucht werden, im Bestehen sehr heterogener phraseologischer Subklassen, terminologischer Konfusion innerhalb der deutschen Phraseologie, in unterschiedlichen, teilweise divergierenden Konzeptionen, welche die Phraseologie als Wissenschaft, jedoch auch das phraseologische System einschränken, jedoch auch im hohen Grad der *a priori* präsupponierten Interdisziplinarität, mit der jeder Phraseologe konfrontiert wird und mit der er in jeder ernsthafteren Anfertigung kontrastiver Studien operieren muss. Die Folgen eines derartigen Zustands reflektieren unmittelbar auch auf die zweisprachige Lexikografie, die Theorie und Praxis des Deutschen als Fremdsprache, jedoch auch auf die Translationswissenschaft und die translatorische Praxis.

Kontrastive Untersuchungen zu deutschen und schwedischen Phraseologismen waren bisher in geringerem Umfang Gegenstand wissenschaftlicher Arbeiten[2] schwedischer Autoren (s. Lundh 1992: 163ff., Skog-Södersved 1992: 175ff., Skog-Södersved/Malmqvist 2010: 355ff.). Deutsche Autoren haben sich u. E. bislang kaum mit diesem Sprachenpaar auseinandergesetzt, was dem Trend der Insuffizienz in Bezug auf die Kontrastierung des Deutschen mit einer genetisch/typologisch/areal verwandten Sprache entspricht. Insofern ist diese Unter-

---

1 Auch wenn sich ein Trend abzeichnet, die Grundeinheit des Phraseolexikons als Phrasem zu bezeichnen, was analog zu bereits bestehenden und gebräuchlichen Termini auf anderen Sprachebenen geschieht (Phonem, Morphem, Lexem, Semem), so halten wir in dieser Arbeit fest am traditionellen Terminus des Phraseologismus, in Anbetracht dessen, dass er in der deutschen Phraseologie noch am frequentesten ist und in den umfangreichen und klassischen referenten Quellen auf diesem Gebiet auch weiterhin als einziger Terminus fungiert (vgl. Burger 2003, Burger 1982, Fleischer 1997, Palm 1997).

2 Von allen skandinavischen Sprachen wurde das Deutsche am häufigsten mit dem Finnischen kontrastiert, wobei die größte Anzahl kontrastiver Untersuchungen des Deutschen mit slawischen Sprachen bezüglich stilistischer und translationswissenschaftlicher Aspekte erfolgte (s. Migla 2010: 282ff., Gondek 2010: 305ff., Gulawska-Gawkowska 2010: 315ff., Misiek 2010: 325ff., Szczęk 2010: 334ff., Pavić-Pintarić 2009: 91ff., Brehmer 2009: 141ff., Gajić 2009: 179ff., Petronijević 2004: 105ff.). Dies kann dadurch erklärt werden, dass die kontrastiven Untersuchungen ihren Ursprung in der sowjetischen Linguistik hatten und von dort aus in den Ländern des slawischen Sprachgebiets Verbreitung fanden.

suchung von Somatismen im Deutschen und Schwedischen mit der Komponente *Kopf/huvud*[3] innovativ.

2. Translatologische Grundlagen

Die kontrastive Systemlinguistik in quantitativer und rein praktischer Hinsicht ist laut Albrecht (2005: 161ff.) wohl eines der wesentlichsten Teilgebiete der sprachwissenschaftlich orientierten Übersetzungsforschung. Es handelt sich hierbei um ein Problemgebiet, welches die alltägliche Arbeit von ÜbersetzerInnen unmittelbar betrifft. Die Übersetzungsforschung könnte hier wirklich praktische Hilfestellung leisten, und zwar dergestalt, dass der Praktiker gezielt vor naheliegenden Fehlleistungen gewarnt wird und ihm systematische Wege zur Lösung von Kategorien von Problemen aufgezeigt werden. Die derart diskutierten und aufgezeigten Möglichkeiten gehören meist der *Mikroebene* an, d. h. sie betreffen die Übersetzung als „Technik". Hier können verschiedene Mechanismen entwickelt werden, deren Anspruch auf Allgemeingültigkeit jedoch relativ ist. Bei der konkreten Übersetzung bestimmter sprachlicher Einheiten, von Phraseologismen im Besonderen, müssen Entscheidungen auf der *Makroebene* getroffen werden. Diese Entscheidungen nehmen gegenüber denen auf der Mikroebene einen höheren Rang ein. Sie betreffen in erster Linie die Übersetzung als die Übertragung von vollständigen Texten, und nicht nur einzelnen Sprachsegmenten, häufig auch Übersetzen als Sprachkunst. Es werden demzufolge erst globale Entscheidungen auf Makroebene getroffen, bevor Einzelentscheidungen auf Mikroebene ergehen. Die Entscheidungen, die in diesem Bereich getroffen werden, gehören zur *Übersetzungsstrategie* (s. Đurović 2009: 43-75). Sowohl Translatologie als auch Übersetzung als endgültiges Produkt eines Autors sollten immer als komplexe Phänomene im Rahmen von verschiedenen Stufen der von Chomsky vorgeschlagenen und eingeführten sprachlichen Adäquatheit (Beobachtungs-, Beschreibungs- und Erklärungsadäquatheit) betrachtet, untersucht und realisiert werden (s. Fries 2000: 9-10).

In Bezug auf Phraseologismen gibt es eine Standardregel normativer Übersetzungsdidaktik (Albrecht 2005: 116ff.): Phraseologismen stellen Sinneinheiten dar, die als Ganzes wiedergegeben werden müssen. Phraseologismen dürfen auf

3 Somatische Komponenten (Somatismen) zeigen gewisse Präferenzen für bestimmte phraseologische Subklassen. In erster Linie handelt es sich um Voll- und Teilidiome, Kinegramme, Pseudokinegramme, feste Phrasen und Sprichwörter mit unterschiedlichem Idiomatizitätsgrad. Seltener können Somatismen als Komponenten in der Formativstruktur bei der Subklasse der geflügelten Worte vorkommen (z. B. den Balken im eigenen Auge nicht sehen, aber den Splitter im fremden (Bibel, Matth. 7, 3-5)).

keinen Fall wörtlich übersetzt werden, sondern am besten durch einen Phraseologismus in der ZS, dessen Bedeutung im Wesentlichen der des ausgangsprachlichen Phraseologismus entspricht.

Dieses Verhältnis stellt dann den Idealfall der Übersetzung eines Phraseologismus dar. Dies trifft selbstverständlich auch auf Somatismen zu, so z. B. in der Untersuchung vorhanden in Beispiel 1: dt.: *das kann jmdn. den Kopf kosten* – sw: *det kunde kosta honom hans huvud* – '*jmds. Verderben sein, jmdn. ruinieren*'.

Findet man keinen passenden Phraseologismus, muss man den Sinn paraphrasieren. Untersucht man verwandte Sprachen wie das Deutsche und das Schwedische, so ist hier ein hoher Grad an Übereinstimmung zu erwarten. Wie hoch er ist, wird die hier durchgeführte Untersuchung zeigen. Geklärt werden soll im Einzelnen, ob Subklasse, Struktur und Bild des deutschen Phraseologismus mit dem des schwedischen übereinstimmt oder ob größere Unterschiede aufzuzeigen sind.

Darüber hinaus besteht bei verwandten Sprachen die Gefahr von sog. „*falschen Freunden*", welche dem Übersetzer die Arbeit zusätzlich erschweren[4]. Bei Phraseologismen kann dieses Problem dann auftreten, wenn z. B. nur der Teil eines Bildes in der Zielsprache erhalten bleibt und der Übersetzer meint, dass hier das gleiche Bild vorliege und den Phraseologismus falsch übersetzt. Inwiefern dies in der Subklasse der Idiome mit *Kopf/huvud* im Sprachenpaar Deutsch/Schwedisch der Fall ist, wird hier aufgezeigt.

Die Verwechslungsgefahr kann auch anders gelagert sein, äußert Albrecht (2005: 133ff.), also nicht nur in der ähnlichen lautlichen und grafischen Form und einer teilweisen Übereinstimmung des Bildes, sondern auch, wenn Einheiten der AS und der ZS über ein gemeinsames Inhaltsmerkmal verfügen, wie z. B. Schwedisch und Deutsch – dt.: *die Lehrerin* / sw.: *lärarinna* (veraltet für *Unterstufenlehrerin*).

Die partiellen inhaltlichen „*falschen Freunde*" erfreuen sich geringerer Aufmerksamkeit als die totalen. Für den Übersetzer sind sie in der Regel gefährlicher als die totalen.

Untersuchungen zu *falschen Freunden* für das Sprachenpaar Deutsch-Schwedisch liegen u. E. kaum vor (erst recht nicht auf dem Gebiet der Übersetzung von Phraseologismen mit der Komponente *Kopf/huvud*), wobei davon auszugehen ist, dass dies häufiger unter verwandten Sprachen vorkommt.

---

4 Hier sollen nur drei Typen von *falschen Freunden* unterschieden werden. Die Klassifikation nach Albrecht (2005) ist grob, die Grenzen werden wie immer in ähnlichen Fällen fließend: formal: *undankbar/otänkbar*; inhaltlich-partiell: *lachen – lächeln / att skratta – att le*; inhaltlich-total: *Orange – orange / apelsin – orange*.

Im Falle eines nicht vorhandenen Äquivalents stellt sich generell die Frage nach der Übersetzbarkeit von Phraseologismen, wobei Übersetzbarkeit laut Salevsky (2002: 163-186) aufgefasst werden kann einerseits als Problem der Verstehbarkeit und andererseits als Problem der Ausdrucksfähigkeit.

Das kann sich lösen, z. B. durch 1. neue Lexikoneinheiten (inkl. neuer Kollokationen, Problem der Ausdrucksfähigkeit lässt sich durch Erweiterung des Sprachinventars lösen), 2. neue syntaktische Konstruktionen und 3. die Aufhebung einer bestimmten Filterwirkung (im stilistischen Bereich) in einem Teilbereich der Sprache. Dies kann auch auf die Übersetzung von Phraseologismen überhaupt und Somatismen im Besonderen angewendet werden, sodass in den Fällen, in denen keine Übersetzung durch einen Phraseologismus möglich ist, dennoch der Sinn in die Zielsprache übertragen wird. Der kommunikative Effekt sollte erhalten bleiben.

3. Korpus[5]

Nr.	Deutscher Phraseologismus	Schwedischer Phraseologismus	Bedeutung und Kommentar
1.	das kann jmdn. den Kopf kosten	det kunde kosta honom hans huvud	*‚jmds. Verderben sein, jmdn. ruinieren'*
2.	den Kopf / etwas auf dem silbernen Tablett servieren	begära någons huvud på ett fat	*‚etw. verlockend präsentieren, anbieten, es jmdm. leicht machen'*
3.	die Köpfe zusammenstecken	slå sina kloka huvuden ihop	*‚miteinander tuscheln, etw. aushecken'*
4.	bis über den Kopf / bis zum Hals in etwas stecken	ta sig vatten över huvudet	1. *‚tief, rettungslos in etw. hineingeraten'*; 2. *‚völlig von etw. beansprucht werden'*
5.	jmdm. haushoch überlegen sein	vara huvudet högre	*‚in Bezug auf bestimmte Fähigkeiten, auf Stärke od. Anzahl andere weit übertreffend'* im Deutschen ohne Komponente *Kopf*
6.	sich etwas in den Kopf setzen	få i sitt huvud	*‚den festen Entschluss fassen, etw. zu tun'*

5 Die Phraseologismen für das Korpus wurden aus den folgenden Wörterbüchern und Nachschlagewerken exzerpiert: Duden 11 (2008), Holm (1975), Holm (1989) und Malmgren (2004).

7.	über jmds. Kopf hinweg	gå över någons huvud	*‚ohne jmds. Entscheidung, Zustimmung o. Ä. abzuwarten'*
8.	seinen eigenen Kopf haben	ha sitt huvud för sig / tänka med eget huvud / efter eget huvud/ följa sitt eget huvud	*‚seine eigene Meinung haben'*
9.	sich (k)einen Kopf machen	bygga bo i huvudet	*‚sich (keine) Gedanken machen'*
10.	es rollen Köpfe / es werden Köpfe rollen / Köpfe werden rollen	huvuden kommer att rulla	*‚es gibt Opfer, es werden Leute entlassen'*
11.	ein Brett vor dem Kopf haben	det står stilla i huvudet på mig	*‚begriffsstutzig sein'*
12.	(nimm den) Kopf hoch	upp med huvudet / upp med hakan	*‚nur nicht den Mut verlieren'* im Schwedischen alternativ Komponente *huvud*
13.	etw. steht Kopf	ställa något på huvudet	*‚etw. ist völlig in Unordnung gebracht'*
14.	Kopf an Kopf (stehen)	skuldra vid skuldra	*‚(in einem Wettbewerb o. Ä.) gleichauf, wertungsgleich'* – im Schwedischen ohne Komponente *huvud* – Reduplikation von Komponenten in beiden Sprachen
15.	jmdm. raucht der Kopf	det brinner i huvudet	*‚jmd. muss längere Zeit angestrengt nachdenken'*
16.	der Kopf von etwas sein	familjens huvud	*‚der Wichtigste, die Hauptperson'*
17.	jmdm. brummt der Kopf	mitt huvud spricker	*‚jmd. hat heftige Kopfschmerzen'*
18.	den Kopf nicht beisammen haben	få/sätta myror i huvudet	*‚handeln, ohne überlegt zu haben, verwirrt, durcheinander sein'*
19.	sich den Kopf (an etw. / an der Mauer) einrennen	köra huvudet i väggen	*‚bei einem Vorhaben auf Widerstand stoßen'*
20.	den Kopf zu etwas haben	ha mycket innanför pannbenet	*‚für etw. begabt sein, talentiert'* im Schwedischen ohne Komponente *huvud*

21.	den/seinen Kopf für jmdn./etw. hinhalten (müssen/sollen)	bära hundhuvudet	*‚für etw. geradestehen (müssen/sollen)'* im Schwedischen Kompositum mit Grundkonstituente *huvud*
22.	den Kopf hängen lassen	hänga med huvudet	*‚mutlos sein'*
23.	den Kopf hoch tragen	ha näsan i vädret	*‚stolz sein'*
24.	einen kühlen/klaren Kopf bewahren	bevara/hålla huvudet kallt	*‚nicht nervös werden'*
25.	mit dem / den Kopf schütteln	skaka på huvudet åt	*‚etw. verneinen, Ausdruck von Verständnislosigkeit'*
26.	jmdm. den Kopf verdrehen	förvrida huvudet på någon	*‚jmdn. verliebt machen'*
27.	den Kopf verlieren	tappa huvudet	*‚kopflos handeln'*
28.	den Kopf in den Sand stecken	sticka huvudet i sanden/busken	*‚eine Gefahr nicht wahrhaben wollen'*
29.	den Kopf unter dem Arm tragen/schleppen	ha/stoppa huvudet under armen	Deutsch: *‚sehr krank sein'*; Schwedisch: *‚nicht seine eigene Meinung haben'* = formale falsche Freunde
30.	auf seinen Kopf schwören	våga sitt huvud på	*‚nur seine eigenen Ideen, Gesinnungen für wahr und richtig halten'*
31.	etw. auf den Kopf stellen	ställa något på huvudet	*‚etw. völlig verdrehen'*
32.	aus dem Kopf	utantill / ur huvudet	*‚auswendig, ohne Vorlage'* im Schwedischen selten als Phraseologismus, nur alternativ möglich
33.	jmdm. geht etw. nicht aus dem Kopf	inte få någonting ut ur huvudet	*‚etw. nicht vergessen können'*
34.	sich eine Kugel durch den Kopf jagen	skjuta sig själv i huvudet	*‚Selbstmord durch Erschießen begehen'*
35.	von Kopf bis Fuß	från huvud till fot/ från topp till tå	1. *‚von oben bis unten'*; 2. *‚völlig, durch und durch'*
36.	was man nicht im Kopf(e) hat, (das) hat man in den Beinen/Füßen / muss man in den Beinen/Füßen haben	det man inte har i huvudet får man ha i benen	*‚wenn man bei Besorgungen o. Ä. etw. vergisst, muss man den Weg mehrmals machen'*
37.	jmdn. vor den Kopf stoßen	stöta någon för huvudet	*‚jmdn. verletzen'*
38.	jmdm. zu Kopf steigen	vinet tycktes stiga honom åt huvudet	*‚benommen, (leicht) betrunken sein'*

39.	(k)ein Dach über dem Kopf haben	tak över huvudet	*‚(k)eine Unterkunft haben'*
40.	den Kopf oben behalten	bevara/hålla huvudet kallt	*‚nicht den Mut verlieren'* partielle Äquivalenz
41.	Häcksel im Kopf haben	ha dåligt huvud	*‚sehr dumm sein'*
42.	Hals über Kopf	hals över huvud	*‚überstürzt'*

4. Auswertung

Aus Sicht der kontrastiven Phraseologie können alle Phraseologismen in zwei Grundtypen eingeteilt werden:

- Typ A: Phraseologismen, welche diversen phraseologischen Subklassen in beiden Referenzsprachen angehören und
- Typ B: Phraseologismen, welche identischen phraseologischen Subklassen in beiden Referenzsprachen angehören.

Von insgesamt 42 analysierten Beispielen aus dem Korpus gehören zum Typ A weitaus weniger Phraseologismen, insgesamt 6, bei denen die Zugehörigkeit zu unterschiedlichen phraseologischen Subklassen auch die unterschiedliche morphosyntaktische Organisation des Formativs in beiden Sprachen nach sich zieht. Hinsichtlich der Divergenz der phraseologischen Subklassen kann anhand des Korpus eine gewisse Gesetzmäßigkeit aufgedeckt werden: bei insgesamt 5 Beispielen ist eine konstante Tendenz erkennbar:

- Vollidiomen in Form einer Verbalphrase im Deutschen (insgesamt 2), z. B. *jmdm. zu Kopf steigen,* entsprechen feste Phrasen im Schwedischen, z. B. *vinet tycktes stiga honom åt huvudet,*
- festen Phrasen im Deutschen (insgesamt 3 Beispiele im Korpus), z. B. *etw. steht Kopf,* entsprechen Vollidiome in Form einer Verbalphrase im Schwedischen, z. B. *ställa något på huvudet.*

Die Divergenzen sind nicht groß, beide phraseologischen Subklassen bilden den Mittelpunkt des Phraseolexikons und können in beiden Sprachen einen hohen Grad an Idiomatizität aufweisen. Unterschiede zeigen sich vielmehr in der syntaktischen Organisation – bei den Vollidiomen erscheint die verbale Komponente im Infinitv, während in festen Phrasen eine finite Verbform mit Tempus-/Modusvaribilität (in der Regel) vorliegt. Sicher würde ein umfangreicheres Korpus die Konstanz dieser Tendenz belegen, welche nicht nur den Unterschieden auf dem Niveau des Phraseolexikons zwischen dem Schwedischen und Deutschen zuzuschreiben ist, sondern höchstwahrscheinlich auch der unterschiedlichen lexikografischen Praxis hinsichtlich der Form, in welcher der Phraseologismus lemmatisiert wird.

Nur in einem Fall entspricht dem deutschen fluktuierenden Phraseologismus (erweiterter Zwillingsformel/reduziertem Teilidiom) *Kopf an Kopf (stehen)* eine reine Zwillingsformel im Schwedischen – *skuldra vid skuldra* mit identischer morphosyntaktischer Organisation. In beiden Sprachen ist eine Reduplikation der nominalen Komponente sichtbar, welche eine phonetische Rezessivität[6] – eine Alliteration – bewirkt.

Die meisten untersuchten Phraseologismen (insgesamt 36) gehören zu Typ B. In dieser Gruppe können zwei Subklassen unterschieden werden:

- B.1. – Zugehörigkeit zur gleichen phraseologischen Subklasse mit identischem syntaktischem Nukleus in beiden Sprachen,
- B.2. – Zugehörigkeit zur gleichen phraseologischen Subklasse mit unterschiedlichem syntaktischem Nukleus in beiden Sprachen

B.1. Die hierzu gehörende Anzahl von Phraseologismen mit gleichem syntaktischem Nukleus ist größer und beträgt insgesamt 32. Am häufigsten sind Vollidiome in Form einer Verbalphrase (insgesamt 22 Phraseologismen). Mit weitaus geringerer Frequenz folgen feste Phrasen (insgesamt 4), Kinegramme (1), Vollidiome in Form einer Nominalphrase (1), Modellbildung (1) und Parömie (1). Hier könnte man auch das deutsche Vollidiom *seinen Kopf haben* einordnen, das im Schwedischen mehrere Äquivalente hat, einmal die gleichartigen syntaktischen Konstruktionen *tänka med eget huvud* und *följa sitt eget huvud*, zum anderen ein Vollidiom in Form einer Präpositionalphrase: *efter eget huvud.*

Wenngleich sie zur selben Subklasse gehören, weisen die Phraseologismen dieses Typs bedeutende Unterschiede in der Struktur des Formativs auf, was durch den unterschiedlichen morphologischen und syntaktischen Aufbau der deutschen und schwedischen Sprache bedingt ist. Das Deutsche gehört zur Gruppe der typischen S-O-V-Abfolge der Satzglieder, das Schwedische hingegen hat die Struktur S-V-O, was sich natürlich in der Position der verbalen Komponente reflektiert: in deutschen Kookkurrenzen hat die verbale Komponente finale Position – *seinen Kopf für jmdn./etw.* <u>*hinhalten*</u>, in schwedischen hingegen Initialstellung in der Nominalform des Phraseologismus – <u>*bära*</u> *hundhuvudet.* Das Deutsche weist Selbständigkeit des Determinativs als Wortklasse

6 Über die weiteren, äußerst unterschiedlichen Formen der phraseologischen Rezessivität vgl. Ivanović 2009.

vor der nominalen Komponente auf – *sich den Kopf (an der Mauer) einrennen*, während das Schwedische eine Tendenz zur Agglutination des enklitischen Artikels mit dem Nomen aufweist – *köra huvudet i väggen* (zu weiteren Unterschieden in Morphologie und Syntax in diesem Sprachenpaar s. Lundh 1992: 165-166). Entsprechende Erkenntnisse über die Zugehörigkeit zu einer phraseologischen Subklasse, vielmehr jedoch auch über subtile formale Unterschiede zwischen Phraseologismen in diesen beiden Sprachen sind *sine qua non* für die Translationswissenschaft, vor allem jedoch für die praktische translatorische Tätigkeit.

B.2. Zu dieser Menge gehört eine weitaus geringere Anzahl von Gliedern aus dem analysierten Korpus (insgesamt 4), zur gleichen Subklasse von Phraseologismen gehörend mit unterschiedlichem syntaktischem Kern. In drei Fällen handelt es sich um Vollidiome, wobei deutschen Verbalphrasen im Schwedischen Adverbialphrasen entsprechen (vgl. dt. *nimm den Kopf hoch* : sw. *upp med huvudet / upp med hakan*) oder aber eine Nominalphrase (vgl. dt. *(k)ein Dach über dem Kopf haben* : sw. *tak över huvudet*). Einem deutschen Vollidiom – Adverbialphrase (*über jmds. Kopf hinweg*) entspricht im Schwedischen ein Vollidiom – Verbalphrase (*gå över någons huvud*), während einem Teilidiom – Verbalphrase mit einer Komponete der externen Valenz (*der Kopf von etwas sein*) im Schwedischen ein Teilidiom – Nominalphrase ohne Komponente der externen Valenz entspricht (*familjens huvud*). Auch bezüglich dieser Divergenzen muss von unterschiedlicher lexikografischer Praxis und unterschiedlichen Lemmatisierungsprinzipien von Phraseologismen in Wörterbüchern in beiden Referenzsprachen ausgegangen werden.

5. Schlussfolgerung

Nach Analyse der Korpusauswertung kann in Bezug auf die Übersetzbarkeit von Phraseologismen generell, deutschen Phraseologismen mit der somatischen Komponente *Kopf* ins Schwedische im Besonderen, Folgendes festgestellt werden:

1. Die Frage der Entsprechung von Phraseologismen mit der somatischen Komponete *Kopf* aus dem Deutschen ins Schwedische kann nicht ohne Weiteres auf das Vorhandensein der schwedischen Komponente *huvud* reduziert werden. Wir gehen davon aus, dass grundsätzlich die gleiche Erkenntnisfähigkeit vorhanden ist, wobei trotz der Sprachverwandtschaft zwischen dem Schwedischen und Deutschen historisch entstandene Ungleichheiten, z. B. in der lexikografischen Praxis, bzw. Unregelmäßigkeiten, z. B. bei der Lemmatisierung,

vorhanden sind. Dies könnte eine potentielle Unübersetzbarkeit vermuten lassen, jedoch mit der Einschränkung, dass z. T. Erläuterungen, Umschreibungen und andere Kompensationsverfahren zur Anwendung kommen, um die Verständigung herzustellen. Dies ist insbesondere dann der Fall, wenn Sprache zum Gegenstand der Kommunikation wird, hierbei kann in der Regel partielle Übersetzbarkeit (und damit auch Äquivalenz) verzeichnet werden.

2. Wir können jedoch aufgrund der unbegrenzten Möglichkeiten auf der Grundlage der kommunikativen Leistungsfähigkeit einer Sprache die Bedürfnisse der Gemeinschaft, deren Kommunikationsmittel sie ist, trotz vorhandener Unterschiede befriedigen, womit wir eine potentielle Übersetzbarkeit bejahen.

Durch den unterschiedlichen Grad an Übereinstimmung und Entwicklung der Kulturen und Sprachen bestehen unterschiedlich günstige bzw. ungünstige Bedingungen (zu bestimmten Zeiten, an bestimmten Orten, für bestimmte Textsorten bzw. Texte, für bestimmte Rezipienten und für bestimmte Übertragungsrichtungen). Es kann daher auch zu umfangreichen Textbearbeitungsnotwendigkeiten kommen – stets situations- und funktionsbezogen, textabhängig sowie kultur- und sprachenpaarbezogen betrachtet. Für das Sprachenpaar Deutsch/Schwedisch sind die Bedingungen zur Übersetzung von Somatismen aufgrund der Sprachverwandtschaft relativ günstig. Die Bearbeitungsnotwendigkeiten sind demzufolge nicht so stark, wie das bei anderen Sprachen der Fall wäre.

Literatur

Albrecht, Jörn (2005). *Übersetzung und Linguistik.* (Grundlagen der Übersetzungsforschung; 2). Tübingen: Gunter Narr Verlag.

Brehmer, Bernhard (2009). Äquivalenzbeziehungen zwischen komparativen Phraseologismen im Serbischen und Deutschen. *Südslavistik online.* Heft 1: 141-164.

Burger, Harald (2003). *Phraseologie. Eine Einführung am Beispiel des Deutschen.* Berlin: Erich Schmidt Verlag.

Burger, Harald, Annelies Buhofer, Ambros Sialm (1982). *Handbuch der Phraseologie.* Berlin-New York: Walter de Gruyter.

Duden (2008). Band 11. *Redewendungen. Wörterbuch der deutschen Idiomatik.* Mannheim-Leipzig-Wien-Zürich: Dudenverlag.

Đurović, Annette (2009). *Translation und Translationswissenschaft. Ein Hochschullehrbuch.* Beograd: Filološki fakultet Univerziteta u Beogradu.

Fleischer, Wolfgang (1997). *Phraseologie der deutschen Gegenwartssprache.* Tübingen: Max Niemeyer Verlag.

Fries, Norbert (2000). Adäquatheit. Helmut Glück, Hrsg. *Metzler Lexikon Sprache.* Stuttgart-Weimar: Verlag J. B. Metzler: 9-10.

Gajić, Gabriela (2009). Der Phraseologismus *obilaziti kao kiša oko Kragujevca* und seine Entsprechungen im Deutschen. *Südslavistik online.* Heft 1: 179-196.

Gondek, Anna (2010). Unterschiedliche Aspekte der Menschenbewertung in der deutschen und polnischen Phraseologie (am lexikografischen Material). Korhonen, Jarmo, Wolfgang Mieder et al., Hrsg. *Europhras 2008.* Helsinki: 305-314.

Gulawska-Gawkowska, Malgorzata (2010). Emotionale und somatische Konzepte im Deutschen und Polnischen am Beispiel der Phraseologismen mit der Komponente *Nase.* Korhonen, Jarmo, Wolfgang Mieder et al., Hrsg. *Europhras 2008.* Helsinki: 315-324.

Holm, Pelle (1975). *Ordspråk och talestätt-medförklaringar.* Stockholm: Bonnier.

Holm, Pelle (1989). *Bevingade ord.* Stockholm: Bonnier.

Ivanović, Branislav (2009). Recesivnost u nemačkoj frazeologiji. *Anali Filološkog fakulteta XXI.* Beograd: Filološki fakultet: 175-184.

Koller, Werner (1984). *Einführung in die Übersetzungswissenschaft.* (5.Aufl.) Heidelberg-Wiesbaden : Quelle & Meyer.

Lundh, Karin (1992). Äquivalente Somatismen im Deutschen und Schwedischen – wie soll das kontrastive Modell aussehen? Korhonen, Jarmo, Hrsg. *Untersuchungen zur Phraseologie des Deutschen und anderer Sprachen: einzelsprachspezifisch – kontrastiv – vergleichend.* Frankfurt am Main – Berlin – New York – Paris – Wien: Peter Lang Verlag: 163-173.

Malmgren, S. (2004). *Norstedts svenska ordbok.* Stockholm: Norstedts.

Migla, Ilga (2010). Phraseologismen mit einem Personennamen im Deutschen, Russischen und Lettischen. Korhonen, Jarmo, Wolfgang Mieder et al., Hrsg. *Europhras 2008.* Helsinki: 282-290.

Misiek, Dorota (2010). Phraseologismen in deutschen und polnischen Meldungen, Berichten und Kommentaren. Eine quantitative Analyse. Korhonen, Jarmo, Wolfgang Mieder et al., Hrsg. *Europhras 2008.* Helsinki: 325-333.

Palm, Christine (1997). *Phraseologie. Eine Einführung.* Tübingen: Gunter Narr Verlag.

Pavić-Pintarić, Anita (2009). Phraseologismen in Überschriften: am Beispiel der kroatischen und deutschen Modeblogs. *Südslavistik online.* Heft 1: 91-104.

Petronijević, Božinka (2004). Lingvostilističko-translatološki aspekt frazema u Ćopićevom delu *Ne tuguj bronzana stražo* u originalu i prevodu na nemački. *Tradicija i savremenost.* Banja Luka: 105-120.

Salevsky, Heidemarie (2002). *Translationswissenschaft. Ein Kompendium.* Frankfurt am Main: Peter Lang.

Skog-Södersved, Mariann (1992). Zum Vorkommen von Phraseolexemen in Leitartikeln deutscher und schwedischer Tageszeitungen. Korhonen, Jarmo, Hrsg. *Untersuchungen zur Phraseologie des Deutschen und anderer Sprachen: einzelsprachspezifisch – kontrastiv – vergleichend.* Frankfurt am Main – Berlin – New York – Paris – Wien: 175-188.

Skog-Södersved, Mariann, Anita Malmqvist (2010). Bei seinem biographischen Leisten bleiben. Zu Phraseologismen in schwedischen und deutschen Buchbesprechungen. Korhonen, Jarmo, Wolfgang Mieder et al., Hrsg. *Europhras 2008.* Helsinki: 355-364.

Szczęk, Joanna (2010). Eine kleine Schweinerei gefällig? Zum sprachlichen Bild des Schweins in der deutschen und polnischen Phraseologie (am lexikografischen Material). Korhonen, Jarmo, Wolfgang Mieder et al., Hrsg. *Europhras 2008*. Helsinki: 334-343.

Originaler Forschungsbeitrag

Zum Präpositionalattribut in der deutschen Gegenwartssprache

Leonard Pon

Zusammenfassung

Der vorliegende Beitrag befasst sich mit den Präpositionalphrasen, die in der Funktion des Attributs zu einem Substantiv erscheinen.

Ausgegangen wird von der Hypothese, dass das Präpositionalattribut einen wichtigen Stellenwert in der deutschen Gegenwartssprache einnimmt, weswegen ihm in verschiedenen DaF-Kontexten genug Aufmerksamkeit einzuräumen ist.

Die Analyse basiert auf einem Korpus mit 10787 Belegen. Geklärt wird die Frage, wie hoch die Vorkommenshäufigkeit der Präpositionalattribute ist, wie stark bestimmte Typen der Präpositionalattribute vertreten sind und wie hoch der Anteil einzelner Präpositionen ist. Im Anschluss daran wird die Frage erörtert, welche Bedeutung die gewonnenen Ergebnisse für den DaF-Unterricht haben.

Mit diesem Beitrag werden zwei Hauptziele verfolgt. Erstens soll die Beschreibung des Präpositionalattributs um die Tatsachen ergänzt werden, die den heutigen Sprachgebrauch widerspiegeln. Zweitens besteht unser Anliegen darin, die Wörterbuch-, Grammatik- und Lehrbuchautoren sowie Deutschlehrer zu motivieren, unsere Untersuchungsergebnisse adäquat in ihrer Arbeit anzuwenden.

Schlüsselwörter: Präpositionalattribut; Dependenzgrammatik; Korpusanalyse; DaF.

1. Einführung

Dem Präpositionalattribut wird nicht immer derselbe syntaktische Status zugesprochen. Zudem ist die Präposition, die als Regens des Präpositionalattributs fungiert, manchmal vorhersagbar, manchmal aber nicht. Wie wird all dies im Rahmen der Dependenzgrammatik behandelt, wie können die theoretischen Überlegungen in einer Korpusanalyse angewandt werden und welche Auswirkungen haben die entsprechenden Ergebnisse auf die verschiedensten DaF-Kontexte? Diese Fragen stehen im Mittelpunkt unseres Interesses.

Das Ziel des Beitrags besteht erstens darin, auf die Behandlung des Präpositionalattributs im dependentiellen Rahmen hinzuweisen. Zweitens wird anhand einer Korpusanalyse gezeigt, welche Typen von Präpositionalattributen am häufigsten vorkommen. Drittens zielt die Arbeit darauf ab, aus den theoretischen Überlegungen und der darauf aufbauenden Korpusanalyse Konsequenzen für die DaF-Kontexte zu ziehen.

2. Zum Begriff Präpositionalattribut

Beim Präpositionalattribut handelt es sich um attributiv verwendete Präpositionalphrasen, die nicht dem Verb, sondern einem Substantiv, Pronomen, Adjektiv oder Adverb untergeordnet sind. Im Rahmen des vorliegenden Beitrags beschränken wir uns aber nur auf solche, die von einem Substantiv abhängen.

Attributive Präpositionalphrasen unterscheiden sich in ihrem Status. In der Valenztheorie wird ihnen – genauso wie den Satzgliedern auf der Satzebene – entweder der K-Status oder der S-Status zugeschrieben.[1]

Ausgehend vom Kriterium der Subklassenspezifik unterscheidet Engel (2004) folgende Typen der valenzgeforderten Attribute: präpositives, direktives und Expansivattribut. Die Attribute mit S-Status sind qualitatives, situatives und komitatives Attribut. In Engel (2009: 91) wird jedoch eine andere Meinung vertreten, nach der alle attributiven Präpositionalphrasen als Komplemente einzustufen sind, weil sie „nur zu bestimmten Nomina treten“. Woher nun diese Änderung der Betrachtungsweise kommt, ist unklar.

Eroms (2000) operiert mit gleichen Attributtypen, aber ihr Status stimmt nicht immer mit Engel (s. oben) überein. So stuft er das Präpositionalattribut *im Freien* als Komplement ein, das Attribut *auf dem Hof* jedoch als Supplement:

(1) das Sitzen im Freien

(2) das Spielen auf dem Hof

Den Unterschied im Status dieser zwei Präpositionalattribute leitet Eroms aus den Valenzeigenschaften der zugrunde liegenden Verben (*sitzen*$_{<sub,\ sit>}$, *spielen*$_{<sub>}$) her.

In Helbig/Buscha (2001) wird grundsätzlich von zwei Typen von Präpositionalattributen ausgegangen. Beim ersten Typ (3) sind die Objektbeziehungen vorhanden, beim zweiten Typ (4) die adverbialen, daher wird (3) als Komplement, (4) als Supplement betrachtet:

(3) die Teilnahme des Sportlers **am Wettkampf** ← Der Sportler nimmt am Wettkampf teil.

(4) das Haus **in der letzten Reihe** ← Das Haus befindet sich in der letzten Reihe.

Teubert (1979) arbeitete mit dem Kriterium der eigenen Prädikation, nach dem die Attribute, die in der vom Substantiv ausgedrückten Prädikation eine Argumentstelle besetzen, Komplemente sind. Unter Komplementen finden sich Objektiv-, Experientiv-, Thema-, Ziel-, Beteiligten-, Instrumental-, Sach-, Benefaktiv-, Situativ-, Direktiv- und Maßergänzung, unter Supplementen Situativ- und

1 Die Bezeichnung *K-Status* steht für *Komplementstatus*, *S-Status* für *Supplementstatus*.

Präpositionalangabe.[2] Während die Bezeichnungen für Komplementtypen im Grunde einheitlich organisiert sind, indem sie sich (fast) alle an den zugrunde liegenden semantischen Kasus orientieren, wird im Bereich der Supplemente entweder von der Ausdrucksform (*Präpositionalangabe*) oder vom semantischen Beitrag des betreffenden Elements (*Qualitativangabe*) ausgegangen. Interessant ist aber, dass Teuberts Klassifikation der Attribute mit der Idee kompatibel ist, dass auch beim Präpositivkomplement[3] von gewissen Regeln bezüglich der Wahl der Präposition gesprochen werden kann, wie auch immer komplex geartet diese Wahl sein mag.

Hölzner (2007) will unter dem Terminus *Valenz* vier verschiedene Valenzrelationen verstanden wissen: Argumenthaftigkeit, Notwendigkeit, inhaltliche und formale Spezifizität. Wenn eine dieser vier Relationen vorliegt, wird behauptet, dass wir es mit einem valenzgeforderten Element zu tun haben. Hölzner (vgl. 2007: 111-151) betrachtet bspw. folgende Präpositionalphrasen als Komplemente:

(5) die Lieferung **aus Deutschland** (der attributiven Präpositionalphrase entspricht die semantische Rolle SOURCE)

(6) der Verzehr **von Kohlrouladen** (zwischen dem Kopfsubstantiv *Verzehr* und der attributiven Präpositionalphrase herrscht das Verhältnis der Inhaltsspezifik)

(7) die Suche **nach dem Gral** (das Substantiv wählt die Präposition *nach*, somit geht es um die Relation der Formspezifik)

Dementsprechend geht Hölzner nicht von den attributiven Präpositionalphrasen aus, um ihre möglichen Funktionen in der Nominalphrase zu bestimmen. Bei ihm geht es um die Feststellung, ob ein Attribut vom Valenzträger verlangt wird oder nicht, während die Frage nach der Ausdrucksform zweitrangig ist. Der Ansatz von Hölzner scheint vielversprechend, ist jedoch nicht einfach anwendbar, wenn große Datenmengen analysiert werden sollen. Erstens wissen wir nicht, mit wie vielen und welchen semantischen Rollen operiert werden soll – bekanntlich variiert ihr Inventar, seitdem sie zum ersten Mal in der Linguistik erschienen sind. Zweitens sind mit den operationalen Tests zur Bestimmung des Status eines Valenzkandidaten noch immer viele Schwierigkeiten verbunden. Drittens

2 Unter der Bezeichnung *Präpositionalangabe* versteht Teubert drei Dutzend verschiedener, semantisch bedingter Angabearten. Es handelt sich hier um die Angaben zur Bezeichnung des Ursprungs, des distinktiven Merkmals, der Bedingung, des Maßes, des Anlasses, der Lokalisierung, des Materials, des Zwecks, des Nutznießers, der Art, der Zuordnung, des Grundes, des Beteiligten, usw.

3 Gemeint ist das Attribut, das Engel (2004, 2009) als präpositives Attribut bezeichnet. Für dieses Attribut ist eine feste, semantisch entleerte Präposition kennzeichnend – wie bei den Präpositionen *nach*, *an* und *auf* in *Bedürfnis nach*, *Frage an* und *Neid auf*.

ist Hölzners Ansatz mit unseren Fragestellungen vielleicht nicht ganz kompatibel, weil wir doch von der Ausdrucksform ausgehen wollen.

Oben sind nur einige mögliche Ansätze angesprochen worden, die als Ausgangspunkt bei der Analyse der präpositional angeschlossenen Attribute dienen können. Obwohl wir die dependenzgrammatische Analyse à la Engel wählen, sind wir der Meinung, dass es bei den betreffenden Kategorien zur Beschreibung der Attribute an Systematik fehlt. Wie bei der Analyse der Satzglieder zwischen der Ausdrucksform und der syntaktischen Funktion unterschieden wird, so sollten auch die Attribute in Bezug auf diese zwei Dimensionen beschrieben werden können.[4] Dabei geht es nicht nur um die Attribute, die von einem Substantiv abhängen, sondern es wäre gut, ein Inventar syntaktischer Funktionen von Attributen zu entwickeln, das auch zur Beschreibung der Attribute geeignet wäre, die von einem Adjektiv, Adverb oder Pronomen abhängen. Dies würde eine Weiterentwicklung des Dependenz- und Valenzmodells bedeuten.

Die Analyse der Ansätze, auf die hier kurz eingegangen worden ist, zeigt, dass es im Zusammenhang mit präpositional angeschlossenen Attributen noch viele offene Fragen gibt. Klar ist: Nicht jedes vom Substantiv abhängende Präpositionalattribut hat denselben Status. Ausgehend von den oben dargestellten Ansätzen (und einigen weiteren, die hier nicht genannt wurden) und ausgehend von der Analyse der Korpusbelege, haben wir eine vorläufige Klassifikation der attributiven Präpositionalphrasen vorgenommen (s. unten). Dabei sei angemerkt, dass die einzelnen Bezeichnungen teils den Bezeichnungen in Karabalić/Pon (2008) entsprechen, teils sind sie Teubert (1979) entnommen worden.

Tabelle 1: Klassifikation der Präpositionalattribute – vorläufiger Lösungsvorschlag

K-Status	*S-Status*
Präpositivkomplement	lokales Supplement
Direktivkomplement	finales Supplement
Dilativkomplement	temporales Supplement
	qualitatives Supplement
	komitatives Supplement
	lokalisierendes Supplement
	restriktives Supplement
	proportionales Supplement
	instrumentales Supplement

4 Näheres dazu in Pon (2011).

Zur Veranschaulichung seien hier einige Belege aus dem Korpus angeführt:

(8) die Anforderungen **an die Bundeswehr** (Präpositivkomplement)

(9) ein Ausflug **in das Allgäu** (Direktivkomplement)

(10) die Anreicherungsanlage **nahe der Stadt Kom** (lokales Supplement)

(11) eine solide Einnahmequelle **im Winter** (temporales Supplement)

(12) die Verfilmung **mit Ryan O'Neal und Ali MacGraw** (komitatives Supplement)

Nicht in jedem Fall kann von einer eindeutigen Einstufung des Präpositionalattributs als Komplement oder als Supplement ausgegangen werden. Aber nachdem ein Element entweder als Komplement oder als Supplement eingestuft worden ist, scheint die weitere Zuordnung zu einer der syntaktischen Funktionen meistens nicht sehr problematisch.

Der Status des Präpositionalattributs und die Wahl der Präposition stehen in einem engen Zusammenhang miteinander. Bei einigen syntaktischen Funktionen des Präpositionalattributs ist die Präposition mehr oder weniger vorhersagbar (lokales Supplement, temporales Supplement, Direktivkomplement), während die Verhältnisse anders liegen, wenn vom Präpositivkomplement die Rede ist.

Für die DaF-Kontexte ist die Frage der Behandlung sämtlicher Typen des Präpositionalattributs sehr bedeutend. Dabei nimmt das Präpositivkomplement einen besonderen Stellenwert ein, weil die Präposition, die in einem Präpositivkomplement vorkommt, aus der Sicht eines Deutschlerners nicht vorhersagbar ist.

3. Das Präpositionalattribut in der deutschen Pressesprache: Analyse der Belege

Die Ergebnisse, die hier vorgestellt werden, basieren auf einer Analyse der pressesprachlichen Online-Texte aus drei verschiedenen Quellen (BILD, ZEIT und SPIEGEL). Gewählt und analysiert wurden Zeitungstexte (Politik und Kultur) sowie Interviews, die 2009 und 2010 veröffentlicht wurden. Im Korpus befinden sich 10787 Nominalphrasen, die nach verschiedenen Kriterien analysiert wurden – bspw. in Bezug auf die Frage, wie viele und welche Attribute das Kopfsubstantiv regiert. Nun sind natürlich nur diejenigen Belege von Belang, in denen u. a. auch ein Präpositionalattribut vorhanden ist.

Welcher Stellenwert dem Präpositionalattribut im Vergleich zu anderen Attributen in der Nominalphrase zukommt, verraten uns folgende Daten: Von 10787 Nominalphrasen sind ungefähr 50% attribuierte Nominalphrasen (5448

Belege). In 1228 Belegen gibt es u. a. auch ein Präpositionalattribut. Andersherum: 22,54% aller attribuierten Nominalphrasen enthalten mindestens ein Präpositionalattribut. Wenn man bedenkt, dass in demselben Korpus 2621 Adjektivattribute, 1753 Genitivattribute sowie 408 satzwertige Attribute verzeichnet werden konnten, ist klar, dass das Präpositionalattribut allein aufgrund seiner Gebrauchshäufigkeit die Aufmerksamkeit der Linguisten und der DaF-Lehrer verdient.

Wenn die syntaktische Funktion des Präpositionalattributs berücksichtigt wird, ergibt sich in der vorliegenden Untersuchung folgendes Bild.

Tabelle 2: Die syntaktische Funktion des Präpositionalattributs – Untersuchungsergebnisse

Die syntaktische Funktion des Präpositionalattributs	Anzahl der Belege	Prozentsatz
Präpositivkomplement	554	45,1%
Lokales Supplement	306	24,9%
Finales Supplement	94	7,7%
Direktivkomplement	83	6,8%
Temporales Supplement	51	4,2%
Qualitatives Supplement	39	3,2%
Expansivkomplement	36	2,9%
Komitatives Supplement	28	2,3%
Andere	37	3,0%
Σ	1228	100,00%

Am stärksten vertreten sind Präpositivkomplemente, während an zweiter Stelle lokale Supplemente stehen. Dass gerade die Präpositivkomplemente, für die in der Regel eine feste, semantisch entleerte Präposition kennzeichnend ist, an erster Stelle stehen, ist ein wichtiger Befund, denn vor allem diese Präpositionen gelten als unvorhersagbar. Wie die Durchsicht des Belegmaterials zeigt, kann hier im Grunde genommen von keiner regelrechten Übertragung der Valenz aus dem verbalen oder adjektivischen in den substantivischen Bereich gesprochen werden, was ein wichtiges Moment ist – sowohl für theoretische Überlegungen als auch für unsere Unterrichtspraxis.

So zeigen einige Belege, dass die Valenzeigenschaften des Substantivs mit denen seines Basisverbs bzw. -adjektivs übereinstimmen können:

(13) der Streit **über ein Referendum zur Einberufung einer verfassungsgebenden Versammlung** ← s. streiten **über**

(14) die Fähigkeit der Streitkräfte **zur Abschreckung** ← fähig **zu**

Andere Belege zeugen jedoch davon, dass die sog. Valenzvererbung entweder nicht existiert oder dass das Substantiv weder verbaler noch adjektivischer Herkunft ist, weswegen keine Möglichkeit der Valenzvererbung besteht:

(15) die Möglichkeit **zur friedlichen Nutzung der Atomenergie**

(16) die fatale Fehlentscheidung **zur Landung in dichtem Nebel**

(17) seine Reserven **an angereichertem Uran**

Im gesamten Korpus mit 1228 Präpositionalattributen werden 34 verschiedene Präpositionen verwendet. Die ersten zehn sind am wichtigsten, da sie in fast 90% aller Belege vorkommen. Es sind: *in*, *von*, *für*, *mit*, *an*, *zu*, *aus*, *auf*, *über* und *gegen*. Zur Klärung der Frage, welche Bedeutung dem Vorhandensein/Fehlen einiger Präpositionen beigemessen werden kann, bräuchte man die Angabe, wie viele Präpositionen es im Deutschen gibt. Helbig und Buscha nennen in ihrer Grammatik (2000: 362ff.) 59 Präpositionen. Engel (2004: 386ff.) nennt 118 Präpositionen (51 Adjektival- und Präpositionalphrasen, die Engel als Wortgruppen mit präpositionsartiger Funktion betrachtet, wurden nicht mitgezählt). Nach der Duden-Grammatik (2007: 606) schwankt die Zahl der Präpositionen zwischen 50 und 100, je nachdem, ob auch komplexere bzw. mehrteilige Elemente als Präpositionen angesehen werden. Auch in dieser Grammatik ist eine Liste mit den häufigsten Präpositionen vorhanden. Die Gegenüberstellung dieser Angaben mit unseren ergibt Folgendes:

Tabelle 3: Die zehn häufigsten Präpositionen im Vergleich

	Duden (2006)	Pon (2011)
1.	in	in
2.	mit	von
3.	von	für
4.	an	mit
5.	auf	an
6.	zu	zu
7.	bei	aus
8.	nach	auf
9.	um	über
10.	für	gegen

Da, wo Gemeinsamkeiten vorliegen, haben wir dies markiert. Auffallend in den beiden Listen ist das Vorhandensein einfacher, älterer bzw. primärer Präpositionen sowie das Fehlen vieler neuerer Präpositionen (*dank*, *laut*, *zwecks*, *aufgrund* usw.). Die ersteren kommen als Regens des Präpositivkomplements vor, aber ihre Gebrauchshäufigkeit ist offensichtlich auch in anderen syntaktischen Funktionen relativ hoch.

4. Das Präpositionalattribut in verschiedenen DaF-Kontexten in Kroatien – ein Exkurs

Welche praktische Anwendung hängt mit den theoretischen Überlegungen zum Präpositionalattribut und mit unseren Untersuchungsergebnissen zusammen? Die Antwort auf diese Frage kann gegeben werden, erst nachdem man erklärt hat, welchen Stellenwert diese Konstruktion im DaF-Unterricht hat und wie sie in den entsprechenden Lehrwerken behandelt wird.

Was den Unterricht angeht, so kann man aufgrund der Analyse einiger offizieller Dokumente herausfinden, ob und in welchem Maße das Präpositionalattribut behandelt wird. Wie unseren Unterrichtsplänen für Gymnasien entnommen werden kann, werden Präpositionen in der 1. Klasse wiederholt und einige neue werden eingeführt. In der 2. Klasse werden Präpositionen mit dem Genitiv und die in Passivsätzen vorkommenden Präpositionen *von* und *durch* behandelt. In den Hinweisen, die sich auf die 3. und 4. Klasse beziehen, ist von Präpositionen keine Rede. Während vom attributiven Gebrauch der Präpositionalphrasen nicht gesprochen wird, kommen die Präpositionalphrasen als Satzglieder in Unterrichtsplänen zwar vor, jedoch im Rahmen des Themas Rektion des Verbs. Das Gesagte bezieht sich auf den Unterricht Deutsch als erste Fremdsprache, aber dasselbe gilt auch für das Fach Deutsch als zweite Fremdsprache.

Laut Anforderungen des kroatischen Instituts, das für die Durchführung des Zentralabiturs zuständig ist,[5] wird von kroatischen Lernern, egal welche Stufe sie wählen, erwartet, dass sie sich mit folgenden Themen auskennen (s. *Ispitni katalog*, S. 48-54): Präpositionen (alle Kasus), Rektion des Verbs, Rektion des Adjektivs. Demnach sollten sie die Präpositionalphrasen in der Funktion des Satzglieds, aber auch in der Funktion des Attributs zum Adjektiv verwenden können.

5 NCVVO (Nacionalni centar za vanjsko vrednovanje obrazovanja).

Die Durchsicht eines Lehrbuchs[6] für das Gymnasium hat ergeben, dass in allen vier Klassen etwa 30 Substantive wegen des zugehörigen Präpositionalattributs besonders behandelt werden:

Anteil an	Einwand gegen	Kenntnis + G / von	Verabredung mit
Antwort auf	Erinnerung an	Kontakt zu	Verhältnis zu
Anwärter auf	Fähigkeit zu	Mangel an	Verständigung mit
Auswirkung auf	Gefahr vor	Scheu vor	Vertrauen zu
Bedarf an	Gespräch über	Sorge um	Widerstand gegen
Diskussion über	Hang zu	Streit mit / um	Zufriedenheit mit
Einfluss auf	Hoffnung auf	Umstellung auf	
Einstellung zu	Interesse an	Unmenge von	

Die Attribute mit den genannten Präpositionen sind Präpositivkomplemente. Während auch die Anzahl der Wortverbindungen ‚Adjektiv + Präposition' nicht nennenswert ist, wird im erwähnten Lehrbuch eine ganze Reihe der Verben behandelt, die eine Präposition regieren.

In einigen Grammatiken, die unseren Lernern empfohlen werden oder die häufig benutzt werden, findet man Listen der Substantive mit den Präpositionen. In der Regel werden auch hier die als Präpositivkomplement fungierenden präpositionalen Anschlüsse thematisiert.

Hall und Scheiner (2001) haben einen Anhang mit Substantiven erstellt, mit denen Infinitivsätze stehen können. Von der Möglichkeit des präpositionalen Anschlusses bei einigen Substantiven ist dabei keine Rede!

Dreyer und Schmitt (2000) bieten ein umfassenderes Kapitel ‚Präpositionen'. Sie befassen sich einerseits mit den Präpositionen in verschiedenen Wortgruppen, die zwei Sachen gemeinsam haben: sie sind Satzglieder und sie haben den S-Status. Andererseits interessieren sie sich sehr für die am häufigsten vorkommenden Verben mit Präpositionen. An einer Stelle wird angeführt: „Präpositionen sind im Deutschen vielseitig verwendbar. Hier werden nur die gebräuchlichsten Verwendungsweisen dargestellt" (Dreyer/Schmitt 2000: 282). Darf man daraus schließen, dass Präpositionalattribute nicht zu den *gebräuchlichsten Verwendungsweisen* der deutschen Präpositionen zählen?

6 Analysiert wurde das Lehrbuch „Kontaktsprache Deutsch 1/2/3/4 Neu", herausgegeben von Školska knjiga aus Zagreb.

Viele Grammatiken bieten Listen der Wörter, die Präpositionalphrasen regieren. In der Tabelle wird gezeigt, wie viele Wortverbindungen mit Präpositionen in drei verschiedenen Grammatiken vorkommen.

Tabelle 4: Wortverbindungen mit Präpositionen – Anzahl einzelner Beispiele in drei Grammatiken

Liste	Anzahl der Beispiele		
	Jung (1984)	Helbig/Buscha (2001)	Engel (2004)
Verb + Präposition	319	231	–
Adjektiv + Präposition	116	152	87
Substantiv + Präposition	13	87	84

Für die Verbindungen von Substantiven mit Präpositionen gibt es entweder nicht viele Beispiele oder es gibt weniger Beispiele als für die übrigen Wortverbindungen mit Präpositionen.

Selbstverständlich stellt dieser Exkurs keine umfassende Darstellung des Status des Präpositionalattributs in unseren DaF-Kontexten dar. Aber einige Tendenzen lassen sich trotzdem erkennen: Den vom Substantiv regierten Präpositionalphrasen sowie der Wahl der entsprechenden Präposition(en) wird wenig Aufmerksamkeit geschenkt. Im Gegensatz dazu werden Präpositionalphrasen in der Funktion des Objekts ausführlich und systematisch behandelt. Unsere Ergebnisse haben gezeigt, dass dies nicht gerechtfertigt ist.

5. Schlussfolgerung

Der vorliegende Beitrag zeigt, dass die Analyse und Klassifikation der Präpositionalattribute unter Heranziehung der dependenzgrammatischen Kategorien und Prinzipien nicht ohne Schwierigkeiten verlaufen kann. Trotzdem betrachten wir dieses Grammatikmodell als geeignet – sowohl für die Korpusanalyse, wie wir sie durchgeführt haben, als auch für die Anwendung in verschiedenen DaF-Kontexten.[7]

Der Korpusanalyse zufolge hat das Präpositionalattribut aufgrund seiner Frequenz einen wichtigen Stellenwert im heutigen Sprachgebrauch. Am stärksten vertreten sind gerade diejenigen Typen des Präpositionalattributs, in denen als Regens eine unvorhersagbare Präposition erscheint. Die Durchsicht einiger Unterrichtspläne, Übungsbücher sowie Grammatiken hat gezeigt, dass das Prä-

7 Vgl. hierzu Dürscheid (2003: 121/122) sowie Sommerfeldt/Schreiber (1977).

positionalattribut in verschiedenen DaF-Kontexten ungenügend behandelt wird. Da die Wahl der Präposition im Fall des lokalen Supplements generell vorhersagbar, im Fall des Präpositivkomplements teils aus dem verbalen/adjektivischen Bereich (s. oben) ableitbar und teils nicht vorhersagbar ist, kann der Lerner solche Attribute ohne explizite Unterweisung nicht richtig verwenden. Daher ergeben sich aus unseren Ausführungen und Untersuchungsergebnissen folgende für den DaF-Unterricht relevante Schlussfolgerungen: Im Unterricht und in unseren Lehrwerken sollte das Präpositionalattribut in der Funktion des Supplements nicht gesondert behandelt werden, weil seine Bildung (die Wahl der Präposition) mit dem semantisch entsprechenden Satzglied übereinstimmt. Dasselbe gilt für die Funktionen Situativ- und Direktivkomplement. Zum einzuübenden Lernstoff zählen somit die Präpositionalattribute in der Funktion des Komplements. Hier müsste von drei verschiedenen Gruppen die Rede sein. Die erste Gruppe bilden die Attribute, deren regierende Präposition aus dem verbalen bzw. adjektivalen Bereich übernommen wurde. In der zweiten, nicht so großen Gruppe sind die Attribute, deren regierende Präposition nicht mit der Präposition identisch ist, die vom zugrunde liegenden Verb bzw. Adjektiv regiert wird. Die beiden Typen sollten gleich bei der Behandlung der entsprechenden Verben bzw. Adjektive eingeübt werden, wobei explizit auf die Wahl der Präposition hingewiesen werden sollte. In der dritten Gruppe wären die Attribute, die gesondert zu behandeln sind, weil bei ihnen die Valenzvererbung ausgeschlossen ist – sie sind nämlich weder von einem Verb noch von einem Adjektiv abgeleitet. Kurz zusammengefasst heißt es: Sowohl Übungsbücher als auch Unterrichtspläne müssten eine bessere Behandlung des Präpositivkomplements vorsehen, denn offensichtlich zählt zur Sprachkompetenz auch die Fähigkeit, Präpositionalattribute mit den richtigen Präpositionen bilden zu können.

Der vorliegende Beitrag sollte u. a. auf Folgendes hinweisen: Korpusanalysen, die mithilfe der Kategorien und Analysekriterien gut herausgearbeiteter Grammatikmodelle durchgeführt werden, können Ergebnisse hervorbringen, die für die Unterrichtspraxis, aber auch für die Weiterentwicklung des betreffenden Modells von höchster Bedeutung sind.

Literaturverzeichnis

Duden (2006). *Die Grammatik*. Bd. 4. Mannheim, Leipzig, Wien, Zürich.

Dürscheid, Christa (2003). *Syntax*. Wiesbaden: Westdeutscher Verlag.

Engel, Ulrich (2004). *Deutsche Grammatik – Neue Bearbeitung*. München: Iudicium.

Engel, Ulrich (2009). *Syntax der deutschen Gegenwartssprache*. Berlin: Erich Schmidt Verlag.

Eroms, Hans-Werner (2000). *Syntax der deutschen Sprache.* Berlin, New York: Walter de Gruyter.

Hall, Karin, Barbara Scheiner (2001). *Übungsgrammatik – Deutsch als Fremdsprache für Fortgeschrittene.* Ismaning: Max Hueber Verlag.

Helbig, Gerhard, Joachim Buscha (2001). *Deutsche Grammatik. Ein Handbuch für den Ausländerunterricht.* Berlin, München, Wien, Zürich, New York: Langenscheidt.

Hölzner, Matthias (2007). *Substantivvalenz. Korpusgestützte Untersuchungen zu Argumentrealisierungen deutscher Substantive.* Tübingen: Max Niemeyer Verlag.

Ispitni katalog za državnu maturu u školskoj godini 2010./2011. <http://dokumenti.ncvvo.hr/-Ispitni_katalozi_10-11/Obvezni/IK-njem.pdf>. 5.5.2011.

Jung, Walter (1984). *Grammatik der deutschen Sprache.* 8. Auflage, bearbeitet von Günter Starke. Leipzig: VEB Bibliographisches Institut.

Karabalić, Vladimir, Leonard Pon (2008). *Syntax der Satzglieder im Deutschen. Ein Lehr- und Arbeitsbuch.* Osijek: Sveučilište Josipa Jurja Strossmayera u Osijeku – Filozofski fakultet.

Nastavni program za gimnazije. Glasnik Ministarstva kulture i prosvjete. <http://dokumenti.-ncvvo.hr/Nastavni_plan/gimnazije/strani_jezici/1-strani.pdf>. 5.5.2011.

Pon, Leonard (2011). *Nominalphrase in der deutschen Pressesprache von heute.* Unveröffentlichte Dissertation. Philosophische Fakultät der Universität Osijek.

Sommerfeldt, Karl-Ernst, Herbert Schreiber (1977). *Wörterbuch zur Valenz und Distribution der Substantive.* Leipzig: VEB Bibliographisches Institut.

Teubert, Wolfgang (1979). *Valenz des Substantivs.* Düsseldorf: Schwann.

Original scientific paper

Visualization of the Croatian WordNet

Daniela Katunar, Krešimir Šojat, Željko Agić, Žarko Stojanović

Abstract

In this paper we present a visualization tool for the Croatian WordNet. We discuss two main ways of representing the Croatian WordNet – the textual and tree structure view. We point out the advantages and disadvantages of the two views as well as offer a new way of interpreting the visualization representation in terms of radial structures, a third way of representing WordNet. We also discuss the types of relations the radial view incorporates, with special attention paid to polysemy as an underrepresented relation in terms of WordNet visualization. Future work is discussed to include the visualization tool as the main resource in editing and enriching the Croatian WordNet.

Key words: WordNet; visualization; semantic networks; polysemy.

Introduction

The field of information visualization has for some time been concerned with the representation and graphic explorations of linguistic data. As Carpendale and Penn (2009) point out, information visualization offers various advantages for better understanding and analyzing different types of data, as well as improves cognitive processes related to problem solving and understanding of the data itself. Ware (2000) points out the five advantages of information visualization: namely a) comprehension of large quantities of data, b) perception of the data, c) quality control in building various computational resources, d) representation of details within the context, and e) facilitated interpretation of the data.

Information visualization is thus extremely useful when dealing with large chunks of data that are usually stored in less readily accessible ways, and computational linguists generally acknowledge the need for devising different ways of graphical representation of linguistic data for the purposes of Natural Language Processing. Special demands are also put on representing data found in lexicons, since they include numerous units of information, such as lexical units, their definitions and usage, to name only the most salient types of information.

In this paper, we will present a graphic tool for the visualization of the Croatian WordNet, a computational lexicon built according to the principles of the Princeton WordNet (Fellbaum 1998, Raffaelli and Katunar 2010). We will show the advantages that the visualization tool can bring to the analysis of the lexical structures of the Croatian WordNet (henceforth CroWN), and discuss the possibilities it offers for editing, accessing and extracting the types of lexical data found in CroWN.

In order to further discuss the visualization of CroWN data, we will first present the kind of lexical data that can be found in CroWN, as well as the way this data has been represented so far.

1.1. Structure of the Croatian WordNet

WordNet has been devised as a complex network of lexical relations that reflect the conceptual organization of the lexicon of a language (Fellbaum 1998). The basic unit of any WordNet is a synset, a set of lexical units joined by the relation of synonymy. Each synset is then further related to other synsets in WordNet via the relations of hyperonymy / hyponymy, antonymy, meronymy / holonymy and derivational (i.e. morphosemantic) relations.

When discussing the types of information stored in CroWN, we can make a rough division between a) the relational data that connect one synset to others in the network (such as was presented above), and b) data referring to each particular synset, such as its dictionary definition, usage examples, POS tag, sense tag[1] and the lexical domain it pertains to.

CroWN has 8510 synsets so far, making it a fairly large resource for the Croatian language already, which will grow in size as new synsets are added. It is thus of vital importance to have a proper overview of the existing synset structure in order to enable a correct and efficient extension of its database.

1.2. Existing ways of representing WordNet

a) XML file format

```
<SYNSET><ID>ENG20-04398733- n</ID>><POS>n</POS><SYNONYM>
<LITERAL>vozilo<SENSE>1</SENSE></LITERAL>
</SYNONYM><BCS>2</BCS><DOMAIN>transport</DOMAIN><SUMO>TransportationDevice<T
YPE>+</TYPE></SUMO>
<DEF>prijevozno sredstvo s kotačima</DEF>
<USAGE>Najstarija vozila pronađena su u Sumeru i Siriji.</USAGE
<ILR>ENG20-02982528-n<TYPE>hypernym</TYPE></ILR><ILR>ENG20-04348422-
n<TYPE>hypernym</TYPE></ILR></SYNSET>
```

Figure 1: Example of XML file format

1 When lexical units processed in the lexicon are polysemous.

The basic way to view synsets in CroWN is in the XML file format. This is so far the format in which synsets have been edited and changes to the structure have been made. However, data presented in xml is unsuitable for a user since one would have to scroll down extensive xml files and discern different types of linguistically relevant information from the tag 'metalanguage' to find what they need.

b) Textual and tree structure view

There are two main ways of representing linguistically relevant WordNet data. One is by means of textual entries and the other by means of tree structures. The two ways reflect nicely the types of data in WordNet we mentioned previously – one related to a particular synset, presented textually, and the other as the relational data presented by means of hierarchies. Princeton WordNet online uses mostly the former, and other tools such as VisDic the latter strategy. VisDic (cf. Horak and Smrz 2004) tries to combine both types of data by means of alternate views, one mainly textual, with relations marked textually as well, and the other hierarchical, with synsets arranged in tree structures. The two views, however, cannot be activated simultaneously.

The textual representation incorporates the relevant linguistic data we mentioned previously, such as definitions, usages, domains etc., and also marks the main semantic relations between synsets. However, it does not provide a visual representation of the hierarchy. It can be used as a first aid to preview information about a specific synset, but it renders editing and queries between larger parts of the CroWN network impossible (see Figure 2.).

Synonyms: vozilo:1 'vehicle'

SUMO/MILO: + TransportationDevice

Domain: transport

Definition: prijevozno sredstvo s kotačima 'conveyance with wheels'

USAGE: Najstarija vozila pronađena su u Sumeru i Siriji.

'the oldest vehicles were discovered in Sumeria and Syria'

-->> [hypernym] *[n] prijevozno sredstvo:1

<<-- [mero_part] *[n] kotač:1

<<-- [hyponym] *[n] bicikl:1, dvokolica:2

<<-- [hyponym] +[n] vozilo s vlastitim pogonom:1

<<-- [hyponym] *[n] moped:1, skuter:1, vespa:1

Figure 2: Textual representation of the synset vozilo 'vehicle'

The tree structure view does quite the opposite, as it shows the position of a specific synset within the entire hierarchy it belongs to. These two views are used in VisDic, a graphic tool for browsing and editing WordNet. VisDic has been the tool used for building the Croatian WordNet so far[2].

The greatest advantage of VisDic is the tree structure view, since it provides an extensive overview of the entire hierarchy in which a synset is to be found. However, WordNet hierarchies can be very complex and have many members so it is necessary to browse them in their entirety. This is additionally complicated because the tree structure view does not include the textual data we presented above, so there is data loss in the presentation and one has to choose between the types of data one wants to preview.

1.3. Radial visualization tools

A third way of representation has been implemented in visualization tools such as WordNetLoom (Piasecki et al. 2010). We will refer to this approach as **the radial representation** since it focuses on presenting the synset units in terms of networks, thus reflecting their interrelatedness with various other parts of the lexicon. The radial approach in many ways most truthfully reflects lexical structures in WordNet, since it presents them as networks with information nodes that stand for specific synsets and/or lexical units.

Thus, we set the goal to build such a visualization tool for CroWN, with the main task to

a) render semantic relations in CroWN transparent to the user and editor,
b) facilitate access to CroWN to public users,
c) simultaneously present all the textual and hierarchical data regarding a specific synset and
d) serve as the main editing tool for building CroWN as well as analyzing and extracting extant data.

In the following chapters we will deal with the more technical side of developing the CroWN visualization tool as well as present some of the results we obtained by applying it to the CroWN database.

2 For illustrations of VisDic, see http://nlp.fi.muni.cz/projects/visdic/.

2. Developing the CroWN visualization tool

Three custom prototype modules for accessing the Croatian WordNet have undergone early development stages recently, two of them being web search interfaces developed in PHP, similar to the one available online for the Princeton WordNet (URL http://wordnetweb.princeton.edu/perl/webwn), and one combining one of the previous two search interfaces with a Java visualization module. The motivation behind the ongoing development of these tools is to create a platform for easy access to the Croatian WordNet for its prospective end users, and to enable its more efficient further development in terms of adding new synsets and relations to WordNet or altering existing ones without the need for human intervention to the WordNet XML files or databases.

The current prototype version of our Croatian WordNet visualization tool consists of several dependent components: (1) the WordNet itself in XML format, (2) the corresponding SQL database, (3) the web search component and (4) the visualization component. Since the Croatian WordNet is XML-encoded by default, as described in previous sections of the paper, and handling (hopefully) large WordNet XML files would introduce an overhead in processing time, the first module we developed is a converter from the WordNet XML to SQL and vice versa. The converter serves as a mediator between our system and other systems possibly using the WordNet XML. Thus, our search and visualization modules use the WordNet in a MySQL database by importing the SQL files produced by the converter and have the possibility to export the database to a new version of WordNet XML if required. Once the WordNet XML is imported to our MySQL database, it is accessible by the search module and the visualization module.

2.1. Viewing CroWN structure

The search module is basically a web application developed in PHP (thus including XHTML, CSS and JavaScript as underlying technologies) that provides the user with a simple web form for searching the WordNet. The users submit their queries to the web form and query results, if any, are displayed below the form. Search module usage is illustrated in Figure 3:

Croatian WordNet search and visualization
version 0.2 / 2011-05-13

pedala | Pretraži

ENG20-03756001-n n **papučica; podnožnik; podnožnjak; pedala; pedal**
poluga u strojevima ili vozilima koja se pokreće nogom
[building_industry]

ENG20-02579204-n n **gas; gas pedala; papučica za gas**
papučica za ubrzanje motornog vozila
[building_industry]
Nagazio je na gas i pobjegao policiji.

Figure 3: The Croatian WordNet web search module

The search module provides the user with all the synsets approximately matching his query, along with their definitions, usages and domains. The search module is thus the first step toward the visualization of the desired synset. In Figure 1, the user is presented with all the synsets containing the unit *pedala* 'pedal', namely the 'pedal' and the 'gas pedal'. By clicking a specific synset identifier (ENG20-03756001-n or ENG20-02579204-n, shown in Figure 3) these results are displayed exclusively for the synset assigned to that specific identifier and the visualization module is loaded. In the web application and interface, the purpose of the visualization module is to display graphically a single synset and its relations to all the directly interconnected synsets. The visualization function of the web interface is presented in Figure 4 for the synset *papučica – podnožnik – podnožnjak – pedala – pedal* 'pedal'.

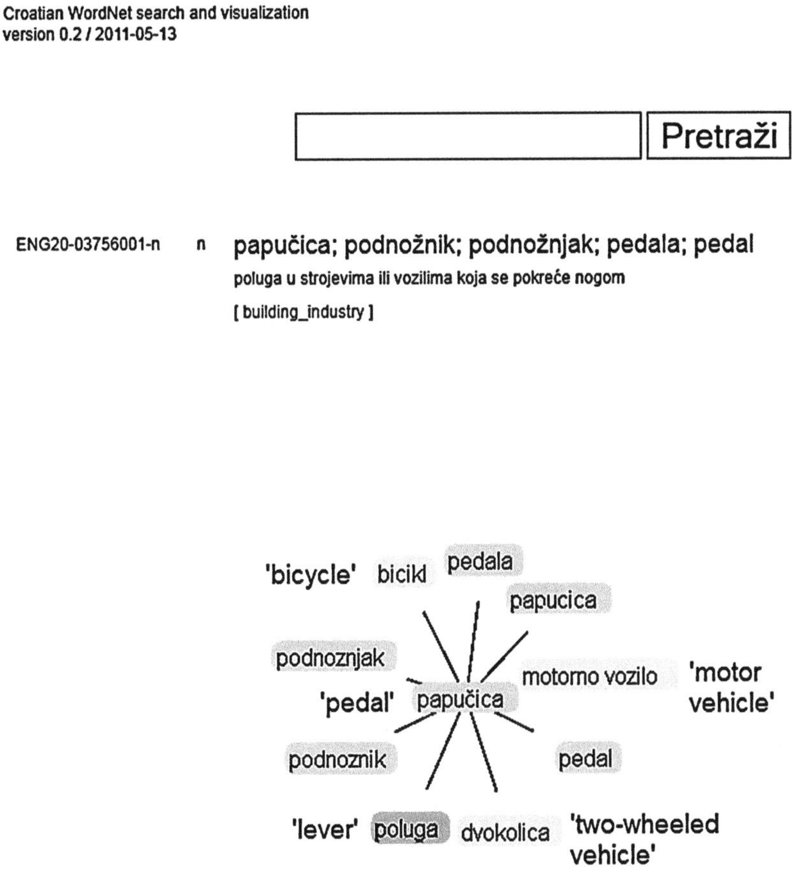

Figure 4: Synset visualization in the web interface

The visualization in Figure 4 has the requested synset for 'pedal' in focus, with the first literal of the synset placed in the center. Other lexical units surrounding it are coded in different colors depending on the kind of relation they have with 'pedal'[3]. The visualization in figure 2 is showing only the immediate relationships in the hierarchy, such as the immediate hyperonyms and hyponyms. These relations can be expanded to include entire trees, but we chose to limit the view for the purposes of this contribution.

3 The colors are omitted here for the purposes of the publication.

By choosing different synset identifiers, the user can easily navigate through the CroWN structure. Furthermore, the visualization provides an excellent overview of relations in the lexicon from the viewpoint of a specific synset. The presentation of the complex structure allows the editors and users to observe closely knit parts of the lexicon in detail. Figure 4 shows the closest lexical units of the word 'pedal', but this viewpoint can be changed by putting a different synset into focus, its hyponym *gas pedala* 'gas pedal'. This is shown in Figure 5:

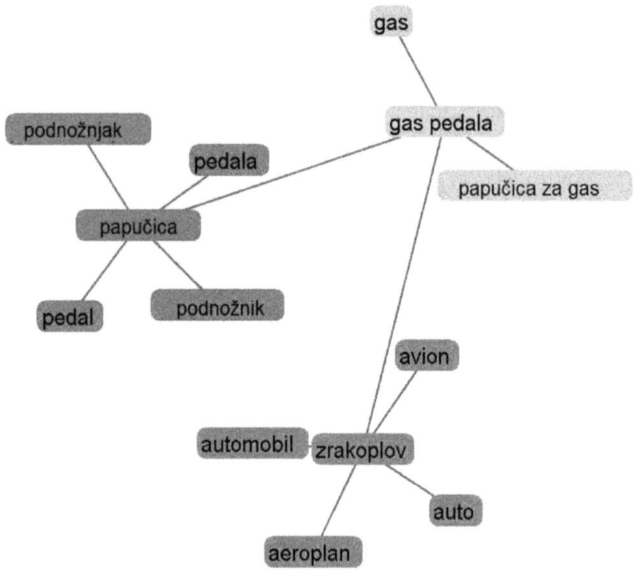

Figure 5: Visualization of the synset gas pedala 'gas pedal'

It is shown how the relations change when one navigates through the structures of CroWN by using the visualization tool. We now see that although the 'gas pedal' and its hyperonym 'pedal' are closely related, a vehicle such as the bicycle will not be in any direct relation to the gas pedal and will not be shown in the visualization. Thus, the gas pedal has a different set of relevant relations within the lexicon, and is part of a specified set of motor vehicles.

2.2. *Editing CroWN*

The visualization module is envisioned as a generic component that serves not only for the web interface, but also for a standalone WordNet browsing and editing application that is currently in development. The application is being developed in Java to serve as a platform independent tool and uses two non-standard Java-based technologies: (1) Connector/J as a mediator between the tool and the MySQL WordNet database and (2) prefuse[4] interactive information visualization toolkit to visualize the data in the WordNet database. Figure 6 provides a screenshot of the current version of the visual browser and editor.

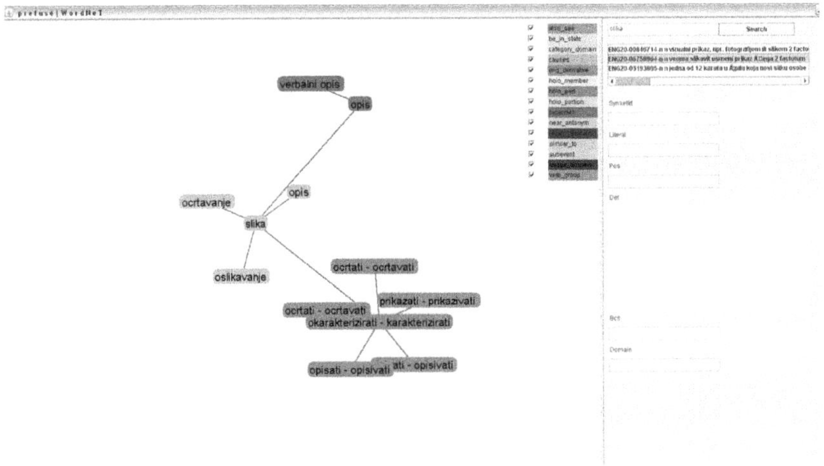

Figure 6: Standalone WordNet browsing and editing tool

The editor can add, change or refine data regarding the synset and its members by using the options in the right column. The tool currently supports the following functions: (1) searching through synsets by their literals, (2) synset visualization by selecting a synset in the search and results box, (3) visualizing multiple synsets simultaneously by searching and clicking through the search and results box, (4) repositioning the synsets and zooming in and out on them in the visualization window, (5) dragging and dropping synsets in order to establish new relations between them, (6) deleting existing relations between synsets, (7) filtering visualized relations between synsets by using the relations list in the visualization window, (8) displaying synset literals, definitions, usages and other

4 http://www.prefuse.org

metadata in the respective boxes under the search and results box in the search interface and (9) other navigational helper functions.

The importance of some of these functions will be discussed in the next chapter, especially the possibilities offered by the simultaneous visualization of multiple synsets with regard to polysemous lexical units.

3. Polysemy and visualization

Out of the mentioned semantic relations we purposely left out the discussion of polysemy. Polysemy is one of the relations ubiquitous in the CroWN structure, and it has a specific way of being represented via sense disambiguation and enumeration of senses a lexical unit can have. However, current textual and tree structure representations do not take into account polysemy as a relation to be shown in its own right. Since polysemous lexemes belong to different hierarchies because of their meaning extensions, a tree structure view is not appropriate for their visualization since the user would have to call up entire hierarchies in order to find the two senses. Textual views on the other hand are too narrow to accommodate complex relations such as polysemy in their representation. Polysemous structures thus cannot be viewed simultaneously, which makes their analysis in CroWN difficult since they have to be manually handpicked from the query.

The radial visualization tool can accommodate the polysemous structures by making them transparent via simultaneous visualization of multiple synsets, in this case synsets with the same lexical unit with various senses. Since polysemous units are regarded as radial structures in the semantic literature (cf. for example Lakoff 1987, Cuyckens and Zavada 2001) and they can be described as such in CroWN lexical relations (cf. Raffaelli and Katunar 2010) they provide a perfect testing ground for the efficiency of the radial visualization tool. Figure 7 illustrates how one can handle and represent the polysemous structures for the lexical unit *masa* 'mass':

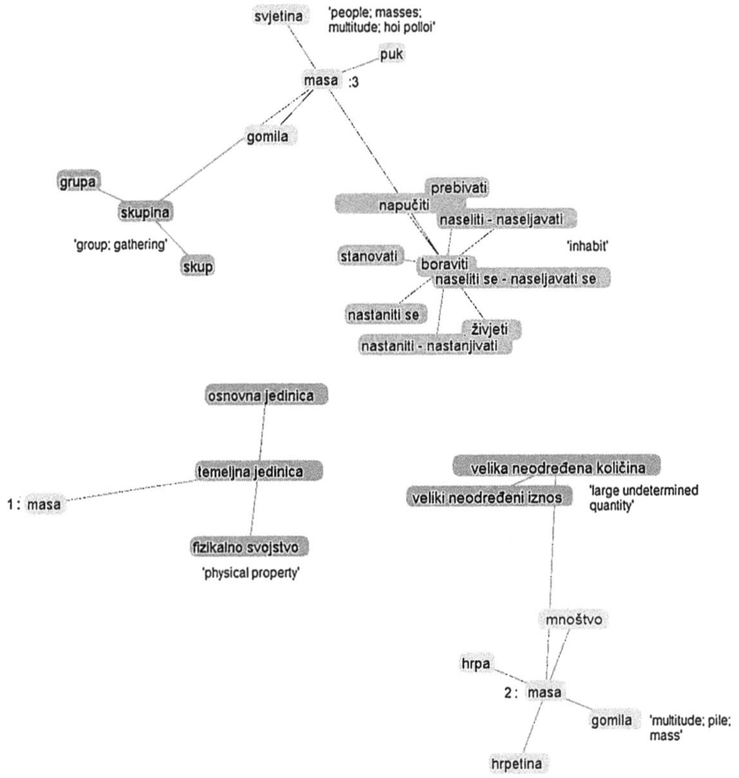

Figure 7: Multiple synset visualization

Masa 'mass' in senses 1, 2 and 3 belongs to quite different hierarchies – "a physical unit of measure", "a large quantity" and "a gathering of people", respectively. The hyperonyms for each sense reflect the different meanings of the lexical units 'mass' but also point to the domains in which the meanings were transferred to from the source meaning. In this way, it facilitates the analysis and overview of polysemous units in CroWN, as well as provides better grounds for their editing. The visualization tool allows us to view these senses simultaneously and further examine the motivation between the senses. From Figure 4, for instance, one can distinguish how 'mass' in its meaning of physical weight further motivates meaning extensions such as a 'large quantity' of objects, presumably because a large pile of objects has greater weight, making it a metonymic extension of the meaning of 'mass'. Furthermore, a metaphoric meaning is present in mass: 3, "a large gathering of people", where it is the feature of 'quantity' that is transferred to people instead of objects.

Future work on the visualization tool may lead to an easier way of sense enumeration, adding senses and editing senses, provided by the simultaneous view of different hierarchies.

Conclusions and future work

We have shown the benefits offered by the visual presentation of the CroWN from the viewpoint of its creators. Such a visual presentation also enables a broad insight into the lexical structure of the Croatian language as well as into various semantic, lexical and morphological relations coded between the units of the lexicon. Future early releases of the applications and its final version should also include an editing option for the selected synsets and the import and export functions already supported in the web interface, along with a function to open multiple versions of a single WordNet for browsing even multiple wordnets across languages.

References

Carpendale, Sh., G. Penn, Ch. Collins (2009). *Interactive Visualization for Computational Linguistics.* Tutorial at ESSLI – 2009.

Cuyckens, H., B. E. Zawada, eds. (2001). *Polysemy in cognitive linguistics: Selected Papers from the International Cognitive Linguistics Conference, Amsterdam, 1997.* Amsterdam: John Benjamins Publishing.

Fellbaum, Ch., ed. (1998). *WordNet: An Electronic Database.* The MIT Press.

Horak, A., P. Smrz (2004). VisDic - Wordnet Browsing and Editing Tool. *Proceedings of the Second International WordNet Conference - GWC 2004.* Brno, Czech Republic: Masaryk University. 136-141.

Lakoff, G. (1987). *Women, Fire and Dangerous Things.* Chicago: Cambridge University Press.

Piasecki, M., M. Marcinczuk, A. Musial, R. Ramocki, M. Maziarz (2010). *WordnetLoom: a Graph-based Visual Wordnet Development Framework.* IMCSIT 2010: 469-476.

Raffaelli, I., D. Katunar (2010). Leksičko-semantičke strukture u hrvatskom WordNetu. *Filologija* (in print).

Ware, C. (2000). *Information Visualization: Perception for Design.* San Francisco, CA: Morgan Kaufmann.

Preliminary report

Building a Historical Corpus of Croatian Correspondence

Alexander D. Hoyt

Abstract:

My project is an attempt to learn about linguistic change and variation in a linguistic community (Croatian speakers at the turn of the twentieth century) whose written language was undergoing the process of standardization. I am compiling a corpus of personal correspondence, consisting of four types of written messages (traditional letters, postcards, calling cards, and telegrams) written at 10-year intervals between 1875 and 1925, from the personal collection of Istrian politician Vjekoslav Spinčić (1848-1933), kept in the Croatian State Archives. The collection contains some letters written by Spinčić himself, although the vast majority consists of letters sent to him by other people from all levels of society. Most historical corpus projects of this type have focused on English and other Northern European languages with longer traditions of literacy. This is the first such study on Croatian, as well as one of the first historical studies of the Croatian language based upon natural language use rather than, say, the language of literature. Not only will this research be a contribution to the study of language change and variation, but the content of the letters themselves will be of interest to researchers in other fields of study, such as history or ethnology.

Key words: personal correspondence; historical corpus; standardization period; language change and variation.

1. Introduction

Although many different works describe the history of the Croatian language, most of them cover the topic from the top down, using examples from Croatian literature and official documents published in Croatian in past centuries, or describing the legal and social status of the Croatian language in relation to the languages of power that were used in the lands where Croatian was spoken (Italian, German, Hungarian, and Turkish). Few works focus on the Croatian language as it was used in everyday communication in the past. With this in mind, I have commenced on a project that should serve as an interesting tool for those interested in the study of how Croatian was used in the period when it was becoming standardized. I am currently compiling a corpus of personal letters that were written in the late nineteenth and early twentieth century.

2. CEEC – The Model

My project uses as its model the Corpus of Early English Correspondence (CEEC), a project that was initiated in the early 1990s by two Finnish scholars of Early Modern English, Terttu Nevalainen and Helena Raumolin Brunberg. The CEEC was conceived as a tool for the study of historical sociolinguistics. The project has continued since then and at present includes about 12,000 letters written by about 1,200 people between 1403 and 1800 (*Corpora of Early English Correspondence* website). The primary goal of the project is to examine how variationist sociolinguistic models can be applied to historical linguistics. For this purpose, the project originally compiled two complementary corpora: one containing the text from all of the transcribed letters, and the other containing relevant sociolinguistic information about each of the letter writers. The vast majority of the letters in the corpus are from published editions of personal letters in which the original spelling was retained. The CEEC team transcribes these letters by scanning the books in which they were printed and editing them. When problems occur, they consult the original letters themselves, if they still exist. Sociolinguistic data on the letter writers is saved in a data file and shows each correspondent's dates of birth and death, sex, social rank, social mobility in their lifetime, place of birth, main place of residence, native and other languages, among other data (Nevalainen and Raumolin-Brunberg 1996: 50). In order to insure that there is enough linguistic data for each informant, the project set ten medium-length letters as the minimum for a letter writer to be included in the corpus (although this requirement is sometimes waived in cases of people in less well-represented groups, such as the lower social ranks and women). Since the first version of the CEEC (1410-1681) was finished as a plain-text file in 1998, it has been parsed and subsequently made available to the public as the Parsed Corpus of Early English Correspondence (PCEEC). In addition, an extension to the corpus is also being compiled (1681-1800), so that research can be done on the mechanisms of language change over a time span of four centuries (Raumolin-Brunberg and Nevalainen 1996).

3. A Historical Corpus of Croatian Correspondence

Inspired by the CEEC and how its compilers were broadening the realm of sociolinguistics so that its methods could be used to study patterns of change in real time over several centuries in the past, it occurred to me that the same method could be used to study language change in Croatia. In 2006, as part of an elective sociolinguistics course I was teaching at the University of Zagreb, I decided to take my small class of students to the Croatian National Archives in order to see what kind of personal letter collections they had in their files. Thanks to the enthusiasm and generosity of several employees at the archives,[1] we were allowed to examine various letters written in the late-nineteenth century. During those visits, I discovered one collection that was different from the rest. This was the massive personal collection of Vjekoslav Spinčić, which spans more than sixty years from the late 1860s until the early 1930s.

3. Vjekoslav Spinčić – a multi-faceted man

Vjekoslav Spinčić was born in the Istrian village of Spinčići, near Kastav, a town in the hills overlooking the ports of Rijeka and Opatija, in 1848. After attending the local primary school, he went on to the Croatian Gymnasium in Rijeka, passing his Matura exams in 1868. He then studied theology in Gorizia and Trieste, where he was ordained as a Catholic priest in 1872. Intending to follow a career in education, he proceeded to study history and geography in Prague and Vienna. In 1876 Spinčić found employment at the male teachers' college in Koper, where future teachers of Croatian (as well as Slovene and Italian) were trained to work in primary schools throughout Istria and the Kvarner Islands. In 1882, he was appointed the inspector of schools in the districts of Koper and Voloska, a post which he held until 1888. That year he was transferred to the teachers' college for women in Gorizia. In 1892, Spinčić was relieved of his services as an educator because of his political activities during the elections of 1891, but mainly for giving a speech at the Zagreb agricultural fair in autumn 1891 in which he said that Istria, then a province in the Austrian half of the Austro-Hungarian monarchy, should be annexed to Croatia proper, then a kingdom within the Hungarian half of the monarchy (Beuc 1993: 9, Strčić and Strčić 1996: 99-100).

In 1882 he was first elected as one of three Croats to the Istrian Assembly. He served in that body continuously until its dissolution in 1916. In 1891 he was elected to the House of Representatives of the Imperial Council in Vienna, continuing to serve in that capacity until the end of the Austro-Hungarian state in

1 Here I would like to thank my first contact at the Croatian State Archives, Deana Kovačec, who heads the archives' Department of Communication, Promotion and Publishing. Her help in introducing my students to the archives was invaluable. I would also like to thank Melina Lučić, head of the Department of Newer Family and Personal Collections, for her generous assistance, as well as Mario Stipančević, whose selection of late nineteenth-century Croatian letters for my students to examine eventually led to my discovery of the rich collection of correspondence of Vjekoslav Spinčić.

1918. He also served in the Istrian provincial government in 1890 and 1891 (Beuc 1993: 9).

Spinčić decided upon a career in the clergy because he considered it the best means for him to help the Croats of Istria (Strčić and Strčić 1996: 99). In the mid-nineteenth century, Istrian society was unevenly divided between an Italian-speaking, mostly urban minority holding the vast majority of the wealth and power, and a rural, Slavic-speaking majority concentrated in rural areas, most of whom had little access to education or economic improvement. His entire life's work – as priest, educator, historian, politician – was dedicated to defending the rights of the Croatian and Slovene people of Istria. This could be done via two routes of action – by taking part in politics and by improving literacy and education in general among the rural Croatian population. Because Spinčić was a leading actor in both of these areas, he had an enormous number of contacts with whom he corresponded regularly.

As a historian, Spinčić decided to save all of the correspondence that he received. He rightfully believed that this collection of letters would some day serve as a historical record. Late in his life, he donated all of his correspondence to the Croatian national archives in Zagreb, where they are kept today.

4. The Spinčić Collection

The Spinčić collection consists of 132 archival boxes containing Spinčić's personal notes and journals, documentation related to his activities in Istrian politics and education, manuscripts of his literary compositions and historical treatises, personal identification documents, his correspondence, and miscellaneous newspapers and newspaper clippings. The entire collection has been recorded on microfilm, which can be viewed at the Croatian State Archives in both Zagreb and Pazin in Istria. Correspondence alone accounts for 59 of the boxes (nos. 63-121), which contain 16,790 letters (Beuc 1993: 5) written to Spinčić by relatives, friends, colleagues, citizens from all walks of life, societies, and companies. A small fraction of the letters were written by Spinčić to others (many of which are in the form of letter drafts written in pencil). Some of the letters in the collection were written in other languages, such as Slovene, German, Czech, Italian, and even Latin, but the vast majority were written in some form of Croatian, representing either what was then the standard language or a local variety.

5. Four Types of Correspondence

The Spinčić collection includes not only letters, but other types of correspondence as well. The most common correspondence types are the following: traditional letters, postcards, telegrams, and calling cards. These types differ according to several variables: purpose, means of transportation, physical material, and typical length.

A. Traditional Letters (*Pisma*) include any form of correspondence written on one or more sheets of paper and sent either via post or human carrier. Letters in the collection can be very brief, written on one side of a sheet of paper, but can also be as long as eight pages or more. Longer letters were typically written on medium-sized sheets (somewhat smaller than A4 or letter-sized paper) that were folded in half, so that each folded sheet of paper would have four pages of written text. Paper quality ranged greatly, probably depending on the writer's financial situation. A few correspondents had their own stationery personalized with their name or a stylized monogram. Writers in mourning often used writing paper with a black border.

A relatively short letter can be seen in Figure 1. Dr. Stjepan Bratanić wrote this letter to Spinčić in 1900 in order to notify him that he had found an apartment for him in the house of a good Christian family. He writes that the family wanted to rent the apartment for 30 forints per day, but that he told them he couldn't pay more than 25. He thinks Spinčić will be able to pay 25, but asks him to contact him if he isn't satisfied, so that he can notify the family. This was when Spinčić was a representative in the Imperial Council in Vienna.

A transcription of this letter can be seen below. The first six lines give the user important information about the letter and contain codes that are partially based on those used in the CEEC, but some codes are specific to this corpus. The first line identifies the collection (Spinčić), the unique identification number of the letter within the Spinčić corpus (year 1900, letter no. 42), and the code of the letter's author. The second line identifies the letter's date. The third and fourth lines indicate the author (A) and recipient (R) of the letter. The fifth line indicates the type of correspondence (L). In this case, the code PI stands for *pismo* 'letter'. Finally, the sixth line indicates the page number. Since all of the correspondence so far transcribed for this corpus are original documents, an attempt has been made to represent them as closely as possible to how they look in the original. In other words, if one line is centered on the page or indented, that line should be spatially positioned similarly in the transcription. Whenever there is a new line in the original text, a new line is started in the corpus transcription. If a word is broken in two at the end of a line, however, that word is kept intact in the corpus and the new line starts with the following word. If it is not clear how the author spelled a particular word or phrase (due to illegible handwriting, damage to the letter etc.), that word or phrase will be placed between two number-signs (see "#prosto#" in the transcription below).

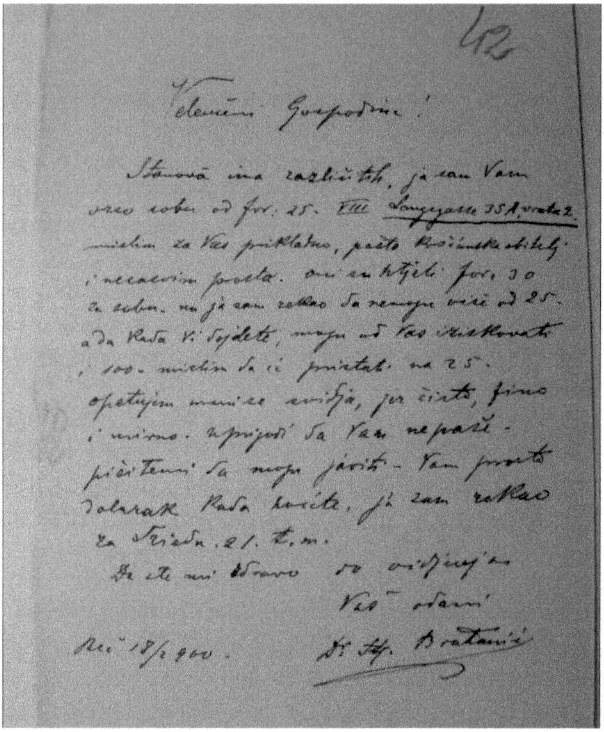

Figure 1: *Letter dated 18 February 1900 from Stjepan Bratanić to Vjekoslav Spinčić – HR-HDA-819. Spinčić Vjekoslav, no. 42, box 86*

Transcription of Letter 1900-042:

```
<Q SPI 1900-042 SBRATANIC >
<D 1900-02-18>
<A STJEPAN BRATANIĆ>
<R VJEKOSLAV SPINČIĆ>
<L PI>
<P 1>
     Veleučeni Gospodin!
   Stanova ima različitih, ja sam Vam
uzeo sobu od for: 25-  VIII Langegasse 35A, vrata 2.
mislim za Vas prikladno, pošto kršćanska obitelj
i nesasvim prosta. Oni su htjeli for: 30
za sobu. nu ja sam rekao da nemogu više od 25.
a da kada Vi dojdete, mogu od Vas iziskovati
i 100-  mislim da će pristati na 25.
opetujem meni se svidja, jer čisto, fino
i mirno. uprigodi da Vam ne paše -
pišitemi da mogu javiti - Vam #prosto#
dolazak kada hoćete. ja sam rekao
za sriedu. 21. t. m.
   Da ste mi zdravo  do vidjenja
                      Vaš odani
Beč 18/2 900.        D=r= Stp. Bratanić
```

This letter was presumably written by a well-educated person, judging by use of the title *Dr.*, yet he almost regularly starts each sentence without a capital letter and rarely ends sentences with periods. One wonders whether he did this on purpose, in the fashion of many emails of today, or whether he had poor writing skills in Croatian.

B. Postcards (*Dopisnice*) – Most of the postcards in this collection are post-office issues without pictures. On one side was a form with spaces for the recipient's name, address, and postal-route information, and the other side was reserved for the sender's message. This type of correspondence was probably cheaper to send than a regular letter. They differed from letters in that the message length was limited, and anyone who handled the letter could read it because it was not sent in an envelope. Postcards in Austria-Hungary differed according to the official languages of the province that issued each one. Those sent from Prague, for example, were bilingual, with the instructional words (e.g. "address,") written in both German and Czech. In most cases the language(s) of the form's instructions would be written at the bottom in fine print. For example, a postcard issued in Prague bears the inscription "(Böhm.)", indicating that (besides German) the instructions on the form were also in Czech. In 1870, postcards issued in Istria were printed in Italian or bilingually in Italian and German. By 1900, they were issued in three languages, German, Croatian, and Italian.

The postcard shown in Figures 2a and 2b was written by Vjekoslav Spinčić's long-time friend and fellow politician Matko Mandić in 1875, when they were both university students. It was sent from Prague to Kastav, as can be seen on the two postmarks. Mandić writes that at the library he was able to renew Spinčić's textbook (Prescott) without any problem. He says that tomorrow he will attempt to do the same with Höfler, wearing a fake moustache, and the next day with Lafluente, wearing a fake beard, so that the librarian will not recognize him. Although the main text is written in the standard language of that time, Mandić adds a message at the top of the card obviously in their local Istrian dialect: *Va preše sam naopako napisal.* 'In a hurry I wrote [this card] upside down.'

Figure 2a: Postcard dated 5 May 1875 from Matko Mandić to Vjekoslav Spinčić – HR-HDA-819. Spinčić Vjekoslav, no. 36, box 64

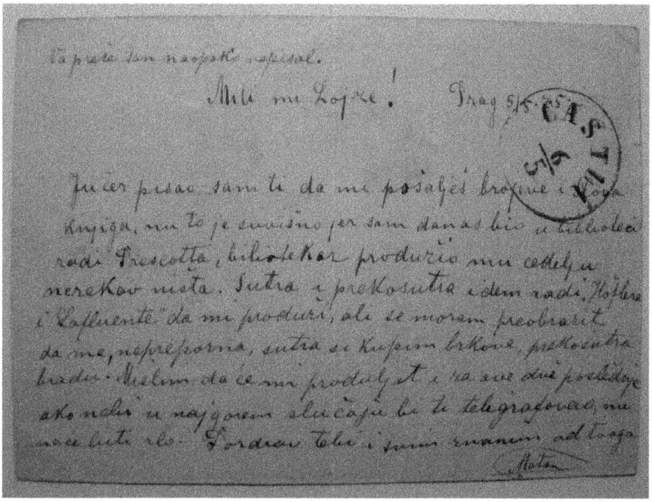

Figure 2b: Message side of postcard in Figure 2a – HR-HDA-819. Spinčić Vjekoslav, no. 36, box 64

Below is a transcription of the same postcard as it appears in the corpus. In order to give as complete a representation of the document as possible, all of the printed text is included, but marked with an opening and closing code – i.e. (ˇCorrespondenz-Karte.ˇ) – so that the user can discern between what was originally printed on the card and what the author wrote.

Transcription of Postcard no. 1875-036:

```
<Q SPI 1875-036 MMANDIC>
<D 1875-05-05>
<A MATKO MANDIĆ>
<R VJEKOSLAV SPINČIĆ>
<L DO>
<P 0>
                (ˇCorrespondenz-Karte.ˇ)
               (ˇKorespondenčni listek.ˇ)
(ˇAddresse}ˇ)
(ˇAdresa}ˇ) Gospodinu Vjekoslavu Spinčiću
            absolviranomu filosofu
                    (ˇinˇ)
                    (ˇvˇ)u
  über St. Peter                Kastvu
                               (Istrien)

                                    (ˇBöhm.ˇ)
```

```
<P 1>
Va preše san naopako napisal.
            Mili mi Lojze!      Prag 5/5 75
Jučer pisao sam ti da mi pošalješ brojeve i slova
knjiga, nu to je suvišno jer sam danas bio u biblioteci
radi Prescotta, bibliotekar produžio cedulju
nerekav ništa. Sutra i prekosutra idem radi Höflera
i Lafluente da mi produži, ali se moram preobrazit
da me neprepozna, sutra si kupim brkove, prekosutra
bradu! Mislim da će mi produljit i za one dne poslědnje
ako nebi u najgorem slučaju bi ti telegrafovao, nu
neće biti zlo. Pozdrav tebi i svim znanim od tvoga
                                        Mate
```

C. Telegrams (*Brzojavke*) – Telegrams were an important means of communication in Austria-Hungary. If a person needed to send an urgent message, one which needed to be delivered on the same day, this was the way of doing it. Since the length of the message determined the price, they tended to be very short. In this corpus, typical telegrams would remind the recipient that he was expected at dinner that evening, notify him of someone's death, or warn him about what he should or should not say at a session of parliament. The telegrams in the Spinčić collection tell us perhaps less about the language of the sender because they provide us with much less text and because transmitting the message required two "middle men" – the sending and receiving telegraph operators – who could be responsible for linguistic interference or outright errors, especially if they were not native speakers of the language of communication. On the other hand, telegrams do provide a good example of how Austria-Hungary, as it developed into a modern multi-ethnic state, dealt with multilingualism. In Figure 3, all of the printed information on the telegram form is in three languages: German, Croatian, and Italian. This telegram was sent by Mirko Jelušić, mayor of the municipality of Kastav, to Matko Laginja, also a close friend of Spinčić's and a well-known politician. The telegram starts by notifying Laginja of the death and funeral of Eugenija Grosman, but also tells Laginja to relay a request to Spinčić that he attend the local school board meeting in Kastav.

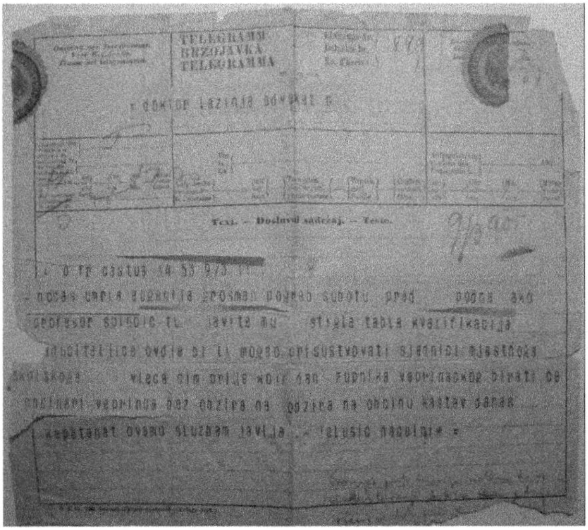
TELEGRAMM
BRZOJAVKA
TELEGRAMMA

Figure 3: *Telegram sent by Kastav Mayor Jelušić to Matko Laginja on 3 September 1905 – HR-HDA-819. Spinčić Vjekoslav, no. 37, box 91*

D. Visiting Cards (*Posjetnice*) – The visiting card is the fourth type of correspondence that can be found in the Spinčić collection. These were cards of varying sizes that were usually left by the owner when he or she visited the recipient but did not find them at home. The printed side of the card had the owner's name, sometimes alone and sometimes with an accompanying phrase or a description of the owner's profession. Most of them have a message that was written on the blank side, sometimes in minute handwriting, so that, in spite of the small size of the card, the messages on some visiting cards are sometimes as long as those on postcards. The message would often end on the printed side, with the printed name replacing the person's signature after the closing greeting. As with letters, it was common to have special visiting cards printed with a black border when the owner of the card was in mourning.

The visiting card in Figures 4a and 4b were written by Sofija Šabec née Jenko of Podgrad, a Slovenian town north of Kastav, in February of 1900. She apparently visited Špinčić's household, bearing a letter and a turkey sent to him by a certain Miss Živković. Spinčić had been expected to arrive that day but apparently did not, and Šabec writes that they will have to eat it in his absence. It is interesting to note that although the message is written in Slovene, on the front of the card one can see the slogan of the Croatian Party of Rights, *BOG I*

HRVATI 'GOD AND CROATS', to which Spinčić, Mandić, and Laginja belonged.

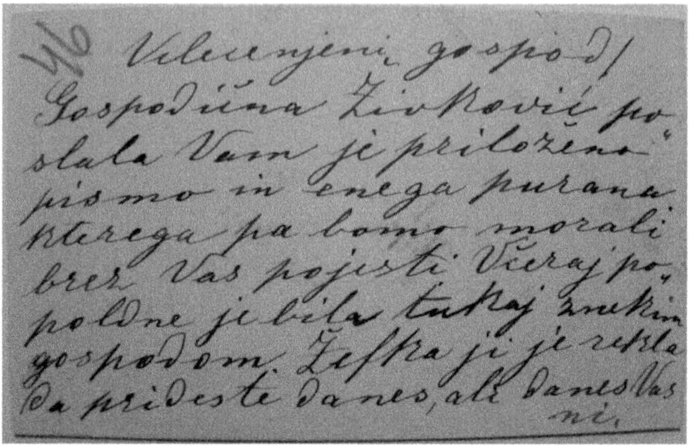

Figure 4a: *Back of visiting card of Sofija Šabec – HR-HDA-819. Spinčić Vjekoslav, no. 46, box 86*

Figure 4b: *Front of visiting card of Sofija Šabec – HR-HDA-819. Spinčić Vjekoslav, no. 46, box 86*

6. Conclusion

The Historical Corpus of Croatian Correspondence is still in its early stages, but hopefully it will steadily grow and eventually be available to users. With this in mind, I feel its contents should be made public via the internet once enough texts have been transcribed and once I have decided upon the best format. This article explains the types of correspondence that are included in the corpus and demonstrates the methods that I use in transcribing them. Obviously, the Spinčić collection cannot be transcribed in full, but if a good selection is made, it is rich enough to provide language produced by a variety of informants with very different social backgrounds. For a scholar interested in linguistic variation and how it relates to language change, this is good data. I also believe that the content of these letters would be interesting to historians, ethnographers, sociologists, and f. who study the Austro-Hungarian period and the aftermath of the First World War, because they provide a wealth of information about how people conducted their everyday lives, what things were important to them, and what problems they had to deal with.

Literature

Beuc, Ivan (1993). *Rukopisna ostavština Vjekoslava Spinčića.* Znanstveno-obavijesna Arhivska Pomagala 3. Zagreb: Arhiv Hrvatske.

Corpora of Early English Correspondence (2011). Helsinki: Varieng. <http://www.helsinki.-fi/varieng/CoRD/corpora/CEEC/index.html>, 30.9.2011.

Nakaš, Lejla (2010). *Jezik i grafija krajišničkih pisama* (The language and writing of letters from the border region). Sarajevo: Slavistički komitet.

Nevalainen, Terttu, Helena Raumolin-Brunberg, eds. (1996). *Sociolinguistics and language history: Studies based on the Corpus of Early English Correspondence.* Language and Computers: Studies in Practical Linguistics 15. Amsterdam – Atlanta, GA: Rodopi.

Novak, Kristian (2010). *Rekonstrukcija jezičnih biografija pripadnika ilirskoga pokreta – prilog povijesnoj sociolingvistici hrvatsko-njemačkih jezičnih dodira* (The reconstruction of linguistic biographies of members of the Illyrian Movement: A contribution to the historical sociolinguistics of Croatian-German language contact). Ph.D. dissertation. Zagreb: University of Zagreb.

Raumolin-Brunberg, Helen, Terttu Nevalainen (2011). General Introduction. *Corpora of Early English Correspondence.* Helsinki: Varieng. <http://www.helsinki.fi/varieng/CoRD/-corpora/CEEC/generalintro.html>, 30.9.2011.

Spinčić, Vjekoslav (1867-1931). Correspondence. HR-HDA-819. Boxes 63-121. Zagreb: Hrvatski državni arhiv/Croatian State Archives.

Strčić, Mirjana, Petar Strčić (1996). Sazrijevanje Vjekoslava Spinčića. *Hrvatski istarski trolist.* Rijeka: ICR, 97-110.

Index of terms / Index

List of authors / Autorenliste

Author / Autor	e-mail / E-Mail
Agić, Željko Faculty of Humanities and Social Sciences, University of Zagreb Croatia	zagic@ffzg.hr
Aleksa Varga, Melita Philosophische Fakultät der Universität in Osijek Kroatien	maleksa@ffos.hr
Bagarić Medve, Vesna Philosophische Fakultät der Universität in Osijek Kroatien	vbagaric@ffos.hr
Berberović, Sanja University of Tuzla Bosnia and Herzegovina	sanja.berberovic@untz.ba
Cergol Kovačević, Kristina Faculty of Teacher Education, University of Zagreb Croatia	kristina.cergol@ufzg.hr
Čelebić, Ivan Philosophische Fakultät der Universität in Osijek Kroatien	icelebic@ffos.hr
Delibegović Džanić, Nihada University of Tuzla Bosnia and Herzegovina	nihada.delibegovic@untz.ba
Đurović, Annette Philologische Fakultät der Universität in Belgrad Serbien	annette.djurovic@fl.bg.ac.rs
Engberg, Jan Aarhus University Denmark	je@asb.dk
Fogarasi, Katalin Institut für Sprachen und Medizinische Fachkommunikation, Medizinische Fakultät, Universität Pécs Ungarn	katalin.fogarasi@aok.pte.hu
Heringer, Hans Jürgen Augsburg Deutschland	hans-juergen.heringer@phil.uni-augsburg.de
Hoyt, Alexander D. Faculty of Humanities and Social Sciences, University of Zagreb Croatia	alex.hoyt@ffzg.hr
Hrisztova-Gotthardt, Hrisztalina Fremdsprachenzentrum, Universität Pécs Ungarn	xpucuhu@gmail.com
Ivanović, Borislav Philologische Fakultät der Universität in Belgrad Serbien	ivanovicb@adsl.yubc.net

Katunar, Daniela Faculty of Humanities and Social Sciences University of Zagreb Croatia	dkatunar@ffzg.hr
Lopriore, Lucilla Roma Tre University Italy	llOprio@tin.it
Mančić, Zorica Philologische Fakultät der Universität in Belgrad Serbien	zorica_mancic@hotmail.com
Marušić, Borislav Fachhochschule Lavoslav Ružička in Vukovar Kroatien	bmarusic@vevu.hr
Mihaljević Djigunović, Jelena Faculty of Humanities and Social Sciences, University of Zagreb Croatia	jmihalje@ffzg.hr
Pavičić Takač, Višnja Faculty of Humanities and Social Sciences, University of Osijek Croatia	vpavicic@ffos.hr
Pon, Leonard Philosophische Fakultät der Universität in Osijek Kroatien	lpon@ffos.hr
Stojanović, Žarko Faculty of Humanities and Social Sciences, University of Zagreb Croatia	
Šojat, Krešimir Faculty of Humanities and Social Sciences, University of Zagreb Croatia	ksojat@ffzg.hr
Vodopija-Krstanović, Irena Faculty of Humanities and Social Sciences, University of Rijeka Croatia	ivodopija@ffri.hr

www.ingramcontent.com/pod-product-compliance
Ingram Content Group UK Ltd.
Pitfield, Milton Keynes, MK11 3LW, UK
UKHW021908290926
8980IPUK00015B/1130

9 783631 638712